日本人學者가 본 제주인의 삶

- 생활세계의 창조와 실천 -

탐라문화학술총서 *16*

日本人學者가 본 제주인의 삶
- 생활세계의 창조와 실천 -

이지치 노리코 지음, 안행순 옮김

景仁文化社

한국어판 출간에 즈음하여

친애하는 제주도민과 한국의 독자 여러분 반갑습니다. 이 책은 2000년에 일본에서 출판된 『生活世界の創造と実践−韓国・済州島の生活誌から』(御茶の水書房)를 번역한 것입니다. 저는 1994년 8월부터 1년 간, 그리고 1997년 4월부터 1년 간, 총 2년을 제주도에서 살았습니다. 당시 제주도에서의 필드워크를 바탕으로 작성한 박사논문을 1999년 오사카시립대학에 제출하였고, 다음해 2000년에는 단행본으로 출간되었습니다.

제주도에서의 2년을 한 곳에서 지낸 것이 아니라 표선리에서 1개월, 하예동에서 4개월, 신제주에서 1개월 거주했고, 나머지 1년 6개월을 행원리에서 생활했습니다. 마을에서의 생활자체만을 기술하는 것이라면 그다지 어렵지 않겠지만, 1994년 당시 외국인이 마을에서 생활하면서 조사를 한다는 것은 많은 분들의 도움 없이는 도저히 실현불가능한 일이었습니다. 도와주신 많은 분들께 감사하다는 말로는 부족할 것 같아, 이 장 끝에 생각나는 이름을 두서없이 적어 보았습니다. 이 분들이 없었다면 저의 박사논문은 완성되지 못했을 것입니다. 다시 한 번 감사드립니다.

저는 1994년 제주대학교에서 유학생활을 시작합니다. 마을에 살며 연구를 시작한 최초의 외국인이라는 점에서 첫 체류 기간 중에 제주MBC방송에서 행원리에 취재를 오기도 했습니다. 조사자가 취재 대상이 되었고 마을 삼춘들이 저에 대해 이야기하는 귀중한 체험이었습니다. 아마 그 당시에는 제주 방언밖에 말하지 못하는 외국인의 존재도 흥미로웠을 것입니다. 마을에 살면서 일어난 에피소드는 4장에 기술되어 있습니다.

2013년 올 봄은 제주도, 그리고 행원리에 매년 왕래한 지 19년째가 되는 해입니다. 지금까지 제게 베풀어주신 마을 삼춘들과 일본에 있는 친목회 회원들의 따뜻하고 깊은 정은 사람들이 살아가기 위해 창조해온 공동성이란 무엇인가를 생각하는 데 있어 북두칠성과 같은 것입니다. 그리고 삼춘들은 제 인생의 스승입니다.

제주사람들과의 생활 속에서 얻은 소중한 배움의 시간을 통해 저는 이 책을 완성할 수가 있었습니다. 다만, 이 책의 구체적인 자료는 행원리와 대평리, 그리고 일본 오사카에서 실시한 조사에 따른 것입니다. 이런 점 때문에 여러분은 '행원리의 역사와 생활은 이런 것이구나'라고 파악하실지도 모르겠습니다. 즉, 대상지가 한정된 내용이라고 판단하실 가능성이 있다는 의미입니다. 하지만 이 책의 목적은 그런 것이 아닙니다.

4장에 기술하였듯 저는 제주도에 오기 전 3년간, 일본 오사카 이쿠노구에 있는 '어머니학교'에서 일본어 자원봉사자 활동을 했습니다. 어머니학교에는 당시 70세 전후의 재일한국인 할아버지 할머니들을 대상으로 매주 2회 오후 7시부터 10시까지 일본어 쓰기를 가르치는 '아이우에오' 반이 있었습니다(어머니학교는 지금도 있습니다). 처음 제가 이 학교를 찾게 된 계기는 석사논문을 쓰기 위해 재일한국인 1세 여성들의 생활사를 듣고 싶었기 때문이었습니다.

어머니학교에서 만난 분들은 경험이나 사연, 도일 시기가 다양했습니다. 물론, 일본의 식민지 지배와 해방 후의 차별과 배제의 벽이라는 공통되는 내용도 들을 수 있었습니다. 그런 이야기 속에서 그 분들은 자신들을 짓누르는 고통과 고난을 어떻게 받아들이고 어떻게 대처했으며, 누구와 대립하고 혹은 누구와 손을 잡았는지 설명해 주셨습니다. 이렇게 이쿠노구에서 생활사를 들려주신 분들은 대부분 제주도 출신이었습니다. 조사를 함에 있어서 제주도 출신들을 일부러 선별하여 만난 것은 아닙니다. 3장에서 기술한 것처럼 제주도와 오사카의 역사를 돌아보면 이렇게 될 가능성이 컸던 것입니다. 재일한국인이 가장 많이 모여 사는 지역인 이쿠노구에서 생활사를 물어 보면 제주의 풍경이나 생활을 실제 눈앞에 보이는 것처럼 들려주셨습니다. 그들은 제주도에 살고 있는 가족과 친척들의 일을 어제 만난 것처럼 다양한 에피소드와 함께 이야기해 주셨고 일본에서 사망한 남편 명의의 제주도 밭이 걱정된다는 말씀도 살짝 해 주셨습니다.

저는 제주도에 가고 싶어졌습니다. 제주의 바람은 얼마나 강하고, 바다와 땅은 어떤 느낌일까? 그래서 유학을 결심하였습니다. 행원리를 핵심 필드로 삼은 것은 우연의 일치이기는 했지만, 최고의 인연이었습니다. 재차 말씀 드리지만, 이 책의 목적은 제주의 마을들이 20세기 근대화 과정에서 어떻게 변화했고 그 곳에서 사는 사람들은 그 변화에 어떻게 대응해 왔는가를 고찰하는 것입니다. 한 마을의 경험을 통해 제주도에서의 근대화의 의미는 무엇이고, 제주사람들이 시대에 끌려가는 수동적인 존재가 아니라 근대화 속에서 어떠한 창의성과 노력을 발휘하면서 그들 나름의 능동적인 생활을 영위해 왔는가를 생각해 보는 것입니다.

이 책이 일본어로 출판된 지 13년이 지났습니다. 그 사이 제주도에도 많은 변화가 찾아왔습니다. 여기서 변화에 대해 검토하지는 않겠습니다. 다만, 13년 전에 출판된 이 책을 통해 독자 여러분들이 당시의 제주도 모습을 그려보면서 현재의 생활을 살펴볼 때, 과거에 비해 변화된 모습, 아니면 변화되지 않는 모습을 생각해 보는 기회가 된다면 기쁘겠습니다. 또한 책 내용에 대한 비판이 있으면 주저하지 마시고 말씀해 주십시오. 제가 앞으로 공부하는 데 많은 도움이 될 것입니다.

제가 두 번째 유학을 왔던 1998년, 어머니학교 스텝 여러분들께서 제주를 찾아주셨습니다. 그중 한 분인 木下明彦 씨가 기념으로 지은 노래 가사를 소개하겠습니다. 책에서 전하고 싶었던 생각이 가사에 훌륭하게 집약되어 있습니다.

바다 건너

작사·작곡 木下明彦

1 낯선 땅 돌담 집, 길이 바다로 이어지는 행원리
  인정 많은 삼춘들, 살포시 내려앉는 저녁노을
  삶에 대해 생각했어요, 어머니가 떠올랐지요
  이 섬에서 태어났네, 이 섬에서 자랐네
  이 섬에서 왔네, 바다 건너 왔네

2 망아지가 노니는 야트막한 들판, 바람 타는 해녀의 섬 우도
  햇살 걸린 성산일출봉, 선명한 일본의 흔적
  나라와 민족을 생각했어요, 어머니가 떠올랐지요
  이 섬에서 뛰어 놀았네, 이 섬에서 일 했네
  이 섬에서 왔네, 바다 건너 왔네

3 눈 덮인 장엄한 한라산, 바다로 떨어지는 정방폭포
  참혹했던 그날의 기억, 오롯이 껴안은 아름다운 섬
  50년 전을 생각했어요, 어머니가 떠올랐지요
  이 섬에서 보았네, 이 섬에서 들었네
  이 섬에서 왔네, 바다 건너 왔네

  내가 할 수 있는 일을 생각했어요, 어머니가 떠올랐지요
  이 섬에서 태어났네, 이 섬에서 자랐네
  이 섬에서 왔네, 바다 건너 오사카에

끝으로 지금까지 제주도에서 연구와 조사를 도와주신 '가족'분들께 감사드립니다. 제주도의 아버지인 안기남 씨는 처음 만날 당시 65세였습니다. 4·3사건으로 아버지와 형 그리고 여동생을 잃고 혼자서 어머니를 돌보며 묵묵히 생활해 오신 안기남 씨. 자연과 사람과 술을 각별히 사랑하고, 발군의 가창력을 자랑합니다. 84세인 지금도 놀라울 정도의 뚜렷한 기억력으로 행원리의 역사를 제게 들려주십니다. 제주도의 어머니인 박창렬 씨는 매일 새벽 4시 30분에 일어나 일을 나가고, 저녁에 돌아와 집안일을 마치고 9시에는 잠자리에 드는 부지런한 분이십니다. 저는 그녀를 따라 바다나 밭, 잔칫집에 다니면서 함께 일하는 삼춘들의 일상의 고뇌와 즐거움, 협동하는 법을 배웠습니다. 제가 두 번째 유학 기회를 얻어 행원리에 돌아왔다는 말을 밭에서 들은 그녀가 기뻐서 눈물을 흘렸다는 말을 들었습니다. 저는 그때 어머니의 깊은 정을 느꼈고 제가 행복한 사람이라는 것을 실감했습니다. 그녀는 애석하게도 2008년 8월 향년 77세로 세상을 떠났습니다.

존경하는 부모님에겐 6명의 자녀가 있습니다. 성진 씨는 자연을 사랑하고 인정 많은 큰 아들입니다. 행원리에 살기 시작했을 무렵, 온돌에 불 때는 것도 공부라며 기초부터 꼼꼼하게 가르쳐 주셨습니다. 복진(호적명 영진) 씨는 어머니를 대신해 집안일과 동생들을 돌보는 똑순이 상군 잠수인 큰 딸입니다. 제주도 남부를 조사하고 싶다고 안기남 씨에게 부탁했을 때 가장 먼저 연락을 취한 곳이 대평리에 사는 복진 씨 집이었습니다. 마음이 넓은 그녀는 즉시 승낙해 주었습니다. 남편인 원용견 씨는 오징어잡이에 데려가기도 하고 감귤 수확의 어려움을 가르쳐 주기도 했습니다. 우진 씨는 의지가 강한 노력가로, 부지런한 둘째 아들입니다. 지방공무원을 하면서 열심히 공부해 지금은 서울에서 국가공무원을 하고 있습니다. 제사나 추석 명절에 집에 와서 들려주는 그의 말은 언제나 밖에서 제주를 바라보는 시선을 가르쳐 주었습니다. 부인인 김희숙 씨는 집안일을 똑 부러지게 하는 재주 많은 여성으로 항상 저를 배려해 주었습니다.

둘째 딸인 영희 씨는 다정한 분으로 언제나 주위를 편안하게 합니다. 그녀는 만날 때마다 '더 잘 먹어야 해요'라며 저의 건강을 걱정해줍니다. 셋째 딸 영숙 씨는 언제나 활력이 넘치며 집안 분위기를 밝게 합니다. 일하면서 통신대학원에 다니는 노력가입니다. 오랫동안 창원에서 생활하고 있는 그녀는 집에 올 때마다 생활의 변화에 대해 솔직한 느낌을 말해 줘서 저의 연구에 큰 자극이 되었습니다. 막내아들인 명진 씨와는 그가 군대 휴가 차 집에 왔을 때 자기 방을 차지하고 있는 저를 보고 경악하던 그때가 첫 만남이었습니다. 지금은 광고인쇄회사 사장으로, 쉬는 날 없이 바쁘게 일하는 틈틈이 아버지의 심부름도 합니다. 그가 자세하게 말해준 유년 시기의 마을 모습은 아이의 시선에서 본 마을을 이해하는 데 큰 도움이 되었습니다. 그리고 안기남 씨·박창렬 씨의 손자들이 있습니다. 처음 만났을 당시, 초등학생이었던 안재휘·원해라·원국봉·최애주는 이제는 직장인입니다. 어린 아기였던 안재민·안재형·안재훈·안지영·최현주·이태호·이진희는 학생이 되어 각자의 길을 걷고 있습니다. 만날 때마다 성장해 가는 그들의 모습을 보는 것이 앞으로의 저의 즐거움입니다. 그리고 고정자 씨의 진심 어린 지원이 없었다면 저의 연구는 진행되지 못했을 것입니다.

가족 여러분들과 함께 저의 연구를 응원해 주신 행원리 삼춘들, 조사에 협력해 주신 대평리 분들과 조사할 수 있도록 마을에 머물게 해 주신 하예동과 표선리 분들, 그리고 신제주의 김성옥 씨께 진심으로 감사드립니다. 이 책이 출판될 때까지 가깝게 지냈던 삼춘 몇 분이 돌아가셨습니다. 슬프지만 이 장을 빌어 명복을 빌겠습니다. 또한, 이번 출판 기회를 주신 제주대학교 탐라문화연구소장이신 김석준 교수님과 부소장이신 전영준 교수님께 감사드립니다. 저의 알기 힘든 일본어 문장을 충실하게 번역해 주신 안행순 선생님이 없었다면 이번 출판은 불가능했을 것입니다. 더욱

이 이번 출판은 일본 고베대학 강사인 고정자 선생님이 안행순 선생님께 추천하지 않았다면 세상의 빛을 보지 못했을 것입니다. 두 분 선생님께 진심으로 감사드립니다. 마지막으로 언제나 저의 연구를 옆에서 응원해 주며 제주도 행원리까지 동행해 주었던 남편 토미타 사토시(富田智嗣)와 딸 이지치 시하루(伊地知嗣遙), 이 두 사람의 존재가 없었다면 저는 연구를 계속하지 못했을 것입니다. 고마워요.

2013년 10월 1일
일본 효고현 니시노미야시에서 이지치 노리코

1995년 명절날 제주도의 부모님 가족과 함께 찍은 사진
(아버지 안기남 씨와 어머니 박창렬 씨, 그리고 아들, 딸, 손자, 손녀)

차 례

제3장 제주도에서 일본으로 - 도일渡日과 그 배경 -

제4장 제주도 마을의 일상생활

제5장 생활 세계의 가변성 - 생활을 영위하는 행위와 논리 -

표 차례

시작하며

일상생활이란 어떻게 만들어져 가는 것인가? 본 논문은 이 질문을 19세기 말 이후의 제주도 행원리 마을사람들의 생활실천을 통해 고찰한 것으로 제주도에서의 도일과정과 최대 정착지인 오사카에서의 사람들의 생활, 그리고 마을에서의 사람들의 생활지生活誌를 기술한 것이다. 그러나 이것은 기존의 설을 비판하고 올바른 '제주도 독자'적인 것을 그려내려는 것은 아니다. 본 논문의 의도는 '제주도적', '제주도의 독특성'이라고 하는 것을 고정적인 것으로 파악하는 것이 아니라, 이러한 범형이 형성되어 가는 듯한 다이너미즘을 일상에서 일어나는 생활세계의 영위과정에서 파악하려는 작업이라 할 수 있다.

본 논문의 시좌視座인 생활세계는, 구조화라는 거시적인 사회변화에 개인이 주체적으로 대응함으로써 생성과 발전을 반복하는 과정이다. 이 논문의 현장조사지인 제주도 사람들의 생활은 마을을 넘어, 섬을 넘어, 국경을 넘어 형성되어왔다. 사람들이 이러한 생활경험을 갖게 된 계기는 일본의 식민지 지배라고 하는 구조화에 따른 것이었다. 그 시대는 서구에서 시작된 식민지주의의 팽창과 더불어 세계 각지에서 이전까지와는 다른 새로운 세계관, 가치관, 생활문화가 형성된다.

사회과학 연구영역에서는 '변경'으로서의 제주도의 '후진성'을 발견하고 대상화하여 '제주도문화'를 일원화, 고정화하는 담론이 지배적이었다. 식민자에 의한 부負의 의미부여는 해방 후의 제주도연구의 방향성에도 계승되었다. 또, 식민지경제시스템은 생활세계를 화폐경제의 세계로 끌어들이는 가운데, 사람들을 임노동으로 내몰았으며 게다가 정치적 상황의 변화도 관련성을 갖는다. 제주도 마을에서 일본 도시로의 이동은 지금까지 이어지고 있으며, 마을 사람들의 일생생활에서 '일본행'은 생활을 영위하는 선택지의 하나로 자리잡았다. 일본에 건너간 제주도 사람들은 '재일조선인'[1]이라는 틀 속에서 일본 사회의 배제와 차별의 시스템에 구속 받게 된다.

이러한 구조화의 힘에 번롱되면서도 제주도 사람들은 일상의 현실에 대처하는 과정에서 즉흥적이고 창발적인 생활실천을 탄생시켰다. 그 모습은 종래의 '제주도문화'라고 하는 일원화된 틀로는 파악할 수 없다. 따라서 본 논문에서는 사람들이 만들어 온 다양하고 가변적이며 미세한 생활실천을 제시해 보고자 한다. 그러한 과정에서 창조되는 것이 구조화를 일단 수용하면서도 그 지배의 망을 벗어나려는 주체화의 가능성으로 이어진다고 생각한다. 또한 그것은 민족, 문화, 성별, 계급에 동일성을 설정하고 대상화하여 각각의 경계를 실체화, 고정화하기 위한 진위·적부의 선별기준을 도입하는 서구근대의 독특한 사고를 반문하고, 새로운 논의의 가능성을 탐구하는 것이기도 하다. 본 논문은 그 원천을 사람들이 일상에서 일어나는 현실에 대한 판단·선택·실천으로 만들어가는 생활을 잇는 사상에서 찾고 있다.

그러면 여기서 본 논문의 구성을 간단하게 설명하겠다. 제1장 '인간분절의 허와 실'에서는 문화와 전통, 민족을 둘러싼 실체론과 구축론을 검토·재고하여 본 논문의 시좌를 제시한다. 제2장 '제주도에 대한 시선의 변천'에서는 식민지 시기 이후의 제주도 담론의 변천을 검증한다. 식민지

---

1 본 논문에서는 일본국적을 가진 사람들과 '혼혈'이라고 불리는 사람들을 포함하여 '국민'과 '국적'의 틀로는 묶을 수 없는 현실을 고려하고 싶어서 다양한 호칭의 총칭으로 '재일조선인'이라는 말을 사용한다.

연구 과정에서 고정화된 제주도에 대한 변경성이나 특수성 같은 말들은 해방 후 한국에서 이루어진 제주도연구와 일본에서의 한국연구, 또는 재일조선인연구 과정으로도 계승되었다. 따라서 한국과 일본 양쪽의 동향을 시야에 두고 논지를 펼치고자 한다. 제3장 '제주도에서 일본으로'에서는 19세기 이후의 식민지화라는 구조화 과정에서 제주도에서 일본으로의 이동과 왕래, 그리고 자이니치[在日]이라는 역사적 프로세스와 그 변화를 사람들이 어떻게 파악해 왔는지를 매크로적 문헌자료와 미크로적 청취조사 방식을 함께 적용하여 실증한다. 제4장 '제주도 마을의 일상생활'에서는 본 논문의 필드인 제주도 행원리의 현황과 생활사를 개관한다. 제5장 '생활세계의 가변성'에서는 생활세계를 임노동 참가라는 측면과 공동체 참가라는 측면에서 구조화와 그에 대응하며 사람들이 만들어내는 즉흥적 실천의 상호관련성을 고찰한다. 제6장 '생활공동원리의 창조성'에서는 '제'와 '수눌음'과 같은 마을 공동관행에 초점을 맞추어, 주변상황의 변화에 따라 사람들이 이 두 가지 공동원리를 혼성, 재편하면서 다양한 공동성을 창조하고 현실세계에 공동으로 대처해가는 힘을 생성하는 모습을 고찰한다. 제7장 '타향에서의 생활과 공동성'에서는 식민지 시기 이후, 일본에 거주하게 된 사람들이 타향에서 상호부조의 필요성으로 마을 친목회를 결성하고, 그것이 소멸되고 재생되는 프로세스를 재일조선인이라는 현실과 연관지어 고찰한다.[2]

---

2 본서에서는 저자가 알게 된 사람들의 이름을 알파벳으로 표기했다. 이는 개개인의 인간의 구체적인 삶에 밀착한 본 논문의 시좌와 어긋나는 것이다. 그러나 일본에 거주하는 사람들이 익명을 요구하였기 때문에 현재 제주도에 있는 사람들을 포함하여 이러한 표기방법을 썼다. 또한 알파벳 선택과 성명의 관계는 자의적이다.

제1장 인간분절의 허와 실
– 문화 · 사회 · 개인 –

본 논문에서는 제주도 사람들의 생활기록을 통해 마을에서의 삶, 그리고 마을을 떠나 정착한 곳에서 만들어지는 일상생활의 실천을 고찰하고자 했다. 이처럼 특정 지역 사람들의 생활을 그려내는 작업은 일견, 이문화를 '있는 그대로' 투영하는 거울처럼 믿어 왔다. 실제로 근대 사회과학에서의 민족지(ethnography)는 전문가에 의해, 전문가를 위해, 이문화를 전체적인 시점으로 표상하는 데 주안점을 두었기 때문에, 거기에서는 서로 다른 생활형태가 결집성이 있는 하나의 통일체로 그려졌다(Renato Rosaldo, 1998:50). 그래서 시스템이나 패턴으로 간주되지 않는 현상은 분석이 불가능하다고 생각했으며, 그것들을 예외, 애매함, 불규칙성이라 불러왔다.

사회를 체계적 구조로 보는 객관주의 사조는 사회학자 에밀 뒤르켐으로 대표된다(Emile Durkheim, 1978). 사회가 개인의 성격과 의식을 결정한다는 구조중시의 관점을 인류학에 계승한 사람은 구조기능주의의 창설자 래드클리프브라운이었다(A.R. Rad Cliffe-Brown, 1975). 그가 중시한 것은 사람들이 실제로 맺는 독자적인 관계성이 아니라, 제도화되고 표준화된 연속적 사회관계로 규정된 존재로서의 개인이었다.

이러한 관점은 제주도를 대상으로 한 연구에서도 나타난다. 2장에서 자세히 살펴보겠지만, 그것은 제주도 사회라고 하는 일원성을 설정하는 제주도 특수론이라고도 할 수 있다. 제주도 특수론에는 제주인이라는 에스니시티,[1] '제주도문화', '섬의 전통' 등이 아프리오리(경험보다 앞서는 선험적

---

1 '에스니시티'는 '민족성'을 의미한다. 다만 최정무가 지적했듯이 한국에서의 '민족'은 '한민족'으로, 식민지 시기에서는 '조선민족'으로 불린 분절이다. 식민지 지배-피지배라는 관계성 속에서 '민족'이란 부정된 '문화적주체'로 설정된다. 그래서 해방 후 한국에서는 '회복되어야 할 주체'로서 '민족문화', '민족의식'을 희구하였다(최정무, 1996). 이러한 점은 제주도에서도 크게 다르지 않았다. 다만 '민족'이라는 말이 한국에서는 '한민족'으로 사용되었기 때문에 제주도의 문화는

인 것)로 상정된다. 이와 같은 관점은 재일조선인에 관한 말에서도 드러난다. 그것은 '재일사회'라는 설정으로, 그 속에서 제주사람들은 '재일제주인'보다도 '재일조선인'으로 불린다.

과거 근대 사회과학에서 '재일조선인'은 고유명사화된 존재로서 연구대상화되었다. 그 때문에 제주도가 고향인 사람이든 육지출신이든 구분없이 '재일조선인'의 분절(articulation) 속에 해당되는 사람들은 재일조선인의 '민족문화'나 '민족의식'을 아프리오리로 갖고 있는 존재로 간주되었다. 이러한 사회결정론에서는 대상은 정태적이고 고정적인 동일성이 있는 것이라고 암묵적으로 전제하고 있다. 이러한 분절은 문화, 전통, 민족, 성, 종교 등 다양하다.

1960년대 인류학자 프레드리크 바르트(Fredrik Barth)는 사회 변화는 예정조화적인 전체를 상정하는 구조기능주의로 설명할 수 없다고 주장한다. 행동은 규칙에 따라 기계적으로 발생되는 것이 아니라 개인의 의식이나 목적을 고려할 때 비로소 이해할 수 있다는 것이 바르트의 주장(Barth, 1979)이었다. 이는 심리학주의로 평가받는 가브리엘 타르드(Jean-Gabriel de Tarde)와도 통용된다(타르드, 1989). 여기서 바르트가 주목한 개인이란, 가능한 자신의 이익에 부합되도록 획책하고, 상황을 조작하며 흥정을 통해 타인과 관계를 맺으려하는 합리주의자였다. 개인은 민족, 성, 문화와 같은 분절을 상황에 따라 공리적功利的으로 선택한다. 이처럼 이 입장은 개인의 선택성에 주목함으로써, 주체적 의지를 가진 존재로서 대상을 파악하는 관점을 주장했다.

'민속문화'로 표상되는 경우가 대부분이다. 그렇지만 부정적인 문화주체를 긍정화하는 방향성으로 보면 '민속'도 '민족'과 동일한 것으로 파악할 수 있다. 또 중세이전에 독립국을 형성하고 있던 제주도의 역사에 기인하여 최근에는 '제주인'이라는 정체성을 재고하려는 움직임이 있다(제주사창립사업추진협의회, 1997). 따라서 여기에서는 '민족'이라는 분절을 실체화하는 시점을 논의하기 위해, 제주인을 '에스니시티'라는 말로 사용하겠다.

사회가 개인을 규정한다는 구조화론과 개인은 행위를 합리적으로 선택한다는 주체화론, 이 두 가지 입장은 근대 사회과학의 상반된 인간관을 바탕으로 한 것이었다. 그런데 얼핏 상반된 것처럼 보이는 구조화론과 주체화론에는 사실 공통점이 있다. 그것은 인간을 '무엇인가'로 분절하는 민족, 성, 문화와 같은 경계를 고정화하고, 그 안에 선험적 동일성을 가진 본질을 설정하여 실체화하는 것이다. 이러한 인간분절의 실체화는 과거 근대과학의 주류였다.

1980년대 이후, 이러한 인간분절의 실재성 자체를 반문하는 시각이 나타났다. 그것은 사회사연구자인 에릭 홉스봄과 테렌스 레인저의 저서『전통의 발명』(1983)으로 대표된다. 그들의 논의가 탁월했던 점은 일견 전통적이고 자연스러운 존재로 보이는 것이 사실은 근대세계에 들어서면서 과거와의 연속성을 위장하면서 발명된 새로운 구축물이었다는 논증이다. 이때부터 근대과학의 인간관, 정체성의 동일성을 희구하는 서구 근대 특유의 사고양식이 비판의 사정거리에 놓이게 되었다. 발명론의 입장은 모든 사상과 현상에 대해 본질적인 실재를 인정하지 않고, 문화적으로 구축된 텍스트로 파악하여 탈구축해 나가는 구성주의로 확대되었다.

탈구축론이 확산되는 가운데 일본에서도 재일조선인을 일원적으로 다루는 것에 대해 의심이 생기기 시작했다(福岡·辻, 1991). 이것은 3장에서 자세히 살펴보겠지만, 재일제주인은 일본 사회에서도 일단 재일조선인으로 다루어진다. 억압과 차별의 구조는 제주도 출신이라는 지역보다도 '민족' 분절이 우선사항이기 때문이다. 한편, 일상생활 속에서 식민지 시기 이후 고향 제주를 떠나 일본 도시에 거주하게 된 사람들은 상호부조의 필요성을 느껴 친목회를 형성했다. 그래서 '제주도문화'는 재일조선인의 '민족문화'의 다양성을 증명하는 하나의 실례로 채택된다. 2장에서도 나타나는 바와 같이, 재일조선인 속의 다양성을 지적하고 '제주도사람'이라는 분절을 본질적인 것으로 파악하려 할 때, 대상이 되는 개개인을 새로운 분절로 일반화시키는 방향성은 같다. 이처럼 개인의 존재나 행위를 분절화하고 구조화하는 힘은 무시할 수 없다. 탈구축파의 시점이 민족이나 문화와 같은 인간분절의 자명성에 회의를 품고, 대상을 실체화하는 서구 근대의 세계관을 상대화하는 데에 크게 도움을 준 것은 분명하다. 그렇지만 한편으로는, 모든 사상·현상을 텍스트상의 기호로 함축시켜버리기 때문에 오히려 현실과 유리되어 버리는 위험성을 내포하고 있다.

본 논문에서는 사회과학의 실천론과 탈구축론을 재고하여 양자를 재편성하는 관점을 탐구하고자 했다. 그래서 이러한 구조화와 주체화의 문제를 끊임없이 생성·변전하는 제주도 사람들의 구체적인 생활세계를 통해 재편성하는 가능성을 고찰했다. 다만, 제주도 사람들의 생활실천을 기술한다고 할 때, '제주도적인 것'을 규정해 둔 것은 아니다. 오히려 지금까지 기술되었던 '제주도의 독자성', '제주도 문화', '제주인다움' 등의 범형을 되묻는 작업이라고 할 수 있다. 왜냐하면 '제주도문화'라는 이름으로 제주도 전체를 하나의 문화적 주체로 구성한 것은 일본의 식민지배라는 역사적 구조화에 의한 것이었기 때문이다. 식민지배를 계기로 시작된 도일渡日에 의해, 사람들은 일본에서도 출신 마을을 포함한 '제주도사람'이라는 정체성을 가지게 된다.

제주도 마을의 생활은 일본의 식민지배라는 역사적 구조화의 힘에 의해 규정되고, 객지벌이 임노동이라는 생활형태를 강요받는다. 그 속에서 제주사람들은 자신들의 생활세계를 형성시켜온 논리를 즉흥적으로 변환하고 개편하면서 다양한 공동성을 창출했다. 따라서 이 장에서는 구조화의 힘을 일단 수용하면서도 완전히 휩쓸리지 않고, 오히려 그 힘을 재편성할 수 있는 개인의 즉흥적, 창발적인 주체화를 논의하는 것에 대한 가능성을 다양한 사회이론을 살펴보면서 검토해 보고자 한다. 먼저 '민족'이라는 공동성 생성의 논리를 둘러싼 논의를 검토하는 것에서부터 시작해 보겠다.

제1절 공동성 생성 – 집단 결성의 논리과정

1980년대 이후의 일본을 표현하는 '국제화의 흐름 속에서 다민족시대가 도래한 요즘, 이문화와의 공생법이 모색되고 있다'는 말이 다양한 매체에서 흘러나왔다. 이를테면 '외국인 노동자의 불법취업'이 사회문제로 부각되었지만, 재외거주 일본인 2, 3세인 닛케이진[日系人]은 '정주자'로 별도로 논의되었다(田中宏, 1991:199-210). 이 논리는 일본이라는 국민국가를 전제로 하고 있고, 일본인과 그 외 많은 사람이라는 구분선이 있다. 즉, 일본이라는 국가는 일본어를 구사하고 일본 문화를 가지며 일본국적이 있는 일본인에 의해서 단일로 구성되어 있으며, 국민=국민문화=국적=언어라는 규정에 부합되지 않는 사람들은 '이질적인 타자'로 분절한다. '이질적인 타자'를 대우하는 방책을 강구하는 것은 호스트 측인 일본이다. 이렇게 해서, 자명한 이치처럼 거론되어 왔던 일본의 '단일민족국가관'[2]은 중국에서 온 귀환자나 그 자녀들, 인도차이나에서 온 난민들, 해외에서 건너온 취업자들이 정주하게 되면서 흔들리기 시작했다. 그렇지만, 이러한 상황이 발생하기 이전부터 '국민', '~사람', '민족'이라는 공동성은 자명한 것인지에 대한 논의가 세계의 다양한 지역 상황을 고려하면서 이루

---

2 '단일민족국가관'에 대해서는 예를 들면 富山一郎(1990,『근대일본 사회와 '오키나와인'-'일본인'이 된다는 것』), 小熊英二(1995,『단일민족신화의 기원-'일본인'의 자화상의 계보』)와 酒井直樹(1996,『사산되는 일본어·일본인-'일본'의 역사지정적(地政的) 배치』) 등 참조.

어져왔다.

서양에서 시작된 근대화의 흐름이 전 세계로 확산되는 가운데 근대 국민국가의 형성과정에서 '영토'가 획정되고 내부의 다양한 민족성은 '국민'이라는 이름하에 균질화되고 표준화되었다. 역사학자 알랭 코르뱅(Alain Corbin)는 이러한 상황을 19세기 프랑스 농민 폭력에 관한 역사서술의 여러 단계에서 간파했다(Alain Corbin, 1994). 프랑스 혁명기, 각각 다른 농촌 지역에서 일어난 세제반대 소요, 군대주류에 대한 저항, 공유지 분할 반대 등 '통합에 대한 거절'은 민족주의적인 역사서술 수준에서 근대국가라는 '공동체 미래에 대한 위협'이라 하여 일괄 통제되었다. 하지만 국가의 틀 안에서 일괄 소거되었어야 할 다종다양한 민족성이 표출되는 현실에 대하여, 1960~70년대 이후 다양한 연구와 보고가 이루어졌다. 이러한 연구, 보고의 흐름은 크게 민족본질론과 민족구축론으로 나눌 수 있다.

민족본질론에서는 객관적 지표를 가지고 자연적으로 부여된 감정을 공유하는 집단을 '민족'으로 파악한다. 이처럼 민족을 원초적, 생득적 특성으로 파악하는 논의는 클리포드 기어츠(Clifford Geertz), 이사제프(Isajiw W. W, 1974), 해럴드 아이작(H. Isaacs, 1975) 등에 의해 이루어졌다. 기어츠는 원초적 유대란 사회적 존재의 '여건'(혈연, 종교, 언어, 습관)에서 유래하는 소여성을 의미한다(기어츠, 1987:118)고 말한다.

한편, 민족구축론에서는 사람들의 주관적 귀속의식을 중시하고 정치적, 경제적 이익을 위해 상황에 따라 선택하는 집단을 민족으로 파악한다. 이와 같은 입장을 피력하는 학자는 바르트(Frederic Barth), 코헨(Paul A. Cohen 1974) 등이다. 주관적으로 형성되는 민족집단의 경계의 중요성을 지적한 사람은 바르트다. 그는 민족집단을 형성할 때 결정적으로 중요한 점은 자타쌍방의 귀속의식이라고 했다(Barth, 1969:13). 상호행위에서 자타를 구별할 때 사용하는 문화적 특성은 과거로부터 연속적으로 유지된 것이 아니라, 개인이 선택해서 새롭게 의미를 부여한 것으로, 그것이 반드시 행동양식까지 포함하고 있다고 할 수는 없다.

본질론에서는 이처럼 민족을 정적으로 '존재하는' 것처럼 규정해버리기 때문에, 규정과 차이가 발생하는 민족본질이 배제되고 외부상황의 변화에 따른 민족의 가변성, 창조성을 설명하기가 어려워진다. 그 결과, 두 가지 논의 중 오늘날 사회과학 논의에서 주도권을 잡은 것은 구축론이다.[3]

하지만 내가 현지조사에서 만난 재일조선인의 경우, 반드시 거기에 부합되는 것은 아니다. 이를테면, 일본에서 '조선인'이라는 이유로 주거, 취직, 교육에서 차별을 받고 있는 재일조선인에게 '민족은 개개인이 맘대로 선택할 수 있는 것이다'라는 말을 해도 아무런 의미가 없다. 그렇다고 재일조선인이라는 지표를 확정할 수 있는 것도 아니다. 일본의 식민지배 이후, 일본으로 건너와서 거주하게 된 사람들의 자녀와 손자들이 태어났다. 그들 중에는 일본인과 조선인을 부모로 둔 아이들도 있다. 그런 아이들은 스스로 '조선인이라는 것'을 선택해야하는 현실이 있다.[4] 그리고 7장에서

---

3 구축론에 대해 더욱 자세한 것은 (Thomas, 1992; 太田, 1998) 참조.
4 조선인과 일본인 부모를 가진 아이, 어쩔 수 없이 '귀화'했거나 부모가 '귀화'한 사람은 스스로 '조선인'으로서 살아가는 길을 선택하기는 어려웠다. 그 이유 중 하나는 일본 사회의 배제와 차별 시스템 때문이다. 또 하나는 재일조선인들은 식민지 시기에 일본인이 되도록 강요받았기 때문에 국적=민족이라는 의식이 강했다. 그래서 '귀화'한 사람과 더블(이전에는 혼혈이라 했지만 최근에는 두 개의 문화를 가졌다는 의미로 '더블'로 많이 씀)인 경우는 '민족의 배반자'라고까지 불렸다. 거기에는 일본인이 될 것을 강요하는 일본귀화제도의 문제도 있었다. 한편, 일본국적을 가지고 있어도 자신이 '조선인'이라는 의식을 갖고 살아갈 것을 표명하는 움직임도 생겨났다. 발단은 1985년 결성된 '민족명(한국 이름) 되찾기 모임'이다. 당시 국적=민족=본명이 민족성의 방정식이었다. 그래서 이 모임은 일본국적이든 아니든 법적으로 본명을 호적 명으로 인정받을 수 있도록 소송을 걸었다. 그것은 '귀화'할 수밖에 없는 상황을 만들어내는 일본 사회에 대한 이의 신청이기도 했다. 원고 중에는 조선인 아버지와 일본인 어머니를 가진 사람도 있었다. 87년 처음으로 승소를 하고 운동의 성과는 점점 커졌다. 그리고 지금은 다양한 자이니치의 모습을 상징하는 존재가 되었다. 자세한 것은(민족명 되찾기 모임 편, 1990) 참조.

알 수 있듯이, 제주도 마을의 친목회 사람들의 도일 시기나 경위는 제각 각이며 그중에는 다른 마을 사람도 포함되어 있다. 그리고 그들이 만나 나누는 대화의 단골메뉴는 '제사'의 세대계승 방법으로, 이것은 재일제주 인으로서가 아니라 재일조선인으로서 안고 있는 문제이다. 그렇지만 사람 들이 대화를 할 때, 의식적으로 자신들이 '누구인지'를 선택하면서 발화하 는 것은 아니다.

즉, 민족의 다양한 상황을 고찰할 때, 실체론과 구축론은 사실 명쾌한 결론을 내리기 어려운 논의였다. 오히려 문제는 민족은 '있다'=본질인가, 아니면 '없다'=구축인가 하는 양자택일적인 논의 자체에 있다고 볼 수 있 다. 그래서 민족이라는 공동성 생성을 위한 집단 결성의 논리를 역사적으 로 보는 시도가 이루어진다. 예를 들어, 중근동지역 이민연구를 하고 있는 오쿠야마 마치(奧山眞知)는 이스라엘에서는 같은 유대민족이지만, 아시 아·아프리카계 이민과 유럽계 이민 간에 사회적, 정치적, 경제적 배경의 차이로 인하여 공생문제가 발생하고 있다고 지적했다(奧山, 1986: 251-86).

또, 민족문화나 민족의식을 언급할 때, 민족에게 특정 언어가 있는 것 처럼 파악하는 경향이 있었다. 언어학자인 다나카 가쓰히코(田中克彦)는 프랑스어가 어떻게 국내 다른 언어와의 경쟁에서 오늘날과 같은 특권적 지위에 올랐는지를 사회적인 언어사로 검증했다(田中, 1981:77-105). 프랑 스에서 프랑스인이 프랑스어를 하는 것은 지극히 '자연스러운' 일처럼 생 각된다. 하지만 1793년 당시, 프랑스 전인구의 4분의1에서 3분의 1정도 의 사람들은 프랑스어를 쓰지 않았다. 즉, 자유·박애·평등을 내세운 프랑 스혁명은 언어의 중앙집권화에 따른 소수자 언어탄압을 낳은 것이다. 이 에 대해 언어학자인 다나카 가쓰히코는 다음과 같이 지적했다.

국가어의 이데올로기란, 수단으로써의 언어의 공통, 공유에 의한 국민 적 평등이라는 이념에 따라 현실의 언어적 불평등을 은폐시키고, 그렇게 해서 탄생된 단일 독점언어를 신성화시킴으로써 언어적 다양성을 불허할 뿐만 아니라 결국에는 문화의 다양성까지 적대시하는 것이다. 경험으로 보았을 때, 모든 국가어가 단일하다고 하는 한, 이 궤도에서 벗어난 적은 없었던 것 같다(田中克彦, 1981:238).

민족과 언어의 일체화, 여기서 말하는 국민이라는 공동성과 국가어의 일치는 소수자의 언어, 지역별 차이를 배제한 국가어로의 동화를 요구한다. 국가어라는 구실 아래, 언어를 표준화하고 단일화하여 정통화시키는 배후에는 구조적 강자의 약자에 대한 지배와 억압의 논리가 있다고 다나카는 지적했다. 그리고 이러한 '국민'이라는 이름의 집단결성의 논리 속에 서양의 지식담론에 의한 타자의 표상과 지배양식이 있다고 지적한 것이 에드워드 사이드(Edward Wadie Said)이다.

제2절 이상계통으로서의 타자

사이드는 한 인간에게 특정 민족이라는 틀에 속하는 것이 중요하다고 여기게 한 배경은 근대서구 특유의 세계인식에서 생성되었다고 제시했다. 19세기 근대서구의 제국주의는 식민지 지배의 야욕과 함께 세계를 석권해갔다. 근대의 학문과 지식에 의한 지배장치로서의 오리엔탈리즘은 그 이전의 '미지'의 것에 대한 '경이'를 표하는 단순한 존재론적·인식론적 구분에 지나지 않았다. 그것은 서구근대가 만들어낸 '동양을 지배하고 재구성하며 위압하기 위한 서양의 방식'(사이드, 1986:4)인 것이다. 여기서 말하는 '오리엔트'에는 본질은 정립되어 있지 않다. '오리엔트'는 서양의 '내부의 타자'인 셈이다. 전체를 조망하고 오리엔트의 본질이라는 픽션을 단면적으로 규정하는 권력을 가진 것은 서양이며, 오리엔트라고 규정된 비서양은 스스로를 표상할 수 없다. 자신들 스스로를 자신이 규정할 수 없고, 오로지 서양에 의해서만 규정될 수 있는 것이 된다. 오리엔트를 언급하거나 기술할 때 어휘군을 선택하는 것은 서양이며, 이 때 내실의 정확, 부정확은 따질 필요가 없다고 설정된다. 오리엔트를 가리키는 후진성이나 불변성, 수동성이나 비합리성과 같은 이미지들은 실은 서양이 자신들의 초지일관된 주체를 형성하기 위해 필요한 거울이었다.

여기서 인간은 '종의 동일성'(酒井, 1996)을 매개해야만 자기를 긍정할 수 있다고 규정한다. '종의 동일성'은 성, 종교, 계급, 국가 등 인간을 분절하는 다양한 모든 틀과 연관되어 있는 인간의 일관성을 요구한다. 민족도 마찬가지로, 마치 자연의 산물인 것처럼 간주되어, 선천적인 불변·고정의 본질로 규정된다. 이런 가운데 '오리엔트'의 후진성, 퇴행성, 서양과의 불평등이라는 명제는 19세기 초에 인종차별이론의 생물학적 근거를 둘러싼 여러 관념과 가장 쉽게 연결되었다'(사이드, 1986:212). 그리고 18세기 서양에서 고안된 근대과학은 인간을 진단, 검사, 조사, 분류하기 위한 많은 기술과 방법을 정립했다(渡辺, 1997).

이 연장선상에서 19세기 후반 '제국주의 문제 전체가 인종, 문화, 사회를 선진적인 것과 후진적인(곧 종속적인) 것으로 분류하는 이원적인 유형학을 추진'(사이드, 1986:212)시켰다. 확고한 '주체'를 확립한 서양은 일관성 없이 잡다한 오리엔탈적 '민족'을 '규율=훈련'시킨다는 '문명화 사명'을 내세우며 식민지배를 정당화했다.

> 그리하여 동양인은 비참한 이방인이라고 하는 표현이 가장 적합한, 서양사회의 여러 요소(범죄자, 광인, 여자, 빈민)와 결부되었다. 동양인을 동양인 자체로 보거나, 그들을 주목한 적은 거의 없었다. 그들은 시민으로서도 인간으로서도 아니고, 해결되어야 하고, 한정되어야 하며, 또는(식민주의적 세력들이 공공연하게 그들의 영토를 탐내는 경우에는) 접수되어야 할 문제로 간파되고 분석되었다(사이드, 1986:212).

'이질적인' 타자는 서양의 지식담론에 의해 발견되고 인지되어 목소리를 부여받은 대상으로 파악된다. 이 문제를 근현대 일본 사회의 상황과 연결시켜 논의한 사람은 강상중이다.

서양정치사상사 연구자인 강상중은 일본과 아시아의 관계를 고찰하기 앞서 '아시아에 속하면서, 아시아와 일본 사이에 넘을 수 없는 경계선을 긋고, 이쪽의 '자신들만'의 친숙한 공간 반대쪽에 아시아라는 고정화된 공간을 상정함으로써 자기들만의 정체성을 확립하려는 문화적 헤게모니'(강상중, 1988:134)가 있다고 지적하였다. 그리고 그것을 '일본적 오리엔탈리즘'이라고 규정하고, 그 원형의 하나를 조선과의 관계 속에서 찾는다.

19세기 후반, 서구 열강이 오리엔트를 지배하려는 움직임 속에서 일본도 조선을 일본의 '내부의 타자'로 끌어들이고 있었다. 한일병합 이전, 일본사회정책학회의 중진이면서 일본사회과학 진흥에 크게 공헌한 학자인 후쿠다 도쿠조(福田德三)가 있다. 강상중은 후쿠다의 업적을 검증했다. 1889년부터 1901년에 걸쳐 독일로 유학을 갔던 후쿠다는, 일본의 발전도 서양과 마찬가지로 '질서있는 진화'의 과정을 밟고 있는 중이라는 것을 변증하려했다. 그 비교대상이 조선이었다. 즉, 일본이 서양과 마찬가지로 '질서적 발전'(정상계통)과정을 밟고 있으며, 그것을 명시하기 위해서라도 '질서적 발전'에서 '일탈', '낙오'된 '이상계통'이 필요했으며, 그것이 바로 일본의 우월성을 드러내는 '거울'로써의 조선=아시아=이단아였다.

강상중은 지적한다. 조선에 대한 일본적 오리엔탈리즘은 전후 민주주의를 내걸고, 화려한 '국제화'를 표방하는 지금까지 일본에서 여전히 재생산되고 있다고. 패전 후, 일본적 오리엔탈리즘의 헤게모니를 체현해 온 것은 재일조선인이었다. 일본의 '내부의 타자' 위치에 있었던 재일조선인에게는 가시적·불가시적인 갖가지 차별과 배제의 족쇄가 채워졌다. 그와 동시에 '뒤처진 아시아', '앞선 일본'이라는 자타의 거리와 차이를 인식하는데 필요한 존재로서 '체재 허가'가 부여되었다. 그러나 거기에는 재일조선인이 '재일'하기까지의 경위나 일본을 근거지로 생활을 영위하고 있는 현실은 무시되었다.

'국제화' 찬미라는 사회풍조에서는 '일본적인 것'이 일원적으로 구축되어 '자연스러움'을 가장한다. 강상중은 이러한 풍조 속에서 재일조선인이 더욱 더 '보이지 않는 사람들'로서 흔적없이 지워져가고 있는 것에 대한 우려를 표명한다. 그는 재일조선인을 '억압받는 사람들'로 상정하고 있다. 그것은 오리엔탈리즘으로 형성된, 피지배자로 일원화된 사람들의 모습이었다. 오리엔탈리즘에 나타나는 서구근대의 독특한 사고 양식은 세계를 석권하는 과정에서 일본과 조선이라는 관계에서 출현되고 재생산되었다. 그것은 예를 들면, 같은 제주도에서 건너 온 사람들 사이에서도 이미 영주권을 가진 '합법'적 입장의 사람들이 '밀항'으로 건너온 '비합법'적 입장의 사람들을 자신들과 다른 존재로 보는 시선을 통해 드러난다.

제3절 '본질'의 일원화

일본적 오리엔탈리즘의 맥락에서 지배와 억압을 당하는 재일조선인들의 모습이 거론된 것은 근대 자본주의 경제의 확장과 근대 국민국가 형성이 전 세계로 팽창하고 침투되는 과정에서였다. 서구를 정점으로 하는 세계 경제시스템이 형성되는 과정에서 노동력 배치와 질서확립의 이데올로기성을 가장 먼저 지적한 사람은 이매뉴얼 월러스틴(Immanuel Wallerstein)이었다(월러스틴, 1987).

'자본주의 세계경제'의 버팀목은 인종차별, 근대국가, 민족집단이다. 제도로서의 인종차별은 노동자의 계층화와 불공평한 분배를 정당화하기 위한 이데올로기 장치이며, 서구를 중심으로 규정된 '컬러라인'이다. 열강과 약소국 간의 세력 불균형은 자본의 지리적 집중을 초래하는 불등가교환을 가능케했다. 그리고 여기서의 민족집단은 자본의 축적과정에서 성별, 연령별 시장 외 노동에 대한 차별을 유지하는 부분으로 자리잡게 된다. 즉, 최대한 싼 노동력이 만들어지도록 배치되는 것이다. 그 결과, 중앙에서 주변에 이르는 직업과 경제적 역할의 단계마다 '전통'의 문화적 외피를 입히고 정통성을 가장시킨다.

월러스틴의 논의는 지나치세 획일적인 경향이 있다. 에릭 울프(Eric R. Wolf, 1983)의 비판에서도 알 수 있듯이, 지역별 변화나 개별적이고 구체적인 상황의 차이에 대한 배려가 부족하다. 물론, 세계 시스템에 대한 포섭은 단순하지는 않다. 하지만, 서구 열강이 세계 각지에 식민지를 형성해 자국의 시장확대를 목표로 한 후, 해방된 지역에서 이번에는 '외국인 노동자'라는 이름으로 서구제국으로 사람들이 유입되는 현실이 존재한다.

'포스트콜로니얼＝식민지 이후'라고 불리는 지금도, 한국에서 일본으로 사람들은 임노동을 찾아 이동한다. 해방 후에 건너간 사람들은 '뉴 커머'라 불리며 '외국인 노동자'로 분류된다. 그 점에서 해방 전에 온 사람들인 '올드 커머'와 분리된다. 하지만, 이러한 사람들의 이동은 19세기 말, 서구 열강에게서 배운 일본의 식민지배의 발단이 된다(박일, 1993). 3장에서 구체적으로 설명하겠지만 이를테면, 본 논문의 현장인 제주도 행원리 사람들에게는 식민지 시기 이후부터 현재까지 '일본행'이라는 선택지가 일상생활 속에 분명히 제시되고 있다. 사람들은 이미 일본에서 생활하고 있던 가족이나 친척, 친구 등을 연고로, 헤어진 가족이나 일거리를 찾거나, 일본이라는 곳을 직접 보기 위해 다양한 시기에 다양한 목적으로 일본으로 건너간다. 그 후 장기 체류하거나 일을 시작하게 되면서 '불법체류자'가 된다. 해방 후에 고향에서의 생활이 힘들어서 '밀항'으로 일본으로 건너간 사람들도 있다.[5]

'올드커머'는 '뉴커머'가 처한 현실을 보며 자신의 과거를 비춰볼 수도 있을 것이다. 그런데 '같은 고향', '같은 민족'이라는 공감대가 형성되었다고 하더라도, 그렇게 쉽게 동일한 자격으로 노동을 허락하지 않는 법제도가 도사리고 있다. 법제도상에서 임노동의 참가 여부는, 개개인의 구체적인 내력을 무시한 '합법'적 외국인이냐, '비합법'적 외국인이냐로 판가름된다. 법적 구분은 '같은 민족'일지라도 서로를 보는 눈을 갈라놓는다.

---

5 1989년 해외여행자유화 이전에는 '밀항'으로 도일하는 사람이 많았다. 1965년에 한일조약이 체결되었지만 서민에게는 비행기를 탈 돈 같은 건 없었다. 또 도일하려는 사람들은 엄격한 이력조사를 통과해야 했다. '밀항'하는 사람들에게는 밀항을 해야만 했던 다양한 사정이 있었다. 1945년 해방 이후 고향에서의 생활재건이 힘들어서, 해방 전에 일본에서 생활했기 때문에 고향생활에 적응하지 못해서, 남북분단을 둘러싼 정치적 이유 등이 있다.

문화교류사와 조선과 일본의 근대사를 연구하는 스기하라 토오루(杉原達)는 이런 상황을 고려할 필요가 있다고 주장하면서, 사이드나 그 관점을 계승하고 있는 강상중의 분석만으로는 부족하다고 지적한다. 사이드의 논의가 구미의 문학·사상·과학 등의 담론을 문제로 삼고 전개되고 있는 것처럼, 강상중의 일본적 오리엔탈리즘 논의도 일본의 정치가나 지식인의 담론 분석에 역점을 둔다는 점에 한계가 있기 때문이다. 그리고 '이러한 작업과 함께 한발짝 더 다가가서 생활 속, 지역 속, 삶 속의 오리엔탈리즘을 문제시하는 시각이 자각적으로 생겨났을 때 오리엔탈리즘론은 한층 더 의미 있는 것이 되지 않을까'(杉原, 1998:31)라고 묻고 있다. 앞서 언급했듯이, 사실 '올드커머'와 '뉴커머'를 확연하게 둘로 분리할 수는 없다. 도일을 둘러싼 시기나 경위는 다양하다. 그러한 중층적 관계성에 대해 스기하라는 '세계적인 동향인 국제노동력 이동의 공시적 전개에 주목하면서, 동시에 다른 한편으로는 지역 안에서 구체적으로 나타나는 오리엔탈리즘을 밝혀내는 형식으로 논의해야 한다고 생각한다'(杉原, 1998: 31)고 했다.

'포스트콜로니얼'시대라 불리는 지금, 다양한 지역 사람들을 포섭했던 자본주의 세계경제의 침투가 종언을 맞이했다고 말하기는 힘들다. 조선사·조선문학을 연구하는 인류학자 최정무는 '초국가적 자본주의, 국민적 상상체와 한국의 저항연극'이라는 논문 서두에, 1991년 서울 지하철에서 들었던 대화를 인용했다(최정무, 1996:139). '일제(일본 제품)'를 갖고 있다는 것으로 자신의 부나 지위를 과시하는 대화였다. 본 논문의 현장인 제주도에서도 '일제'의 인기는 신화처럼 구전되고 일본에 갔다 온 사람들이 가져온 선물은 화장품, 가전제품, 옷, 농어업 도구 등 각양각색이었다. 달리 말하면 '일제'는 뭐든지 질 좋고 오래 간다고 여겼다.

최정무는 식민지 본국 일본에서 아버지의 대학시절 추억을 접하면서 자랐다. '술술 잘 써지는' 일본제 노트, '미쓰비시재벌이 만든 톰보 연필심은 부러지지 않았다' '일본에서 출판된 참고서'로 시험공부를 했고, '일본대학의 서열 신화', '일본은 결코 '식민지 이후 포스트콜로니얼'시대에도 한국을 떠나지 않았던 것이다'(최정무, 1996:140). 일본에서 유입된 상품에 대한 페티시즘에는 해방 후 한국 땅에 진출한 미국에 대한 동경이 섞여 있다. 이런 복잡하게 얽힌 기분을 최정무 자신은 다음과 같이 표현했다.

> 실제로 한국의 문화적 주체는 한국인의 기억에서 사라진 지 오래다. 우리들이 바로 떠올리는 것은 지극히 물신화된 서양과 일본의 상품으로 체현된, 물질만능의 식민지 본국에 대한 기억뿐이다. '식민지 이후 포스트콜로니얼'의 사람들은 이같이 자신의 주체의식을 애매하게 만드는 잡종의 기호와, 정신분열적으로 금이 간 충성심을 동반한 괴로운 모순에 빠진다. 사실, 상품에 대한 페티시즘(혹은 메트로폴리스에 대한 동경)은 그러한 식민지적 관계를 지속시키고 있는 것이다(최정무, 1996:142).

해방 후, 한국이 일본제품의 부품공장이 되었다는 사실도 있다. 일원적인 '한국의 문화적 주체'가 '한국인의 기억에서 사라진 지 오래다'라는 최정무의 기술은 식민지화 속에서 구성된 주체가 부정적인 것으로 기억되어 왔다는 것을 나타내는 것이기도 하다. 자본주의 세계경제는 노동력 편성 배치도를 만드는 과정에서 강자-약자 관계를 고정화시키고 자연스러운 것으로 만들어 왔다. 그리고 그것은 생산 관련자뿐만 아니라, 소비자의 상품 접근 가능성 면에서도 강자와 약자를 만들어냈으며, 소비의 기호 획일화도 포함되었다. 이러한 상황에서는 '포스트콜로니얼'의 '포스트'가 실재적 의미를 가질 수 없다.

자본주의 세계경제의 신장 속에서 등장하는 '민족'은 근대국가형성 이전에 느슨하게 연결되어 있던 공동체와는 구별된다. 왜냐하면, 근대의 민족은 국민의 형성과 불가분하기 때문이다. 우세한 집단이 토지를 국경으로 구분하고, 열세한 측은 탄압과 억압 속에 놓이게 된다. 그리고 국가

권력을 장악한 집단은 자신들의 안정을 위해 과거로부터의 연속성을 가장한 대량의 '전통의 발명'(Hobsbaum & Ranger 1983)을 실행했다. '전통'이라는 이름으로 만들어진 문화는 행정, 군대, 법률, 학교 등의 모든 제도와 연동하면서 고정화·복제화되어 사회로 흘러 들어갔다. 근대국가에서 국민이란, '사람은 동시에 복수의 국민, 민족, 인종일 수가 없다는 원칙'(酒井, 1996:174)에 따라, 동일성을 가진 문화적 주체라는 것이 강요된다.

이러한 '신분이나 직업 등을 바탕으로 한 개인과 개인의 관계를 뛰어넘어, 개인과 전체로서의 공동체를 직접 연결하는'(酒井, 1996:173) 식의 추상적인 국민적 공동체를 앤더슨(Benedict Richard O'Gorman Anderson)은 '상상의 공동체'(앤더슨, 1987)라고 했다. 상상의 공동체에서는 '국민으로 조직된 자만이 권리 소유자가 될 수 있는 세계'(크리스테바, 1990:184-91)가 형성된다. 국민으로서 평등을 누리는 것은 규범에 대한 복종과 표리일체이다. 그것은 국가의 정통성 유지확립으로 이어지는 만큼, 지배 집단은 국민의 공감을 환기시키는 사상, 즉 내셔널리즘을 필요로 한다. 때문에 주권국가의 인간=시민으로 간주되지 않는 자는 보호에서 배제된다(Balibar, 1991:86-106). 그렇게 일원적으로 아프리오리적인 본질이 조정措定되고, 국어, 국민문화, 국사, 국민경제 등의 구성요소의 지지와 함께 국민이라는 문화적 주체가 '자연스러움'을 가장하면서 형성되어 왔다.

근대 국민국가 형성의 움직임이 세계 각지에서 똑같이 일률적으로 일어난 것은 아니다. 서구에서 시작된 이 운동은 국가에 의한 시민보호 대신, 국민을 노동력·병력으로 동원했다. 그리고 서구 열강이 자국의 세력권 확장을 위해 식민지배를 시작하면서 피식민자 측은 동일성을 전제로 한 서구의 국민이라는 주체성에 비해, 부정적 의미의 '열등하다, 미숙하다, 정상적이지 않다'라는 주체성을 폭력적으로 강요당했다. 19세기 서구 제국이 아프리카 침탈 시 행했던 '부족의 창조'(레인저, 1992)에서도 그러한 사례를 찾아볼 수 있다. 식민지화 이전에는 다양한 집단이 상호 유동

적으로 교류하여 '폐쇄적이고 전체일치적인 체계는 현실에서는 존재하지
않았다'(레인저, 1992:378). 이러한 비일관성·다양성을 부정하는 형태로 식
민자인 서구제국은 아프리카에는 공통의 언어, 단일사회체계, 그리고 확
립된 공통법을 가진 문화적 단위로 '부족'이 있다고 가정했다(레인저,
1992:382). 사실 '부족'은 식민자 측에서 보면 관리, 통제하고 지배하기 위
해 필요한 단위였던 것이다.

식민지배에 의해 주민의 부동화, 에스니시티라고 불리는 민족성 강화,
사회정의의 엄격화를 강제적으로 시행해나가면서 근대적 집단으로서의
민족이 만들어졌다. 그리고 식민지에서 벗어나 '해방·독립'을 이룩하는
것 또한, 이렇게 창출되고 규정된 민족의 틀에 맞추게 되었다. 근대국가
에 의한, 서구를 기축으로 한 중심과 주변의 민족 생성의 두 가지 위상을
어네스트 겔너(Ernest Gellner)는 '못으로 고정화된 시스템'(Gellner, 1975:175-
76)이라고 했다.

이와 같은 구조화된 관계체 형성은 근대 일본국가 형성과 조선에 대한
식민지배에서도 찾아볼 수 있다. 메이지유신 이후, 정부는 근대국가 확립
을 위해 '폐번치현'을 시행하여 중앙집권화의 기반을 다졌다. 근대 일본의
국민국가로 포섭되는 과정에서 홋카이도의 아이누 사람들이나 류큐 사람
들은 일본본토의 시각인 '우열'의 잣대로 일본국민 내부의 '외인外人'으로
규정되었다. 이러한 흐름은 식민지하의 조선에서도 마찬가지였다. 19세기
말, 서구열강의 침탈에 대응하면서 독자적인 근대화의 길을 모색하고 있
던 조선을 향해 일본은 지배의 손을 뻗쳤다. 그때 실시된 정책이 동화정
책이었다. '내선일체'란 명목하에 창씨개명, 일본어 강요, '제국신민' 교육,
생활습관 교정지도 등이 강제로 시행되었다.

창씨개명의 경우, 한국식 성명姓名 대신 '일본식 씨명氏名'으로 바꾸도
록 요구했지만 '진정한' 일본식 씨명 같은 것은 없다. 어디까지나 '일본적'
인 것은 회구되어야 할 대상으로 설정되어, 일본인의 씨명을 흉내냈지만

미묘한 차이가 있기 때문에 조선인임을 알 수 있다. 이렇게 아무리 표층을 바꾸어도 '불완전한' 것 같은 느낌을 자아낸다. 실제로 식민지배를 통해 '이류 국민'으로 간주된 조선인은 노동력이나 병력에서도 일본인보다 하위로 규정되어 '조선인이라는 사실'이 드러나게 되면 벌칙이나 차별의 대상이 되었다. 이러한 근거 없는 '우열'을 가르는 선은 '동일해 질 수 없는 것'에 대해 '열등감'을 느끼게 하거나, '정체'가 발각될까봐 벌벌 떨게 하였다. 그리고 설사 발각되더라도 차별받거나 배제당하지 않도록 규율을 잘 따르고 성실하게 행동하도록 하는 교묘한 조작으로 개개인의 인간을 속박했다.

이런 '차이화'를 내포한 동화정책은 타자들로부터 부정되고, 또한 스스로도 부정해야 하는 대상으로서의 일원화된 문화적 주체를 형성해갔다. 즉, 강자와 약자의 관계가 고정화된 것이다. 그리고 이러한 부정의 역사에서 시작된 민족성, 즉 문화적 주체의 문제는 포스트콜로니얼이라고 일컬어지는 현재까지도 재일조선인이 자신을 표상하는 이름인 본명을 쉽게 밝히기 힘든 상황을 만들고 있다(이치지, 1994:9-39). 또한 식민지 연구 속에서 제주도에 부여된 '후진', '변경'이라는 문화적 주체성은 해방 후의 제주도 문화연구 과정에서 '부정적 측면'으로 계승되었지만 지금은 '긍정적 이미지'를 창출하는 탐구의 자세로 이어지고 있다.

제4절 구축론의 역사적 형성

근대에서 타자를 표상하는 양식의 배후에 숨겨진 인간인식의 틀로 제시된 '오리엔탈리즘'이나 '전통의 발명(만들어진 전통)'에 대한 비판이 1980년대부터 일기 시작했다. 그것은 크게 두 가지로 볼 수 있다. 하나는 구조적 강자—약자를 너무나도 일원적으로 파악하고 있다는 비판이다. 또 하나는, 모든 현상의 '본질'을 인정하지 않고 문화적으로 구축된 텍스트로 파악하는 반反본질주의를 주장하는 탈구축파에서 나왔다.

전자는 식민지배하에서 약자는 '그저 당하기만' 했던 존재는 아니었다는 주장이다. 이 주장에서는 문화적 주체 형성에 대한 논의의 중심을, 발명된 전통의 허구성이나 허위성에서 문화 창출의 의식적·조작적인 주체성이나 창조성의 강조로 바꿔 놓는다(Thomas, 1992; 太田好信, 1998). 거기에는 '문화의 동태적 구축이나 '객체화'가 식민지화 과정 이전에도 나타나는 근본적이고 보편적이라는 인식'(小田亮, 1996:839)이 있다. 예를 들어, 니콜라스 토마스(Nicholas Thomas)가 보고한 오세아니아 각지에서 있었던 문화의 전유나 대체와 같은 사례가 있다. 이것은 피식민자 측이 식민자 측의 오리엔탈리즘에 의해 부여된 표상에서 전통 요소를 골라내고, 그 요소를 전체화—객체화함으로써 식민지주의에 대항하는 민족적 정체성을 확보한다는 것이다. 구체적으로는 식민지화 이전부터 피지섬에 있었던 다양한 교환의 관행 중에서, 개인주의적 기업가정신의 육성을 방해하는 비합리적인 낭비라고 여겨졌던 케레케레(무엇이든 함께 나누자)라는 관행만이 민족정체성을 나타내는 것으로 선택되어, 피지의 전통문화 전체를 표상하는 것으로 '전체화'되었다.

7장에서 이와 동일한 예가 등장하는데, 재일조선인이라 해도 출신 지역이 서로 다르며, 제주도 출신자들은 마을 단위의 친목회를 만들고 있다. 하지만 그 과정에는, 식민지하에서 낯선 도시로 나올 수밖에 없었던 사람들 간의 협력이 필요했다는 역사가 있다. 그것을 '같은 제주도 출신', '같은 마을 사람'이라는 설명만으로 끝내버린다면, 새로운 '종적 동일성' 설정이라는 함정에 빠지고 만다.

그리고 피터 버크(Peter Burke) 등, '아래로부터의 역사'를 제창하는 '신역사주의'파는 개개인의 시점과 일상생활세계에 대한 시점을 강조하면서, 역사와 사회를 보는 시선의 전환을 주장한다(버크, 1996). 그들은 거시적인 정치, 경제나 국가, 혹은 집단적 운동으로부터 역사를 보는 것이 과도하게 강조되면서 경직화된 근대주의의 역사서술과 사회인식으로부터 빠져나오기 위해 일상의 세세한 생활세계나 개인행동에 시점을 두고자 했다. 한 사람 한 사람에 대한 시점이 균질화될 수 없다는 지적은 분명히 중요하다.

그러나 이러한 상대주의적 관점을 도입할 때 주의해야 할 점은 특정 카테고리에 포함된 개인을 구조적 약자로 양성해 온 역사적 구조화의 폭력성 문제가 쉽게 드러나지 않는다는 것이다. 그렇기 때문에 이 시점에서 재차, '전통의 발명'이라는 것이 왜 근대에 들어 대량으로 발생하는가'(小田, 1996:837)라는 질문을 할 수밖에 없다. 왜냐하면, 서구 근대의 공동성의 발명은 구조적 강자 측에 의한 그들 스스로의 긍정적인 문화적 주체화와, 강자가 '발견'해서 강요한 문화를 재구성하는 데서 시작된 약자의 주체화라는 불균형적 구분을 만들어냈기 때문이다.

이러한 사실에 입각하여 문화의 객체화 및 획일화될 수 없는 개인의 역사를 논의하지 않는 경우에는 재일조선인 2세나 3세가 자신을 긍정하기 위해 '민족적 각성의 논리'를 선택하는 경위가 드러나지 않게 된다. 1세의 경우, 조선에서 태어나고 자라는 과정에서 언어나 생활습관이 무의식중에 몸에 배어 있기 때문에 '민족'이라는 것을 일부러 찾을 필요는 없다. 하지만 일본에서 태어나고 자란 2세와 3세는 일상에서 일본어를 주로 사용하고, 생활습관도 일본에 익숙해진다. 그렇지만 일본 사회에서 '조선인이라는 사실'은 배제와 차별의 대상이 되므로 그러한 가치를 내면화시키고 자신을 부정해버린다. 그런 까닭에 조선의 언어, 문화, 역사를 배움으로써 '민족'의 일원인 자신을 찾고 부負의 존재의식을 극복하여 일본 사회의 차별의식에 맞설 수 있다는 논리가 성립된다. 그래서 '재일'의 자녀들은 자연스럽게 본질적으로 '민족적인 삶의 방식'을 선택하는 것이 아니라, 일본 사회 속에서 자기실현의 욕망을 억눌러야 했기 때문에 그 억압감에 눌려 이 논리를 선택할 수밖에 없는 것이다'(김태영, 1998:43).

그리고 최정무는 일본의 식민지배와 이후의 미국의 개입으로 '타자'로 취급받았던 한국의 문화적 주체의 '복권'을 1970년대부터 시작된 저항연극에서 찾아냈다. 저항극이라는 장르의 마당극에서 처음으로 선보인 것이 '소리굿 아구'이다. '아구가 시사하는 전투의 의미는 조선의 식민지화 이전의 역사를 되살리는 비유적인 것이다. 그것은 힘의 원천으로 조선의 민족적 일체성을 지탱해주는 것이기도 하다'(최정무, 1996:151). 그것은 '소외된 민중의 역사 회복'으로 이어진다.

여기서 문제가 되는 것은, 조선민족으로서의 문화적 주체가 식민지배에 의해 실재화되어, '이류 국민'으로서 부정해야하는 존재로 규정되었다는 것이다. 그리고 그러한 이유로 자기 긍정을 위해서는 '황민화=일본인으로 동화'되어야 한다는 계획대로 움직일 수밖에 없었다는 사실이다. 즉, 조선민족으로서의 문화적 주체는 일본의 식민지배라는 역사적 구조화의 힘에 의해 구축되고 부정되어 왔다. 이 때문에 구조화의 힘을 받을 수밖에 없는 개개인이 처음 인식하게 되는 것은 부정된 주체이다. 이러한 부정된 주체를 탈구축할 때는 구조에 의해서 규정된 주체를 긍정하는데서 시작된다. 그것이 구조를 긍정하는 것이 되지는 않는다. 이때 구조를 전제하지 않고서 주체의 자립성이나 창조성을 강조하거나, 주체 그 자체를 무형화해버리는 것은 일방적으로 주체를 모방해왔던 구조의 폭력성을 불문에 부치고 만다.

다만, 자신의 부負의 의식을 극복하기 위한 민족의식의 획득이라는 논리가 언어나 문화나 국적을 부동의 조건으로 삼는 강고한 본질주의를 내세우면 '귀화'한 사람들이나 '혼혈'인 사람 등을 배제하게 된다. 이런 경우에 쉽게 도입할 수 있는 것이 후자인 반본질주의이다. 이것은 제임스 클리포드(James Clifford)나 마이클 피셔 등이 제창했던 '문화의 구축'론이다. 모든 사상을 픽션으로 보면서 '다양한 문명, 문화, 계급, 인종, 젠더의 경계에 문제를 제기하고 집합질서와 다양성, 포섭과 배제의 현실을 논하며, 코드해독과 재코드화를 한다'(클리포트, 1996:4). 클리포드는 역사적 상대주의의 입장에서 '부분적 진실'을 주장하였고, 그가 '주장해 왔던 부분성은 항상 하나의 로컬적 역사상황을 전제로 한다'(클리포드, 1996:49).

하지만, 부분과 부분이 전체 속에서 대등하게 배치되는 것은 아니다. 하물며 부분에 대해서 부분을 두는 방식은 결국, 부분일수 있게 하는 전체 그 자체에 대한 아무런 비판도 되지 않는다. 예를 들어, 재일조선인의 민족에 대한 집착에는 '여자라는 사실'에 대한 멸시는 경시되어 왔다. 그 때문에 지향해야 하는 것은 '개인의 해방'이며 그 실천의 장으로 '열린 가족'의 형태가 모색된다(정영혜, 1994, 1997).

그리고 '민족성의 획득'이라는 말에 수반되는 정치의 문제도 있다. 문예평론가인 다케다 세이지(竹田靑嗣)는 재일조선인이라는 사실을 부정하는 것이 아니라, 이름이 '진정한 주체성'의 조건이라는 것에 대한 반발로 일본명을 필명으로 한다. 매번 '자이니치[在日]'라는 것을 설명하는 것이 '번거롭다'. '그러나 원래 '자이니치'는 이름을 여럿 갖고 있거나 한국인,

조선인이라는 호칭으로 괴롭힘을 당하기도 하고, 남인지 북인지 소속을 확인받는 '번거로움'을 감내하면서 살아가고 있는 존재다'(竹田, 1983:229). 그렇기 때문에 '번거로움'만을 피할 이유도 없고, 그것이 오히려 자신에게 '자이니치'성이 주는 낙인(stigma)이라고도 생각한다'. 다케다는 자신의 심정을 미셸 푸코의 말로 대변한다. '내가 누구인지 물어보지 마시라. 내게 동일한 상태에 머무르라고 하지 마시라. 동일하다는 것은 호적상의 도덕이며, 그 도덕이 우리의 신분증명을 지배하고 있다. 글을 쓰는 것이 문제일 때에는 우리는 그것으로부터 자유로워져야 마땅할 것이다'(竹田, 1983: 229-30).

즉, 문제는 '자신의 삶의 방식은 스스로 결정한다'는 식의 '선택의 자유'를 외치는 것이 아니다. 왜냐하면, 그 '자유'라는 것은 외적 조건이나 상황으로 규정되면서 인정받는 것이기 때문이다. 정영혜나 다케다와 같은 '발언'이 나오는 배경에는, '자신은 누구인가'라는 물음의 미로에 인간을 내모는 근대의 인간분절의 장치가 있다. 그것은 사이드가 지적한 바와 같이, 어떤 문화적 주체성과의 관계(이를테면 조선의 민족문화를 배우는 것이나 제주도의 친목회에 참가하는 것)를 일원화·고정화시키고, 그 분절을 매개로 해서 한 사람 한 사람의 인간 존재를 인식하고 파악하는 것이다. 그것은 다양한 정치적, 경제적 구조와 맞물리면서 우리들이 사는 세상 곳곳에 '자연스러움'을 가장한 채 파고들어 있다.

그런 까닭에, 말로만 거기에서 '자유'로워지는 것이 아니라, 우선 자신들이 근대 지배장치가 장착된 세계를 살고 있다는 현실에 맞서는 것에서 시작할 필요가 있을 것이다. 다만, 인간은 항상 의식적으로 능동적 판단과 행동을 하는 것은 아니다. 예를 들면, 다양한 국적을 개인이 자각적으로 가짐으로써 국가에 구속받지 않는 주체를 제시할 수도 있을 것이다. 이러한 개별적인 실천이 민족뿐만 아니라 성性이나 건강 등 현실적으로 일원화된 분절에 따른 차별이나 배제에 대해 저항하기 위해서는 각각의 분절에 맞는 사람들과 연대가 필요할 때도 있다. 그렇다면 사람들은 연대할 때 무엇을 힘의 원천으로 삼는 것일까.

힘의 원천이 반드시 무슨 주의·주장이 아니라는 것을 막스 베버가 입증하고 있다. 막스 베버는, 민족이라는 집단은 '신체적 특성, 습관의 한 면이나 양면이 비슷하다는 점, 그리고 식민이나 이민의 기억의 공통성에서 출신이 같다는 주관적인 신념을 필요로 하는 인간 집단이다. 이 신념이야말로 집단 형성에 중요한 것이며, 객관적인 혈연관계의 여부는 문제가 되지 않는다'(Weber, 1978:389)라고 하면서 '본질'의 비본질성을 지적한다. 그리고 민족이라는 문화적 주체가 실재화되는 계기로 '신념'을 들었다. '신념'을 탄생시키는 원천은 '고향에 대한 감정을 일으키는 것'으로, 이민·식민에 대한 '기억'이나 어렸을 때의 '추억'을 포함한다(Weber, 1978: 388).

이러한 것들은 가시적인 것은 아니다. 그렇지만, 가시적인 영역을 형성하는 내적인 동기나 의미부여의 변화를 야기하는 힘이 숨어있는 일상의 생활세계를 만들어내고 있다. 그 힘은 가시적인 영역으로 강화되지만, '이것을 생성시키는 메커니즘은 일상적인 습관이나 행동과 밀접하게 관계되어 있다. 의식적인 목적도 없고, 의식적으로 규정되지도 않은 자생적인 질서가 거기에 있다'(松田, 1989a:364-65).

이렇게 해서 본 논문의 관점인 즉흥적이면서 가변적인 공동성 생성의 논의로 연결된다. 일본의 식민지배하에서 제주도, 전라도, 경상도 등 조선 각지에서 생활기반을 수탈당한 사람들이 살 곳을 찾아 도일을 시도했다. 제주도의 마을친목회도 처음부터 '같은 제주도 사람끼리' 만들어진 것은 아니었다. 마을에서 도시로 건너가 타향에서 생활을 시작한 사람들이 상호부조의 필요성에 의해 안면이 있는 사람들이 모이는 과정에서, 먼저 마을 단위의 친목회를 결성했다. 그렇게 시작된 친목회가 해방 후에도 계속되는 도일 속에서 다양한 시기에 다양한 사정이 있는 사람들을 연결시키면서 마을을 모르는 세대들이 의지하는 모임으로 변질되었다. 이처럼 일상생활의 다양한 상황에서 출신마을끼리, 혹은 육지와 제주도라는 구별, 같은 육지 내에서도 지역에 따른 구별이 관계형성의 기준이 되었다. 다른 한편으로는 일본에 의해 일괄적으로 '이류국민'인 '조선인' 취급을 당했다. 그리고 패전 후 일본에 거주하면서 법제도상으로도 경제적으로도 일상생활에서도 '부당'한 대우를 받아왔다. 그 때문에 조선 각지에서 온 사람들은 지역 구분이나 본국에서의 정치적 대립을 내포한 채 '재일조선인'으로서 일본 사회에 대해 이의제기를 해왔던 것이다.

제5절 생활세계라는 관점의 가능성

이렇게 살펴보면, 인간을 인식틀로 일원화하고 고정화하는 근대의 지배장치는 저항하기 힘들게 우리의 삶을 속박하고 있는 것 같다. 과연 그런 것일까. 그에 대한 의문은 내가 일본이나 제주도에서 현지조사를 하는 과정에서 점점 커져갔다. 어느 지역에서나 사람들은 일상의 생활을 영위하기 위해 삶의 과정에서 지배나 전체화를 수용하는 경우가 있다. 그런데 그 과정에서 어떤 위화감이 조성되거나 창조성이 생겨난다. 이것은 미셸 드 세르토(Michel de Certeau)의 말을 빌린다면 '전술'이라 할 수 있을 것이다(세르토, 1987:23-32). 세르토는 '약자는 자신의 외부에 있는 힘을 끊임없이 이용해야 한다'고 하면서, 그것을 실천하기 위한 '전술'과 '전략'을 구분하고 있다. '전략'이란 '의지와 권력의 주체(소유자, 기업, 도시, 학술제도 등)가 주변 '환경'에서 몸을 분리시켜 독립을 유지해야만 비로소 가능할 것 같은 힘 계산'(세르토, 1987:25)이다. 그리고 '전술'이라고 하는 것은 '이렇다 할 자신의 고유의 것이 있는 것도 아니고, 그렇다고 해서 상대의 전체를 파악하고 자신과 구별할 수 있는 경계선이 없음에도 불구하고 계산을 하는 것이다'(세르토, 1987:26). 그것은 자신이 철저하게 전체의 부분이 될 수 없음을 표현하는 것으로 볼 수 있다. 이러한 모습은 하나의 저항이라고도 말할 수 있을 것이다.

지배나 전체화에 대한 대처법은 일상의 생활세계로부터 사라지거나 해체되는 경우는 없다. 일상생활은 항상 다양한 구체적인 실천으로 가득 차

있다고 말할 수 있을 것이다. 그런 예는, 재일조선인의 이름에 관한 대응에서도 찾아볼 수 있다. 재일조선인에게 있어서 통명(일본 명)은 식민지 시기의 창씨개명을 상징하는 것으로, 재일조선인 교육의 운동사 과정에서도 본명은 민족성을 나타내는 것으로 중요하게 여겨졌다. 하지만, 본명=조선민족이라는 도식은 일본에서 나고 자란 재일 동포의 자녀들이 증가하는 과정에서 유효하다고는 할 수 없게 되었다. 민족성이 무엇인지 불투명한 채로 그 도식을 수용하는 것이 부담이 될 수도 있다. 자녀들은 일본 사회의 현실 속에 살면서 다양한 갈등을 경험한다. 모르는 타인과 만났을 때, 학교나 직장 등 일상생활의 모든 상황 속에서 '재일조선인이다'라는 점이 우선시되지는 않는다.

재일조선인의 교육을 연구하는 김태영은 지역 아이들 모임과 관련된 활동을 하면서, 민족과 학력의 틈에서 갈등을 하는 한 아이의 모습에 주목했다. 모임에서 본명을 밝히고 '재일조선인으로서의 책임'을 갖고 노력하는 한편, '활동만이 아니라 진학 공부'라는 편차치 사회의 중압이 가해진다. 그녀는 본명을 밝혔지만, '재일조선인이라는 사실'을 드러내는 것에 대한 긴장과 책임감으로부터 '잠깐 벗어나기' 위해 일본이름으로 개명했다. 그러나 '그녀가 '재일조선인에 대한 자각'을 상실한 것은 아니다. 일본이름을 사용하겠다는 선택, 그것은 그녀가 차별사회를 살아가는 하나의 편의적인 '전술'이었다'(김태영, 1998:51). 다만, 이러한 선택만으로 대처할 수 없는 배제의 현실이 있는 만큼, 강자에 의한 '부負의 존재'로서의 분절을 타개하기 위해, 운동의 역사는 '정正의 존재'로 모델을 실체화시켜 왔다.[6]

하지만, 현재를 살아가는 사람들은 누구나가 항상 싸울 수 있다거나, 스스로를 정정당당한 존재로 간주하고 자기를 주장하거나, '부負의 존재'

---

6 이에 대해서는 2장에서 다루기로 한다.

전체를 대표해서 살아갈 수 있는 것은 아니다. 그렇다고 차별을 완전히 수용한다거나 전혀 아무런 저항도 하지 않는 것도 아니다. 각자의 사정이나 상황에 맞는 대처를 시의적절하게 하는 것이 일상의 실천모습이다. 이름을 사용하는 경우를 보더라도 직장과 그 밖의 장소에 따라 본명과 일본이름을 구분해서 사용하거나, 본명을 쓰더라도 읽는 방법을 일본어식으로 하거나, 피치 못할 사정으로 귀화했지만 본명을 사용하는 등, 현실에서는 다양한 실천방법이 일상생활 속에서 시도되고 있다(이지치, 1994). 이러한 실천은 개인적이고 폐쇄적인 것이 아니라, 각각 다양한 존재방식의 표현을 통해 타자에게 열려 있다. 그것은 자신에 대한 유연성이면서 동시에 타자에 대한 유연성이기도 하다.

일상의 생활실천은 규제된 틀을 있는 그대로 수용하는 것이 아니라, 내실을 근본적으로 바꾸거나 발전적인 방향으로 움직이면서 지배 그물에서 빠져나갈 방법을 만들어 간다. 이렇게 하면서 스스로를 전체의 부분이 아닌 '단편'으로 바꾼다(小田, 1996:847-870). 그것은 각자가 따로따로 기능하는 것을 의미하는 것은 아니다. 그것은 어떤 표상을 만드는 관계가 일관성이나 전체화를 지향하는 근대적인 지식이나 권력과는 다른 관계를 창출하는 것이라고 할 수 있다. 그것은 마쓰다 모토지(松田素二)가 말하는 '생활지生活知'(松田, 1989b:107-121)라고 볼 수 있을 듯하다. 마쓰다는 생활현장에서 사람들은 다양한 설득과 납득의 주체자가 되지만 그것들은 순식간에 돌변한다. 그때 언설의 주체는 확고한 '문화적 주체'를 규정해서는 안 된다. 오히려 주위사람들은 그 틀에서 주체를 떼어내고 언설을 의미체계로부터 분리시킨다. 그렇게 사람들 각자가 타자를 상상하고 함께 인지가능한 방향을 모색하면서 언설을 조종하고 어떤 하나의 납득을 창출시킨다. 이러한 힘이 생활지生活知이다. 그것은 언설을, 행동을, 그리고 그 주체를 개념화·전체화시키는 근대적 지식 그 자체를 상대화시키고 변질시킨다.

여기서 '생활'은 그 말의 내실을 표현하는 것으로 야스다 쓰네오(安田常雄)의 설명이 도움이 된다.

> 구조와의 관계성과 인간과의 관계성이라는 두 가지 시각의 결절점을 '생활'이라는 개념으로 본다면, 생활개념은 구조로 만들어진 생활과 인간이 만드는 생활이 서로 팽팽하게 맞서는 두 가지 계기를 내포한다. 지주제하의 소작농에게는 그 범형에서 살아야만 하는 생활이 있고, 전시하에서는 병력동원과 공출이 생활의 구조적인 틀을 만들었다. 하지만 동시에 그 범형으로서의 생활은 항상 일정의 위화감을 그 속에 내포하고 있으며, 그것은 농민이 한 사람의 인간으로서 살아가려고 하는 내발성에 그 근거를 두고 있다(安田, 1987:265).

인간이 영위하는 생활은 아무리 구조로 규정되더라도 완전하게 구조로 회수될 수 없는 어떤 가능성을 만들어낸다. 이와 같은 거시적 구조화와 미시적인 즉흥성의 시각은 도리고에 히로유키(鳥越皓之)가 '생활환경주의'에서 '생활'의 의미를 파악하는 특징으로 제시한 다음 세 가지가 근거가 된다(鳥越皓之, 1989:20-8). 그것은 '경험'론, '권력'의 문제, 그리고 인간 상호간의 무이해無理解의 문제이다. '경험'이란 '한 사람 혹은 제도체제가 가지고 있는 과거로 기억되는 시간의 축적'을 말하는 것으로, 어떤 행동을 선택하는 근거가 된다. 그리고 그 선택에는 개개인의 감수성이 깊이 관여한다. 그 감수성 때문에 일상생활세계는 '한적하고 평화로운' 것이 아니라, 설사 같은 장소에서 겉으로는 같은 생활을 하고 있더라도 상호의 무이해가 존재한다. 하지만 그렇다고 해서 개개인의 경험이 개별적으로 제각각이라는 것은 아니다. 개개인의 생활에는 행위의 판단 기준이나 개인의 행동양식, 법이나 제도 등 다양한 권력이 세세하게 침투되어 있다. 그것이 특정시기에 자신들의 생활 속에서 환경개변에 대한 요구 운동으로 이어져 하나의 물결로 개개인을 연결시킨다. 그런데 그것은 특별히 결집해서 운동하는 것만을 말하는 것이 아니라, 어떤 일이나 상황에 대해 생각을 서로 공유하면서 하나로 통합하는 경우도 있을 것이다.

저자는 본 논문에서 사회를 구조화하는 힘과 그 과정에서 즉흥적, 창조적인 실천을 하는 주체화의 가능성을 필드인 제주도 행원리라는 마을사람들의 생활실천을 살펴보면서 고찰하고자 한다. 지금까지 사회과학의 패러다임은 사회의 구조화와 개인의 실재화라는 두 가지 이론적 사조에 의해 형성되어 왔다.[7] 하지만 두 가지 입장 모두 사회나 개인을 분절하는 경계를 실체화하고 있다는 점에는 차이가 없었다.

이러한 이론기반 자체에 의문을 제기하는 논의가 1980년대 이후 시작되었다. 온갖 문화의 표상을 구축된 것으로 간주하는 '발명'론의 관점은 근대 과학의 인간관에 숨어있는 정치성을 밝혀냈다. 거기에서는 사이드가 지적한 바와 같이, 다양한 인간분절을 실체화하여 아프리오리로 동일한 본질을 설정하는 서구 근대 특유의 사고방식이 비판의 도마 위에 올랐다. 이 사고방식은 근대 자본주의경제의 확장과 근대 국민국가 형성과 함께 전 세계로 팽창·침투하는 과정에서 재생산되어, 구조적 강자와 약자라는 불균형적인 구분을 만들어 냈다. '발명'론 후에 확산된 탈구축론에서는 이 약자라는 분절이 탈구축되어 개인의 의식적·조작적인 문화의 창조와 유동적인 다양한 개성으로 해체되었다. 그러나 탈구축론이 주장하는 개인의

---

7 이 두 가지를 접합하려 한 것은 부르디외였다. 그는 '아비투스'라는 개념을 사용하여 구조와 실천을 연결하려 했다. 아비투스에 의해 생성되는 실천은 '과거의 제조건에 의해 제어되는 실천이 객관적 제조건에 적용하고 있기 때문이며, 게다가 아비투스가 그 안에서 기능하는 조건은 그것이 구성될 때의 제조건과 동일'(부루디외, 1988:99-100)하다. 하지만 이런 접합방법에 대해 세르토는 '오직 사회적 히에라르키의 '재생산'과 그 이데올로기의 반복뿐'으로, '한 민족에 구비되는 제요소를 시종일관, 그것도 무의식적인 것으로 간주하고 있었다(세르토, 1987:129, 136)라고 하며, 실천과 구조와의 갭은 그의 논의에서는 누락된다고 비판한다. 이러한 부루디외의 논의의 가능성은 앞으로의 연구과제이다.

다양성은 구조화 과정에서 약자로 규정되었던 만큼, 그러한 사람들이 집단으로 일원화되고 실체화될 수밖에 없었던 현실을 무시하는 위험성을 품고 있다.

이렇게 실체론과 탈구축론은 또 다른 갈등을 맞이하고 있다. 그래서 본 논문에서는 실체론과 탈구축론 양쪽 모두를 고려하여 본 논문의 관점인 생활세계를 통해 고찰함으로써 새로운 논의의 가능성을 찾아낼 수 있지 않을까 생각한다. 일상의 생활세계에서 이루어지는 구체적인 실천은 세분화되고 배분된 질서를 만드는 구조화의 힘의 논리에서 보면 애매하고 잡다하며 일관성이 없는 것이다. 그러나 구조화의 힘을 받으면서도 인간의 감각이나 힘은 자유로운 확장을 보인다. 그것은 규정된 '본질'을 상황에 맞게 구분해서 사용하고 즉흥적으로 내실을 개변하며 유연하게 '타자'로 변하는 '상환성相換性'이라고도 할 수 있다. 그것들은 새롭게 발견되는 것도 새롭게 구축해 가는 것도 아니다. 이미 존재한다. 이러한 구조화 과정에서의 생활실천의 즉흥성을 구체적인 생활세계를 통해 2장에서부터 밝혀보겠다.

제2장 제주도에 대한 시선의 변천
– 제주도에 관한 논의들 –

제주도[1]가 근대과학의 분석대상이 된 과정과 일본의 식민지 지배와는 불가분의 관계가 있다. 19세기 말까지 제주도에 관한 기록은 조선왕조를 필두로 교류가 있었던 주변지역에 남아있다. 조선왕조의 기록에는 제주도를 '유배지'로 활용하고 자국 지배영역의 변경에 두었다고 기술되어 있다. 제주도에 대한 이러한 변경관은, 일본의 식민지배로도 이어져 종주국의 속국의 말단으로 인식되었다. 식민지 문서에는 제주도를 통치대상으로 분류하면서 변경이라는 위치, 곤궁한 자본주의 경제, 조악한 생활기술, 강인한 여성 노동력 등이 특수성으로 부각되어 있다.

전라남도 경찰부장이던 도리야마 스스무(鳥山進)는 조선총독부가 간행한 〈조선〉이라는 잡지에 '제주도의 현지보고'라는 논문을 게재했다(도리야마, 1939:27-60). 논문에서 그는 '인정풍속'을 다음과 같이 기술했다. '여자는 매우 근면하여 옥외노동을 열심히 한다. 특히 해녀는 그 유례를 찾아보기 힘들 정도로 그 수가 무려 1만 명에 육박한다. 이에 반해 남자는 비교적 나태하다'(도리야마, 1939:28). '일반적 위생 상태'에 대해서는 이렇게 표현하였다. '이 섬은 해류교통이 불편한 관계로 문화수준이 저급하고 일반도민의 생활수준도 육지에 비해 낮으며, 위생 개념 역시 희박하다'(도리야마, 1939:28). 그리고 마馬산업 장려를 제안한 기병 대좌大佐 나카야마 시게루(中山蕃)는 잡지 〈조선〉에 게재한 '제주도의 말에 대하여'라는 논문에서 제주도 생활을 다음과 같이 기술했다.

---

1 조선총독부가 1914년, 정의와 대정의 2군을 폐지하여 제주군으로 합병하였다가 1915년에는 제주군도 폐지, 도제를 실시하였다. 행정상으로는 전라남도(道) 제주도(島)가 되었다. '道'는 현재 일본의 '현'에 해당하는 행정단위이다. 1946년 다시 전라남도에서 분리되어 제주도(道)가 되었다.

농가의 소득은 특용작물과 달걀이며, 중류 이상 농가의 소득은 생산물 판매대금이나 해녀가 채취해 벌어들인 수입 외에는 별다른 생산이 없고, 중류 이하의 농민사회는 판매할만한 생산물이 부족하다. 전반적으로 보면, 백미·현미·외국 쌀·만주 조·싸라기 등의 곡류 유입은 해마다 크게 증가하여, 최근에는 수백 십 만원에 달한다. 그밖에 고무신·일용잡화·등화용품 등 생활필수품의 유입이 활발해지면서 하층민들의 생활은 현저하게 핍박을 받고 있으며 생활궁핍 정도는 점점 더 심각해질 것 같다.

따라서 다이쇼 11년(1921)경부터 오사카방면으로 진출하는 내지인 객지벌이 노동자 수는 해마다 증가하여 최근 1년간 2만 명을 기록했다. 이 숫자는 전체 인구의 10%에 해당하는 것으로, 노동력 부족은 해를 거듭할수록 심화되고 농업생산의 감소와 비례하여 생활경제를 더욱 위협하고 있다(中山, 1931:61-63).

이러한 기술에는 일본행 객지벌이와 식민지배와의 관계에 대해선 불명확하고, 오로지 제주도의 '후진성'만을 강조하고 있다.

해방 후 제주도는 한국의 하나의 지역으로서, 사회학·민속학·문화인류학의 연구조사 대상이 되었다. 그러나 그 시선은 육지를 기점으로 한 변경의 특이성이나 한국문화의 원류를 찾으려는 것이었으며, 관광개발과도 관련이 있었다. 1973년 '제주관광 종합개발계획'이 발표된 이래 제주도는 '관광의 섬'으로 대대적으로 선전되었다. 예를 들면, 1978년부터 건설이 시작된 '자연과 인간이 하나로 융합된 환상의 리조트'(제주관광협회, 1996: 34) 중문관광단지에는 골프장, 민속촌, 관광호텔 등이 집중되어 있으며 지금도 증설되고 있다. 또 일본에서는 '국제화'라고 부르는 '세계화'의 영향으로 제주도 역사를 재인식하고 제주도 문화와 정체성을 희구하는 동향이 있다.

이러한 동향 속에서 기존에 기술되었던 제주도 사회·문화의 '특이성'은

'독자성'으로, '후진성'은 '자연의 풍요로움', '섬의 강인함'으로 바뀌게 된다. 이러한 시대상황에 부응하여 '제주도적'이라는 이미지가 다양한 학설과 미디어를 통해 창출된다. 그 과정에서 제주도의 특수성의 내실은 따지지 않고, '이미 존재하는 것'으로 고정화되었다. 이를테면, 사회학자 신행철은 『제주사회론』의 서두에서 제주사회의 기본적 성격은 '도서성島嶼性'에 의한 '지리적 고립성과 지역적 한정성·협소성', '척박하고 좁은 농토와 영농규모의 협소성', '주변성, 피억압적 역사성', 이 3가지로 설명할 수 있다고 했다(신행철, 1995:7-13). 그리고 그는 '제주사회는 아직도 농업사회적 성격이 강하게 남아 있다. 하지만 지금은 관광개발이 가속화되고 환태평양 시대에 접어들어 제주사회는 개방체계로 대전환을 하려 한다'고 서술하면서 제주사회의 현황분석의 필요성을 논하고 있다(신행철, 1995:13).

제주도에 대한 이와 같은 시선의 변천은 전후의 재일조선인에 대한 연구동향으로도 이어진다. 전후의 재일조선인 연구는 먼저 정치문제로 접근하는 경우가 많았다. 그것은 치안관리의 대상으로 사람들을 보는 시선 때문이었다. 그 후, 재일조선인의 정주화가 명확해지고 사회보장이나 취직문제 등 주민으로서의 권리가 논의되면서 사회문제적 접근이 주류가 되었다. 1988년 서울올림픽 전후부터 문화에도 관심을 갖기 시작했다. 하지만, 일본이 국가 차원에서 국제화를 기치로 내걸게 되면서, 이와 맞물려 한국을 하나의 국가인 '이문화 이해'의 대상으로 거론하게 되었다. 뒤를 이어 재일조선인의 다양성을 표현하는 수단으로 한국의 지역성에 착안해 재일 제주도출신자들에게 눈을 돌리게 된 것이다.

한국이나 일본에서 이루어진 제주도에 대한 연구를 보면, 제주도 사회나 문화를 과거부터 면면히 이어진 고정적인 실체로 파악하고 있다. 하지만 그것은 식민지 시기에 만들어진 인식 및 분석의 틀이다. 이것을 고려하지 않은 채, 해방 전후 제주도를 향한 많은 시선은 외부의 호기심을 투영한다. 그 시선에는 제주사람들이 평소 자신들을 번롱하는 역사적 흐름에 대항하면서 다양한 생활기법을 개편하고 창조해 왔던 모습은 나타나지 않는다. 따라서 이 장에서는 식민지 시기 이후의 제주도에 관한 한국과 일본의 연구사를 개관하고, 기존 연구의 문제점들을 지적하면서 그에 대한 논의의 가능성으로 본론의 시좌를 제시하겠다.

제1절 식민지배하의 제주도에 관한 시선

1. 변경의 발견

제주도의 자연·생업·습관·사람 등이 상세하게 분류·조사되고 기술된 것은 일본의 식민지배 과정에서였다. 제주도는 5세기에는 탐모라라는 명칭을 가진 독립된 국가였으나, 10세기 고려시대에 탐라군으로 육지부 왕조의 속국이 되었다. 13세기 중반부터 14세기 중반까지 원의 지배를 받다가 그 후 다시 육지부에 성립된 조선왕조의 지배하에 놓이게 되었다. 제주도민들은 조선 말기까지 왕조에 공부貢賦(국가에서 각 군현 단위에 부과한 현물세)를 바쳐야만 했다.

이렇게 해서 14세기 중반부터 조선왕조의 유배지로 이용되었고, 왕조로부터 복속화 혹은 조선화의 압력을 받았다(高橋, 1992:197-98). 제주도의 인구가 증가하기 시작한 15세기 중반 무렵, 도민들은 왜적방위를 위해 군역에 동원되었으며 군량과 군포를 생산하고 공출에 시달려야 했다. 이러한 무거운 부담에서 벗어나기 위해, 그리고 다른 생활환경을 찾아 점차 육지로 이주하는 사람들이 늘어나기 시작했다. 왕조는 제주도의 인구가 줄고 마을들이 피폐해지면 방위상에도 문제가 생긴다는 이유로, 17세기 초부터 200년간, 출륙금지령을 내렸다. 육지 사람과의 혼인을 금하고 남자들에게는 군역·부역을 부과했으며, 여자들에게는 아이를 낳도록 하여 군포를 공납하게 했다. 이 출륙금지령으로 인해 제주도 사람들은 대외적인 교역이나 여러 경제활동, 문화적 교류마저도 봉쇄당했다(김태능, 1988: 93-5).

이렇게 직접적으로는 자국의 왕족의 통치를 받았지만 제주도 사람들은 주변 해역을 이용하여 독자적인 활동을 펼쳐나갔다.[2] 중세 일본 대외관계사를 연구하는 다카하시 기미아키(高橋公明)는 15세기의 제주도와 한반도 각지, 쓰시마·잇키·기타큐슈, 그리고 명의 해랑도(현재 중국에 속한 해양도)의 바다를 생업으로 하는 사람들 간의 교역·교류, 그리고 표류라는 현상을 통한 제주도 사람들과의 활동을 검토하고 있다. 표류영역은 고토열도, 도카라열도, 류큐열도, 중국 연안의 여러 지역에 걸쳐 광범위하지만, '표류인으로 등장하는 현상은 이들 해역에서 이루어졌던 제주도 사람들의 활동의 빙산의 일각으로 보아야 한다'라고 지적했다(高橋, 1992:188).

1875년 일본은, 쇄국정책을 고수하고 있던 조선을 개국시키기 위해 계획적이고 무력적으로 운양호사건(강화도사건)을 일으켰다. 이것을 계기로 메이지정부는 막부말기에 미국이 일본에 강요했던 것보다 한층 더 심한 불평등조항을 포함한 '일조수호조규'라는 강화도조약을 체결한다.[3] 강화도조약 이후, 일본은 본격적으로 조선의 식민지화에 착수했다. 일본의 조선 전국에 대한 제국주의적 지배가 시작되고, 제주도에는 그 여파가 바다

---

2 15·6세기의 제주도를 연구한 다카하시 기미아키(高橋公明)는 제주도 사람들을 포함, 어로·교역·해적 등을 생업으로 하는 사람들을 '海人', 그 활동 영역을 해역세계라고 불렀다. 그에 따르면 동아시아에는 오래 전부터 영역국가가 성립되어 있었고 海人의 활동영역은 복수의 국가 영역에 걸쳐 있었다. 제주도 사람들도 류큐왕국·쓰시마·해랑도(현재 중국에 속하는 해양도) 등을 이동하면서 생활하였다.

3 강화도조약체결에 의한 부산 등 3항 개항과 그곳의 거류지 설정, 거류민의 치외법권 등은 미국이 일본에 강요한 것과 동일한 불평등조항이었다. 또한 일본 상품을 조선으로 수출할 때 조선정부가 관세를 매기는 권리 자체를 부정한 무관세조항은 관세자주권 부정이라는 불평등뿐만 아니라 거류지역 내의 일본화폐적용 용인조항과 함께 일본 상인의 약탈적 무역이라는 길을 열어 주었다(梶村, 1977: 106).

에서 나타났다. 일본의 근대어업의 침탈로 생업의 터전인 바다가 황폐화되기 시작했다. 실제로 1910년 한국병합 이전부터 이미 일본인들은 제주도에 침투해 있었다.

1940년대부터 많은 수의 제주도 관련 기록을 남긴 석주명은, 『제주도 수필-제주도의 자연과 문화』의 '문화'의 장에서 제주도에 관한 기록을 출판연도순으로 수집해 기재했다(석주명, 1968). 그 내용을 통해 각 집필자의 제주도관을 알 수 있다. 식민지 시기의 기술에서는 '메이지말기 무렵의 일본인의 제주도관'에 대해, 1909년 '신선新撰 한국사정'의 저자인 고마쓰 에쓰지(小松悅二)의 다음과 같은 글을 인용했다.[4] '제주도는 지금까지 범죄자의 유배지로 주민들은 난폭하고 오만하며, 불결하고 방탕한 풍습으로 유명하다'(석주명, 1968:226). 그리고 일본인이면서 제주도연구의 선구자로 일컬어지는 인류학자 도리이 류조(鳥居龍藏)가 1914년 제주도에서 했던 강연 내용 중 다음과 같은 부분을 소개했다. '(1) 이 섬사람들은 혈통의 신화, 용모, 골격 및 기질로 보면 반半일본인으로 (2) 일본 고지키에 등장하는 도코요노쿠니(常世國)는 이 섬일 것으로 추정되며 (3) 목축의 방법 등을 보면 몽고의 목축업자가 도래했다는 것을 확증할 수 있다'(석주명, 1968:225).[5]

도리이가 제주도 강연에서 언급한 (1)과 (2)에 드러나는 제주도와 일본과의 친근성 강조는, 1929년 조선총독부위탁 조사원이었던 젠쇼 에이스케(善生永助)가 쓴 '생활상태조사[其二] 제주도'의 첫머리로 이어진다. 그것은 15세기에 편찬된 『고려사지리지』에 기술된 제주도 시조始祖와 관련된 신화의 일부를 인용하고 있다. 그 일부는 옛날 아직 사람이 살지 않았던 이 섬에 땅 속에서 삼신인三神人이 나타났다는 장면부터 시작되며, 그 뒷이야기는 다음과 같다.

---

4 원전 입수가 불가능하여 여기서는 석주명의 인용을 재인용한다.
5 이 부분도 원전 입수가 불가능하여 석주명의 인용을 재인용한다.

하루는 삼신인이 수렵을 하다가 동해 바닷가에 도달하였다. 바다에 자주색 흙으로 봉한 신기한 함이 떠 있었고, 그 옆에 자줏빛 옷에 붉은 관대를 한 사자使者가 서 있었다. 함을 열어보니, 그 안에는 푸른 옷을 입은 아름다운 처녀 세 사람이 앉아 있었으며 우마와 오곡 종자가 들어 있었다. 사자는, '나는 일본의 국사입니다. 우리 왕이 이 세 공주를 낳았 습니다. 서해의 명산에 삼신인이 나타나 장래에 나라를 세울 것이라고 했습니다. 하지만 아직 배필이 없을 터, 이에 명하노니 세 공주를 모시고 가서 왕비로 삼아 대업을 이루라고 하셨습니다'라는 말을 마치고는 홀연 히 흰 구름을 타고 사라져버렸다. 삼신인은 각각 연령 순으로 세 공주를 아내로 맞이하였다. 양을라의 거소를 제1군, 고을라의 거소를 제2군, 부 을라의 거소를 제3군이라 칭하였다. 처음으로 오곡을 심고 우마를 키우 고 농경·어로를 하였다. 섬을 개척하고 나날이 풍요로워져 자손이 번창 했다(젠쇼, 1929:1-2).

젠쇼 에이스케는 이 신화를 통해서, '제주도가 일찍부터 내지(일본)와 밀접한 교섭이 있었다는 것은 부정할 수 없다'(젠쇼, 1929:2)라고 매듭지었 다. 젠쇼의 설은 이후, 1937년 제주도청에서 발행한 '제주도세요람'의 첫 머리에도 연결된다.

이즈미 세이치(泉靖一)는 이런 관계성에 대한 언급에 회의를 표명했다 (泉, 1966:29-32). 또, 도리고에 겐자부로(鳥越憲三郎)와 미시나 쇼에이(三品 彰英)는 신화의 존재 자체는 부정하지 않으면서도 세 공주의 본국이 일본 이라는 것은 신화를 이차적으로 변용시킨 것이라고 지적했다. 고대사연구 자이면서 문화인류학자인 도리고에 겐자부로는 '『고려사지리지』 이전에 제주도 내에서 편찬된 『영주지』에는 '일본'이 아니라 '벽랑국'이라 기술되 어 있다(鳥越憲三郎, 1992:70-1). 즉 『고려사지리지』에서 벽랑국을 '일본국' 이라고 고쳤고 그 영향을 받아 『남사록』과 『탐라지』도 일본국으로 표기

한 것이다. 그리고 『탐라기년』은 '나는 이 벽랑국의 사신이다'라는 기록
과 함께 『고려사』의 문장도 인용해서 '지지地志는 일본국에 만든다'라고
덧붙이고 있다'고 지적했다. 일본·조선의 신화를 관련지역의 신화와 비교
연구하면서 유형화시킨 미시나 쇼에이는 '일본'이라고 기록된 원형은 바
다 건너편에 있는 나라, 신화에 등장하는 신의 나라, 소위 와타쓰미노쿠
니(ワタッミの國) 같은 유형일 것이라고 추측했다(三品, 1971:382-408). 이러
한 신화의 작위성에 대해 도리고에는 '신화라고 하면 태고부터 전해져 온
것처럼 생각되지만 실제로는 역사의 투영으로 만들어진 것이다'(鳥越憲三
郎, 1992:70)라고 했다.[6] 그런 까닭에, 한 가지 더 지적하고 싶은 것은 제
주도에 대한 '반일본인' 혹은 '내지와의 밀접한 교섭'의 역사라는 기술내
용이 당시 식민지 조선 전체에 대한 것으로 여겨졌다는 점이다.

일본정부는 식민통치 과정에서 조선사람들을 노동력·군사력 등의 '인
적 자원'으로 착취하였다. 일본으로 건너간 제주도 사람들은 공장노동자
로 일했고, 육지 특히 남부지역 사람들은 토목·탄광 등의 노동자가 되었
다. 1930년대에 들어서면 조선에서 건너간 도항자 수는 50만 명에 육박
한다. 이 무렵, 일본정부는 경제공황으로 인한 노동력 과잉을 우려하고
있었다. 그리고 그들은 다음 침략지로 만주를 노리고 있었기 때문에, 일
본·조선·만주 등에 관련된 신화를 이용해서 조선인의 만주이민을 정당화
했다.

『만주이민의 새로운 길』의 저자인 이민문제 연구자 가마다 사와이치로
(鎌田澤一郎)는 '조선이민문제의 중대성'이라는 논문에서 만주건국의 기반

---

6 그리고 도리고에(鳥越)는 이러한 신화의 작위성에 대해 '신화를 현실사회와 연
  결시킴으로써 신화의 진실성을 높이게 된다. 이것은 주권자의 출신의 신성성을
  보다 확실하게 하며, 주권자는 절대적 권위 하에 민중을 통치할 수 있게 된다'고
  했다(鳥越憲三郎, 1992:73).

으로 삼기 위해 조선인 이민의 필요성을 주장했다(鎌田, 1933:53-56). 그 근거로 '특히 극동 제민족 간에는 동문동종同文同種으로서 상호 긴밀한 문화 연결이 오랜 역사 속에 이미 존재하고 있다. 지금은 일본과 중국, 두 민족의 중간적 성향을 지니고 있고, 강한 적응력을 가진 조선민족의 사명과 그 책임이 상당히 중대하다'(鎌田, 1933:53)고 내세우면서, 고대부터 시작해 조선의 건국변천사에 따른 일본과 조선의 관계를 기술했다. 그리고 '일조관계야말로 일본의 고대부터 상대에 걸친 개화·발전의 외적 경로의 시초라고 단정할 수 있는 것이다'(鎌田, 1933:56-7)라고 결론지었다.

이러한 '일선동조론日鮮同祖論'의 기조를 형성한 것은 일본에서는 처음으로, 그것도 55년이라는 장기간에 걸쳐 동아시아 전역을 참여관찰한 도리이 류조의 인류학 조사 결과였다. 1895년부터 시작된 도리이 류조의 동아시아 조사는 일본의 식민지정책과 깊은 관련이 있다. 그는 당시 구미에서 도입된 과학적 기법을 이용한 해외조사의 선구자이기도 했다. 도쿄제국대학 이과대학 인류학교실 소속이었던 그의 현지조사는 일본이 점령한 요동반도를 시작으로 일본군의 우대와 편의를 받으며 실시되었다. 그는 몽골·타이완·중국의 동북부(당시 만주)와 서남부·한반도·동시베리아·사할린 등을 돌며 각 지역 사람들의 체질·언어·풍속을 상세하고 면밀하게 조사, 기술했다.

그의 조사보고서 중에서 조선에 큰 영향을 미친 것은 1920년에 발표한 일본인과 조선인의 기원에 관한 것이다. 그는 '일선인日鮮人은 동원同源'이라고 주장했다.

조선인은 우리 일본인과 다른 인종이 아닌, 동일군에 포함시켜야 하는 같은 민족입니다. 이것은 이제 더 이상 부정할 수 없는 인종상, 언어학상의 사실입니다. 일선인이 동일민족이라는 것은 거의 모든 구미의 인종학, 언어학, 사학 등의 학자들이 하는 말입니다. 애스턴(William George

Aston)이나 체임벌린(Basil Hall Chamberlain)도 언어학상 '일선군日鮮群'을 형성하는 동일선조라고 주장합니다. 그리고 유명한 인종학자인 케인도 빈번하게 이 설을 주장하고 있습니다. 그 외 많은 학자들의 의견도 대부분 이와 동일합니다. 요컨대, 일선인은 태고에 동일 장소에 주거하다가, 후에 서로 이주·분리되었기 때문에 오늘날과 같은 상태가 된 것입니다(鳥居, 1976:538).

그러니까 우리는 일선병합으로 서로 원래 어머니의 나라와 하나가 된 것입니다. 나는 앞으로 총독부의 시정방침도, 그리고 이 나라의 정치가를 비롯한 모든 사람들이 이런 마음으로 조선의 일에 관여했으면 좋겠습니다. 무학무지의 학자들이나 정치평론가들의 잘못된 의견에 귀를 기울일 필요는 전혀 없습니다(鳥居, 1976:539).

이와 같은 도리이의 주장에 따르면, '일선인'은 원래 동일민족이기 때문에 서로 병합·통일하는 것은 마땅하다는 결론이 나온다. '일선동원日鮮同源'을 제창한 도리이의 입장은 1910년 한일병합의 원론적 근거를 제시하게 된다(田畑, 1997:178). 이러한 흐름 속에서 제주도가 일본에서 온 사자에 의해 번영했다는 기술은 일본의 조선침략을 정당화하는 맥락으로 연결된다.

2. 후진담론의 정식定式

젠쇼 에이스케는 조선총독부에 조사자료로 제출한 '생활상태조사[其二]'에서 상세한 '생활조사' 양식[7]을 제시했다. 그는 제주도 조사에 대해 다음

---

7 젠쇼 에이스케(善生永助)의 조사 항목은 다음과 같다.

一, 경제사정: 지세·지질, 기상, 물산, 교통·통신, 행정, 토지, 인구, 농업, 축산, 임업, 수산, 공업, 상업, 재정, 금융

과 같이 설명했다.

> 정치적으로도 이 섬은 과거 탐라라는 일국을 이루었으며, 신라·백제·고려를 섬겼다. 한때 원나라에 예속된 적도 있었으며, 조선시대에는 중앙정부의 위령이 충분히 미치지 않아, 도내에서 종종 반란이 일어나기도 했다. 따라서 민심에도 독자적으로 나타나는 특이한 점이 있다. 또한, 최근 몇 년간 제주도의 남녀가 일본으로 도항하여 노동에 종사하는 경우가 해마다 증가세를 보이고 있으며, 오사카와 고베 지방의 조선인의 대부분은 제주도 출신자이다. 더욱이 근래 교통편이 개통되면서, 무역을 비롯한 다양한 분야로 반도 각지는 물론, 일본과의 경제적 교섭이 매우 밀접해지고 있기 때문에, 이 섬에 대한 조사연구를 무척 중요시 할 수밖에 없다(젠쇼, 1929:2-3).

그는 제주도 사람들이 식민지 시기 이전에 주변 해역을 통해 형성했던 생활세계의 독자성은 무시한 채, 오로지 조선 안에서 '특이'한 부분이라고 간주한다. 그리고 이 '특이'성에 주목한 이유는 섬이라는 자연환경만이 아니라 섬사람들이 '중앙'에 순종하지 않는 역사를 갖고 있기 때문이라고 보고 있다. 이것은 지배자 입장에서 보면 위협이다. 따라서 제주도에서 일본으로 건너가는 도항자들이 증가하고 있는 만큼 자세한 상황파악이 필요해졌다. 즉, 제주도 민중에 대해서 처음부터 치안·관리가 필요하다고 보았던 것이다. 그래서 '민심'이라는 항목을 설정해 자연환경·생업·풍습을 상세히 조사하여 제주도의 '유효활용'도를 측정했다.

二, 부락: 부락의 구성, 시가지, 규범부락, 우량부락, 내지인 이주어촌, 공동단결
三, 생활: 복장, 식사, 주거, 유흥, 낭비, 등화, 연료, 관혼상제
四, 문화: 풍속, 민심, 교육, 신앙, 선거, 범죄, 위생
五, 생계: 빈부 정도, 농가 수지, 농가 생계 상태

젠쇼의 조사양식의 세목과 해석에 나타난 제주도에 대한 시선은 1937년과 39년에 제주도청이 간행한『제주도세요람』에도 답습되어 더욱 치밀해졌다. 모든 요람에 제주도는 '같은 조선' 속에서도 육지와 비교되고, '여자는 부지런히 일한다'는 설명이 있다. 그리고 육지에 비해 '도민의 생활 정도는 개탄스러울 정도로 낮다'고 기술되어 있다. 또한 다음과 같이 객지벌이의 원인을 분석하고 있다. '무한한 보고인 바다와 광활한 미개척 경작지를 갖고 있다. 하지만 예로부터 어업기술은 미개하고 어선의 활약을 수수방관만 한다. 농경 또한 원시적 농법에 만족하며, 대체적으로 자본력은 낮다. 기업을 일으키지 않아 자연산업의 부진을 초래한 결과, 필연적으로 경제완화를 섬 밖에서 찾으려고 하는 경향이 생겨났다. 특히 이 섬의 교통 상태가 개선되면서 일반 도민들의 최대의 관심은 객지벌이에 쏠리게 되고, 해마다 객지벌이의 움직임은 활발해지고 있다'(제주도청, 1937:18-9; 1939:11-2). 이것은 제주도민들은 너무나도 무능력하고 제주도에서의 생활은 '유치'하고 '미개'하고 '조방'하기 때문에 일본으로 돈을 벌러 간다는 인과분석을 끌어내고 있다. 그리고 그 다음 단계로 그는, 자원의 보고인 이 섬을 일본이 대신 개발해주겠다는 그럴듯한 논리를 전개하고 있다.

실제로 조선총독부는 제주도 '개발'을 획책하여, 농업과 축산분야에서 양산체제를 갖추려고 시도했다. 1937년 잡지 〈조선〉에 조선총독부의 '제주도개발' 기사가 게재되었다. 조선총독부 수장 '미나미(南) 총독의 산업개발방침의 선봉을 떠맡은 제주도는 반도 남쪽의 보고로 각 방면에서 주목을 받고 있다'(조선총독부, 1937a:155). 서양 기술자를 불러 조사를 실시한 조선총독부의 제주도개발은 그해 5대정책(조선총독부, 1937b:1-8)인 '국체명징', '선만일여', '교학진작', '농공병진', '서정쇄신' 중 '농공병진'에 해당한다. 축산 분야는 면양·소·돼지이며, 밭농사 분야는 고구마·맥주보리·박하·완두콩·제충국이었다. 기존의 사육두수나 수확량의 두 배를 최저

목표로 설정했다(조선총독부, 1937a:155).

지리학자 마스다 이치지(桝田一二)는 제주도에서 일본으로의 객지벌이에 대한 상세한 기술을 남겼다. 조선총독부의 위탁을 받고 1930년에 처음으로 섬을 찾은 그는 그 후 1933년부터 5년간에 걸친 장기조사를 계획했으며, 그 성과로 기술된 것이 '제주도인의 내지內地 돈벌이'라는 논문이다. 이 논문에는 제주도 사람들의 도일 상황을 출신지별·성별·출도와 귀도 시기별·직업별로 객지벌이 노동자의 모든 것이 상세하게 나와 있다. 다만, 제주도 사람이 일본으로 건너간 요인을 징병 대상 연령이 된 많은 남자들이 노동력 잉여, 원시적 조방농업과 흉작에 의한 도항자의 증가, 그리고 일본 공업지대의 노동력 유치에 있다고 분석했다. 또한 제주도와 일본의 관계형성을 굳건하게 한 것은 제주도 사람들을 이어주는 상호부조조직과 친척이며, 거기에는 도사島司[8]를 우두머리로 한 공제조합도 포함시키고 있다.

하지만, 이러한 분석으로는 제주도 사람들이 왜 '경제생활에 압박'을 느끼고 '더 나은 경제생활을 원하는'(桝田, 1976:111)지 이해하기가 어렵다. 그리고 거듭되는 흉작을 극복하고 자급자족의 생활을 이어온 제주도 사람들이 일본으로 돈벌이를 나서기까지의 과정은 드러나지 않는다. 이러한 내적 요인에 대한 통찰을 거부하는 지적들이, 이 시대 제주도에 관한 담론의 특징이다.

이 논문에서 눈길을 끄는 것은 앞에서 설명한 제주도 신화와 관련된 부분이다. 마스다는 1923년부터 33년까지의 '일본 도항(내지 돈벌이)'의 제3기에 관해 다음과 같이 지적하고 있다. 당시 도항자는 식민지 당국의 알선을 통해서 나갈 수 있는 시기로 '개탄할 정도로 간소하게 생활하고 성

---

8 조선총독부는 1915년, 그때까지의 군제를 폐지하고 도제를 실시하였다. 이에 따라 섬 전체를 통괄하는 도사에 일본인을 임명, 경찰서장을 겸임시켰다. 도제 실시로 도령을 제정할 수 있었다(김태능, 1988:119).

실하여 노동자로서 좋은 자질을 구비하고 있다. 육지에 비해 사회상태, 풍속관습 등이 순량하다. 특히, 삼성신화는 섬사람들이 일본을 '어머니의 나라'라고 부를 정도로 특수하고 복잡한 정서관계를 갖게 하고, 고용자에게도 비교적 신용을 얻었다'(桝田, 1976:109). 이 신화가 제주도 사람을 고용자 측에 알선할 때 설득시키는 일화로 이용되었던 것일까. 여기에서는 신화가 섬의 창세신화의 존재가 아니라, 일본의 식민지 지배와 노동력 착취라는 역사적, 사회적 상황으로 이용되었다고 판단해 두겠다.

마스다 이치지와 거의 같은 시기에 제주도를 조사한 사람이 문화인류학자인 이즈미 세이치였다. 지금까지 살펴본 식민자 입장의 기술에 비해, 이즈미는 제주도 사람들의 시점을 고려하여 기술하고 있다. 그는 아시아 근대화의 마을사회의 문화변동을 파악한다는 시점에서 1936년부터 37년까지 제주도의 마을들을 부지런히 찾아다니며 조사했다. 그리고 해방 후인 1950년에 도쿄에 거주하는 제주도 사람들도 조사했다. 하지만, 그의 분석과 기술 또한 자신들과는 다른 특이한 존재로 제주도 사람을 그리는 식민지 인류학자들의 방법에서 벗어났다고는 볼 수 없다.[9]

그러나 식민지 시기에 '자원의 보고'라는 이름하에 개발되는 제주도 생활을 본 그는 어항정비에 대해 다음과 같이 말하고 있다. '지금까지의 조사에서 나타난 제주도민의 생활상에서 간과할 수 없는 사실은 이러한 모든 항들을 지역주민들이 직접 이용하는 경우는 드물고, 일본의 대자본하에서 움직이는 업자들만 주로 이용하고 있다는 것이다. 도민들이 혜택을 입는 부분은 이 항을 통해 돈을 벌기 위해 육지나 일본으로 드나들고 해산물이 출하되는 것이다. 하지만 이것이 이 섬의 산업개발에 직접 도움이

---

9 이즈미 세이치는 스승인 아키바 다카시(秋葉隆)와 마찬가지로 총독부 중심의 '식민지 민속학'과는 선을 긋고 있다. 하지만 식민지 정책과 전혀 관계가 없다고 하지 못하는 점이 그들이 속해 있던 식민지 최고연구·교육기관 경성제국대학의 조선문화 연구의 딜레마였다고 할 수 있다(川村, 1996:78). 식민지 시기의 일본의 민속학·민족학의 본질에 대한 자세한 내용은 '川村, 1996' 및 '中生, 1997' 참조.

되었다고는 생각하지 않는다'(泉, 1966:63). 개발이란 어디까지나 식민지배
측의 입장인 것이고 그곳에서 사는 사람들이 축적해 온 생활기법은 무시
된다. 이즈미와 같이 이러한 점을 고려하는 예는 드물다. 당시 제주도를
보는 시선은 외부에서 '뒤처진' 제주도를 효과적으로 이용할 수 있도록
개조하자는 의도를 품고 있는 시각이 압도적으로 우세했다.

제2절 한국 내의 동향

1. 해방 후의 '보고寶庫' 재현

석주명의 저술은 해방 후 제주도 연구의 선구라 할 수 있다. 그는 1940년대에 설립된 경성제국대학부속 생약연구소 제주시험장에 부임하여 1943년부터 44년까지의 조사결과를 토대로, 1949년『제주도의 생명조사서-제주도인구론』과『제주도 문헌집』을 발표했다. 그 뒤를 이어 발표될 예정이었던『제주도 수필』은 한국전쟁으로 연기되었다가 1968년에야 출판되었다. 석주명의 연구에 대해, '그 후 그에 견줄만한 연구성과는 찾아볼 수 없다'(김영돈 외, 1992:41)라는 평가도 있다. 그러나 그의 분류·기술 양식은 식민지 정부주도의 조사보고를 그대로 도입한 것으로, 좀 더 치밀하게 구성되어 있다. 항목은 기상·지질·서식 동식물·도민의 기원·역사·생활풍속·종교·사회구조 등으로, 역시 '제주도문화'를 진열·전시하는 백과사전적 측면이 강하다는 것은 부정할 수 없다. 이러한 기술은 외부인의 시선에서 제주도를 파악하고 그 곳에 살고 있는 제주도 사람들의 관습을 자신들과는 다른 특이한 것이라는 점에 초점을 맞추어, 외부에서 보이는 차이를 중심으로 분류하는 것이다.

그 후 1980년대까지 한국에서의 제주도 연구는 제주도 고유성을 일방적으로 기술하고 유형화하는 것이 주류였다. 이 경향은 해방 후 남조선 단독선거 반대항쟁인 4·3사건과 뒤를 이은 한국전쟁을 거치면서 확산되었다. 즉, 제주도 특수론이라고 할 수 있는 연구의 계보가 있다. 그 계보의 발단은 식민지 연구과정에서 식민자 측의 손으로 확립되어 해방 후 그대로 한국의 제주도연구로 계승되었다. 1950년대 중반에 시작된 제주도 연구는 지금까지 식민자인 일본인 측에 있었던 기술의 주도권을 한국인 측에 둠으로써 재차 '제주도사회'의 내부구조분석으로 들어가는 것이었다. 1959년 도외의 제주도종합학술조사단의 방문으로 '제주도의 학술자원의 중요성이 재확인되었다'(김영돈 외, 1992:43). 특히 무속·언어·잠녀에 관한 테마를 필두로 가족과 친족, 마을사회에 대한 보고가 증가했다(현용준, 1985; 김영돈, 1986; 강대원, 1978; 조혜정, 1982). 그러나 제주도가 근대과학의 분석대상이 된 것과 식민지배와의 관계성에 대해 문제시하는 일 없이, 오히려 식민지 시기의 보고서는 기초자료로 활용되었다.

'해방 후, 제주도에 관한 학문적 연구가 활발해지기 시작한 것은 한국전쟁 때부터라고 할 수 있을 것이다'(김영돈 외, 1992:42)라는 언급에서 볼 수 있는 것처럼 식민지 시기의 조사주체는 일본이었으며, 지배당하고 조사받은 것은 조선이며, 그 안에 제주도가 있었다. 따라서 해방 후 변동이 일단락 된 후에 겨우 '자신들'의 손으로 조사연구가 시작된다. 하지만, 여기서 말하는 '자신들'이란 분단 후의 대한민국이라는 틀에 의해서 구분된 한국인으로서 연구한다는 것을 의미한다. 그래서 제주도는 한국의 한 지역이며 게다가 변경·주변에 위치해 있어 육지와는 상당히 다른 사회와 문화가 있는 지역으로 조명되었다. 그것은 역사적 시공의 변동 속에서 그대로 머물러있는 제주도의 재발견이라는 식민지연구 속에서 구성된 제주도 모습의 재생산일 수밖에 없었다.

제주도의 사회와 문화를 바라보는 시선이 육지의 지식인을 시발점으로 하고 있다는 것을 인류학자 이광규의 발언으로 알 수 있다. 그는 1983년 제주대학교에서 개최된 '제주연구의 현상과 전망'에 관한 학술대회에서 1980년대까지의 제주도 연구상황에 대해 다음과 같이 보고했다.

제주도 특유의 사회구조가 한국문화의 중심지인 육지에서 멀리 떨어져 있기 때문에 문화전파 과정에 의한 것인지, 혹은 제주도라는 특수한 자연환경의 소산인 것인지라는 본질적인 것에서부터 시작하여, 제주도의 사례와 현상을 통해서 한국이라는 전체사회를 재인식하고 재해석하기에 이르기까지 제주도는 실제로 학문상 중요한 의미를 가지고 있는 곳이다(이광규, 1983:61).

이러한 맥락에서 이광규는 특히 가족·친족제도·친족조직이라는 3개의 테마로 나누어 논하고 있다. 이를테면 제주도의 가족은 핵가족적 성격을 갖고 있다고 지적했다. 제주도에서는 결혼한 남녀는 부모와 따로 거주하기 때문이다. 그리고 여성에게 경제력이 있고 나이가 들어도 여성은 혼자 산다는 점에서 모계중심적이라고 하였다. 친족에 대해서도 용어가 육지와 다르다는 점과 관혼상제의 범위가 부모양계라는 점 등 육지와는 다른 점을 기술했다. 그 때문에 육지를 기준으로 한 '한국적'인 것과의 차이를 꾀한다. 제주도에서 보이는 것은 한국 속에서는 '특수'한 것이며, 한국문화나 사회의 '원초적 형태를 보존하고 있다'고도 지적한다. 여기서 말하는 '원초'란 예를 들어, 제사 방법이 육지와 큰 차이가 없는 경우, 한국문화 속에서 소멸해가는 형태를 유지하고 있다는 것을 의미한다. 이러한 '특수' 한 부분과 '원초'적인 부분이 있다는 그의 제주도사회에 대한 해석에는, 일관성은 중시되지 않는다.

여기서 입증된 것은 '한국적' 사회 혹은 문화의 일관성이다. 이것을 반영하는 거울로, 제주도 사회구조와 문화는 '중앙'인 육지 또는 한국문화로부터 '이단'이라고 명시된다. 제주도에 대한 이러한 시선에 대해 제주도의 가족을 주제로 최재석과 김한구가 논쟁을 벌였다. 1979년에 출판된『제주도의 친족조직』이라는 책에서 최재석은 제주도의 가족형태는 핵가족이며 그것이 육지의 '직계가족의 변형'이라고 지적했다. 이에 대해 김한구는 최재석이 제주도의 가족형태를 서구와 미국의 고도산업사회 속에서 지적되는 '핵가족'을 원용해서 분석했다며, 그러한 개념 도입방법 자체를 비판했다. 즉, 김한구는 제주도에 대한 무지를 이미 알려진 지식으로 치환시키는 과정에서의 개념 남용을 지적한 것이다(김한구, 1980:181-95). 나는 우선 김한구가 현지에서 사람들이 어떻게 살고 있는가라는 생활세계의 논리를, 외부에서 도입한 개념규정으로 난도질한 것에 대한 회의를 표명한 점에 주목하고자 한다. 그것은 생활세계의 논리를 항상 생성 가능한 것으로 인식하고자 하는 본 논문의 주제와 겹치기 때문이다.

2. 제주도문화 논쟁

1980년대 이후, 한국의 제주도 특수론에서도 제주도를 한국문화의 '외연'과 '원초'로 보는 시선에 회의를 품게 된다. 1986년 제주사회연구소 주최로 열린 '살아있는 제주사회를 위해-진단과 제언'이라는 토론회에서 소설가 현길언은 대부분의 '한국문화'가 그렇듯이 기존의 '제주문화'도 식민지배에 의해 부정된 주체를 극복하기 위한 '관변문화(정부당국 지정문화)라고 지적했다. 여기서 그는 제주문화의 특징으로 여겨지던 '삼무정신'을 예로 들었다. '삼무정신'이란 문·도둑·거지가 없다는 것으로 제주도의 특징이며, 제주도 사람이 타인에 대해 폐쇄적이 아니라 욕심이 없다는 것에 대한 상징으로 여겨졌다. 하지만 그는 이 세 가지 특징은 생활면에서 보면 '단편적인 것'에 불과하다고 했다. 문이 없는 것은 건축양식이고, 도둑과 거지가 없는 것은 빈부의 차가 생겨날 수 없을 정도로 가난했기 때문이라는 것이다.

현길언은 이러한 생활의 내실을 고려하지 않고 어느 한 면을 특질화하고 다른 지역과 비교하는 것에 대해 우려를 나타냈다(현길언, 1989:18-21). 또, 무속신앙과 문화운동을 연구하는 문무병은 '삼무정신'을 강조함으로써 제주도의 경제적 빈곤이 미화되고 힘든 생활현실이 은폐되어 왔다고 지적했다. 더불어 '삼무정신'이 60년 이후, 농촌의 근대화를 표방한 '새마을정신'과 동격의 것으로 행정에 의해 이념화되었다고 지적하면서, 원래 문화라는 것은 사회적·경제적 변화 속에서 자생적으로 생겨나는 민중의 운동이 아닌가라는 질문을 던지기도 했다(문무병, 1989:21-3).

이러한 경위로 '관주도'에 의한 '제주문화'의 일원성에 대한 수정이 시작되었다. 먼저 제주도의 자연환경과 역사조건에서 탄생한 생활문화라는 관점이다. 이 관점은 제주문화라고 해도 하나의 양식만 있는 것이 아니라, 지역 혹은 마을 별로 다양함을 알 수 있다(문무병, 1990; 고광민, 1994). 그리고 과거 독립된 국가라는 역사를 갖고 있다는 점에서, 한국이라는 국가의 틀로 포괄해버리는 것에 대한 의문을 근거로 상세한 조사가 이루어지고, 근대화 과정에서 소멸해가고 있는 일원적인 제주문화의 다양성이 지적된다. 따라서 여기서 말하는 '생활문화'라는 것은 근대화 이전부터 끊임없이 이어져 온 '제주문화'가 아프리오리로 상정되어 탄생한 것이다. 즉, 육지와 제주도라는 관계성의 틀 안에서 제주성(제주다움)이라 할 수 있는 또하나의 일원성을 제시하는 것이다. 이러한 관점에서는 문화의 실체성을 추구하게 되고, 항상 흔들리고 움직이는 모습은 다른 것이라고 취사取捨되어 버린다.

또 하나는, 제주사회와 외부세계와의 상호규정성을 논하는 과정에서 제주도 문화의 변모가 탐구된다. 후자에서는 해방 후 사회과학에서 표어처럼 귀에 익숙했던 제주도의 '탐라정신'(과거에 독자적인 나라였다), '삼무정신', '배타성' 등의 언어의 내실을 재고하도록 촉구한다. 기존의 가족과 관습에 집중되었던 테마에, 도시와 농촌 간의 사회변동·권력구조·도민의식·환경·정체성=아이덴티티가 첨가된다(신행철 편, 1995; 부만근, 1997). 다만, 일련의 이러한 연구의 밑바탕에는 제주사회가 가지고 있던 기본적 성격, 즉 마땅히 있어야 할 본연의 문화의 모습과 그것이 1960년대 이후의 사회변동 속에서 어떻게 변화했는가라는 기점이 있고, 그 저편에는 관광 개발을 위한 '바람직한 제주도'가 있다. 여기서도 한국문화와는 별개로 인식되는 실체로 제주문화를 다루는 자세를 발견할 수가 있다.

사회학자 신행철은 1997년 제주학회와 제민일보 주최로 제주도에서 열린 제13차 전국학술대회에서 '제주인의 정체성: 제주와 일본에서의 삶'이라는 기조발제를 했다. '제주인, 제주문화, 그리고 일본'이라는 대회 주제에 적합한 것이었다. 그는 제주인의 정체성의 필요성을 다음과 같이 논했다.

> 세계화·지방화 시대가 개막되었음에도 불구하고, 무한경쟁 시대로 돌입한 것 같다. 각 지역은 경쟁력 확보를 위한 특성화 전략을 추진 중이며, 이와 같은 과정에서 사람들은 지역정체성 문제에 한층 더 관심을 갖기 시작했다. 이것은 지방행정이 다른 지역과는 구별되는 자신들의 지역이미지를 형성하고, 그것을 보다 긍정적인 것으로 만들어 상품화하는 전략을 세운 것과 연관된다. '정체성이 없는 세계화는 그림의 떡'이라고도 할 수 있듯이, 오늘 이 테마를 다루는 것도 이와 같은 시사적인 의의를 갖고 있는 것이라 생각한다(신행철, 1997:2).

신행철은 제주인은 '지리적 주변성'과 '피억압적 역사'에 의해 부정적인 존재였다는 것을 전제로, 존재를 긍정하기 위해 정체성을 가질 필요가 있다고 주장한다. 그러나 그것은 '상품화'라는 구조화에 의해 긍정되는 것이다. 또, 정체성에 관한 논의에서 인류학자 유철인은 제주도 사람들의 자기인식은 외부세계가 강요한 것이며, 그것을 제주도 사람들은 인식하고 있다고 주장한다(유철인, 1995). 이것은 제주도 측의 시선을 강조하고 사회와 문화의 변화에 주목하는 입장이다. 그러나 근대 이후 제주도 세계와 외부 세계를 구분하는 선이 형성되어 온 역사적인 관계성, 거기에 숨어 있는 폭력성이 불문에 부쳐져 있다. 단지, 제주도는 독특한 생활환경을 갖고 있는 만큼, 외부로부터 번롱당할 수밖에 없다는 피억압자의 측면으로만 그려질 뿐이다. 이렇게 제주문화에 대한 재고는, 한편에서는 지배문화와는 단절된 독자적인 본질을 탐구하는 실체론적 특수성으로, 다른 한편에서는 피억압자상像의 구제라는 정태론적 특수성으로 이분된다. 하지만 양쪽 모두 제주도 문화를 아프리오리로 인정한다는 점에서는 다를 바가 없다.

이 실체론과 정태론에 대해 문화인류학자인 김창민이 의문을 제시했다. 밀감재배를 주로 하는 제주도 마을에서 1960년대 이후의 생활변용과 전통의 재생에 관해 현지조사를 했던 김창민은 '환금작물과 제주농민문화'라는 보고서를 냈다. 여기에서 그는 기존의 제주도 문화를 파악하는 시선 중, 진실인가 거짓인가, 변화에 대한 적응인가 부적응인가, 제주도적인가 아닌가와 같은 시점을 비판한다. 이와 같은 이분법적 분류법이 아니라, 사회적·정치적 역사변동 속에서 제주도 사람들이 일상을 살아가는 현실을 어떻게 해석하고, 어떤 대응책을 마련하려 했는지 등, 사람들을 동적인 존재로 파악하고 그 언동의 교차로 생겨나는 생활세계에 초점을 맞춘 연구가 필요하다고 주장한다. 본 논문의 관점도 또한 이와 같은 김창민의 시점에서 촉발된 것이다. 덧붙여 기존의 한국에서 이루어졌던 제주도연구에서는 거의 다루어진 적이 없던 일본의 식민지배기를 시야에 넣고 그 생활세계의 다이너미즘을 고찰한다.

제3절 전후 일본의 두 가지 제주도 연구

1. 한국연구와 제주도

일본의 패전 후 식민지배에서 해방된 조선은 남과 북으로 분단되었다. 일본에서 이루어졌던 조선연구는 변화된 정치상황에 따라 1965년 '한일조약' 이후 '한국연구'로 재개되었다. 그것은 어디까지나 한국본국이 연구대상지이며, 일본에 거주하는 사람들의 생활이나 문화는 '별도대상'으로 다루어졌다. 실제로 조사가 실시된 것은 1970년대부터였다. 당시 한국연구를 담당하게 되었던 문화인류학자 시마 무쓰히코(嶋陸奧彦)는 당시의 연구상황을 다음과 같이 서술하였다. '한국에 대한 선행연구의 축적 위에 새로운 견지를 첨가하기보다는 한국의 사회나 문화란 어떤 것인가에 대해 전혀 새로운 이문화의 경험으로 파악하는 것이 당시의 주요 목적이었다'(嶋, 1998:6).

이러한 흐름 속에서 제주도에 대한 연구 축적도 이루어졌다. 1966년 패전 전후의 조사결과를 정리한 이즈미 세이치의 『제주도』가 간행되었다. 그 후 사회학·인류학 분야에서는 이즈미의 저서 각 장을 더욱 자세히 조사한 보고·발표가 이루어진다. 이 자료들은 앞서 언급했던 시마의 지적처럼, '새로운 이문화'로 각각의 관습과 생활양식, 그 변용을 치밀하게 기술한 것이다(릿쇼대학지리학교실, 1988; 佐藤, 1973; 稻田, 1973, 1976; 櫻井, 1990). 이러한 흐름은 동시기의 한국의 연구상황과 닮은 스타일이라고 말할 수 있을 것이다.

1980년대에 들어서면, 역사성을 고려한 연구를 통해 제주도를 파악하는 시선의 변환이 지적된다. 하나는 고대사와 관련된 것이다. 도리고에 겐자부로(鳥越憲三郎)는 『고대조선과 왜족』에서 탐라국의 신화가 정치적 작위 속에서 어떻게 조작되었는지 그 과정에 주목했다. 또 하나는 근중세를 중심으로 하는 연구를 통한 것이다. 그것은 일본사를 일반사, 오키나와를 주변사로 파악해 온 역사관을 되묻는 류큐사의 입장과 동일하다(筧, 1989; 高橋, 1987, 1992). 제주도를 처음부터 한국의 남단으로 규정하는 것이 아니라, 동아시아 지역의 하나의 지역으로 파악할 것을 제기하고 있다. 이러한 움직임은 1997년 제주도에서 열린 '탐라사 연구를 어떻게 해 갈 것인가'라는 심포지엄에서 있었던 문제제기와 관련되어 있다.[10]

또, 80년대 후반부터는 근대일본의 식민지 지배와 제주도와의 관계에 관한 연구도 시작되었다. 김찬정(1985), 김영·양징자(1988), 스기하라 토오루(杉原達, 1986, 1998)의 연구는 제주도를 국경너머의 '그들'로 파악하면서, 드러나지 않았던 역사적인 다이너미즘 속에서의 제주도의 변모과정을 드러내는 것이었다. 김찬정과 스기하라 토오루는 해방 전의 제주도와 오사카의 관계 형성사에 관한 연구를 했으며, 김영과 양징자는 해방 전에 일본으로 건너간 후 보소房総반도에서 물질을 해왔던 제주도 여성들의 생활사를 연구했다. 이러한 연구는 제주도적인 것을 좇는 것이 아니라, 제주도에서 살아온 사람들의 역사적인 체험을 따라가면서 동시에 지금까지의 연구의 폭을 한층 더 확장시켰다.

---

10 이 심포지엄은 제주사정립사업추진협의회와 제주도사연구회 주최로 열렸다. 종래의 일반사가 한국사로, 제주사는 그 일부분의 역사였다는 것을 되묻는 심포지엄이었다. 그 때문에 자료에 대한 견해, 역사구분 문제, 역사인식의 전환 등이 각 시대별로 발표·토론되었다. 제주도 출신뿐만 아니라 한국 각지, 일본, 오키나와에서 온 참가자들도 발표하였다.

2. 재일조선인 연구의 패러다임 전환

조선의 해방 후, 사회과학이 재일조선인을 연구대상으로 한 역사는 비교적 새롭다. 이 연구에서는 재일조선인을 본국의 움직임을 고려하면서 일본 사회 속에서 파악하는 시선이 주류를 이루고 있었다. 기존의 재일조선인 연구는 크게 3단계로 나눌 수 있다. 1단계는 전후의 일시적인 체류자로 취급하는 정치문제적 시점, 2단계는 정주에 관한 사회문제적 시점, 그리고 3단계는 재일조선인의 다양성을 주장하는 것이다.

먼저, 1단계는 전후의 일시적인 체류자로 다루는 정치문제로서의 시점에 따른 것이었다. 이 시점은 조선 각지에서 일본으로 건너온 사람들을 일괄적으로 '식민지배의 유산'인 통제와 관리의 대상으로 보았다. 1965년 한일조약이 체결되기 전에는 사람들의 체류 자격도 확정되지 않아, 재일조선인 사이에서 '본국지향'인지 '재일지향'인지에 관한 논의가 이루어지는 상황이었다. 이러한 상황에서 재일조선인에 대해 2차대전 전과 동일한 동화와 배제의 압력이 가해졌다. '싫으면 돌아가'라는 식의 식민지 지배의 역사를 무시한 목소리가 일본 사회에서 나오기 시작했다. 하지만 일과 가족 문제, 그리고 본국의 상황 때문에 돌아가려고 해도 돌아갈 수 없는 현실 속에서 사람들은 출신지와는 관계없이 '재일조선인'으로 하나가 되어 민족교육의 권리획득[11]을 필두로 일본 사회에 대한 민족운동을 전개해갔다.

---

11 1945년 8월 15일 패전 후, 일본에 거주하던 사람들은 그때까지 탄압을 받아왔던 언어를 배우기 위한 공간으로 각지에 학교를 세우기 시작했다. 이런 움직임을 GHQ와 일본정부는 '공산주의에 이로운 것'이라며 탄압하였다. 구체적으로는 1948년 1월 문부성 학교교육국장 통달 '조선인설립학교 취급에 관해'에 따라 민족학교는 강제적으로 폐쇄되었다. 4월 10일, 효고현에서 재일조선인의 항의운동이 일어나자 일단 지사는 폐쇄를 철회하였으나, GHQ가 비상사태선언을 발령하여 천수 백 명이 체포되었다. 24일에는 오사카에서 만 명을 넘는 사람들이 참가한 집회가 열렸고, 그 자리에서 MP에 의해 16살 재일조선인 소년이 사살되었다. 결국 조선민주주의공화국 지지단체인 재일본조선인 총연합회계열조선학교는 각종

2단계는 한국전쟁 후 본국의 분단이 고착화되고 민족운동에도 정치적 입장이 파고드는 과정에서, 쌓여가는 일본체류이력에 적극적으로 대응하는 주장이 등장하였다. 재일조선인에 관한 연구 방향에서도 법제도적으로 식민지배라는 역사성을 가진 외국인으로서, 그리고 정주외국인으로서 마땅히 받아야 하는 사회보장권과 생활권에 관한 논의가 이루어지기 시작했다.[12] 이러한 논의는 '학문'이라기보다는 재일조선인문제라는 사회문제를 다루는 것이었다.

1970년대가 되면서, 운동 과정에서 '정주'의 방향성이 논의되게 된다. '재일'이라는 현실에 맞는 생활권 요구가 제창되게 된 것이다. 구체적으로는 공무원자격 및 국민연금 가입자격의 국적조항철폐, 공공주택의 입주허가 등[13]이 있었다. 이러한 요구는 한편으로는 식민지 시기 이후 다양한

학교로 분류된다. 그리고 대한민국 지지단체인 재일대한민국 민단계열 학교 4교 중 건국학원과 금강학원은 일본의 커리큘럼을 넣는 조건으로 학교교육법령 제1조 인하교가 되었다. 각종학교인 경우, 학생 할인은 물론 문부성으로부터 보조도 받지 못한다. 게다가 음악이나 스포츠 전국대회에도 참가할 수 없다. 그래서 학교 운영은 학부모의 기부에 의지하는 부분이 많아 부담이 되었다. 이런 문제에 대해 조선학교 학부모들을 시작으로 서명운동이 전개되었고 많은 일본시민이 찬성하여, 1989년 이후 전국대회 정식참가, JR통학정기권 적용 등의 권리를 획득하였다. 하지만, 고교졸업자격이 인정되지 않기 때문에 학생들은 대학입시 전에 대학검정시험을 통과해야 하는 부담이 있었다. 그 때문에 조선학교 졸업생의 대학입시 수험자격 인정운동으로 확산되었다. 자세한 내용은 (김경해, 1988) 참조.

12 이 시기의 재일조선인 문제 연구에 대한 자세한 내용은 (吉岡, 1995) 참조.

13 일본의 사회보장제도는 외국국적 사람들에 대한 적용이 애매하였다. 일본의 패전 후, 일본국적을 박탈당한 재일조선인도 역사적 경위에도 불구하고 일반외국인대우를 받았다. 1979년 국제인권규약에 가입하면서 주택금융공고·공영주택·공단주택 등의 국적조항이 철폐되었고 1982년 난민조약 비준 후, 국민연금 가입에서 국적조항이 철폐되었다. 그러나 그때까지 재일조선인들이 아무런 보장도 받지 못한 채 살아왔다는 사실은 무시되었다. 예를 들면 국민연금은 60세까지 25년간 보험료를 납부하지 않으면 수령할 수 없다. 그 때문에 당시 이미 35세 이상인 사람은 대상외가 되었고 경과조치도 취해지지 않았다. 의료보험은 피용자 보험에는 비준 이전부터 국적조항이 없었지만 취직차별 등으로 적용되기 힘

국면에서 가해진 일본인으로의 '동화'정책이라는 비판도 일었다.

그러나 80년대를 거쳐 90년대에 이르는 과정에서, 재일조선인이 일본의 주민으로서 당연히 받아야 할 권리의 요구, 받지 말아야 할 차별 철폐 운동은 지문날인 문제·취직 차별·대학입학 자격·참정권 등으로 다양하게 퍼져나갔다. 1단계와의 차이는 재일조선인 세대가 민족이란 말로 설명하지 않아도 태어나서 자란 고향이며, 언어를 아는 1세에서 말과 문화를 모르는 2세로 바뀌었다는 것이다. 2세는 대부분 일본 사회의 차별 대상이 되었던 재일조선인상을 내면화한다. 그 '부負의 존재' 이미지를 '정正의 존재'로 새롭게 파악하는 작업을 통해 자기긍정을 만들어내기 위한 '민족에 눈뜨자'라는 주장이 있었다.

90년대에는 재일세대가 3세, 4세로 바뀌어, 민족으로서의 재일한국인이라는 틀에 일체화하기 어렵다는 목소리가 나오기 시작했다. 기존의 민족운동은 일본 사회에 맞서기 위해서 '빼앗긴 민족의 회복'을 요구하는 재일조선인으로서의 결집으로 성립되었기 때문이다. 즉, 민족과 개인은 하나다라는 의식이 상정된다. 또한 여기서 말하는 민족이라는 개념의 기층에는 식민지 시기에 강요된 일본인화 정책의 역사로 인해 1세, 2세로 계승된 국적=민족이라는 사고가 깊이 형성되어 있었다. 그 때문에 '귀화'=민족의 배신자라는 표현이 성립되었다. 그런 까닭으로 '귀화'한 사람과 조선인과 일본인 부모를 둔 사람을 배제하는 현실을 만들어 낸 한 역사가 있었다.

90년대는 '국제화'라는 이름 하에 '내재적 타자'라고 하여, 역사학뿐만 아니라 다른 '학문'영역에서도 재일조선인에 관한 연구가 시작되는 시기

든 현실이 있다. 공무원 국적조항 철폐운동은 1973년 아마가사키시 기술직 채용 당시 시작되었다. 채용시험에 국적조항은 있지만, 철폐 여부는 각 지자체 재량에 따른 것으로 그 후 채용시험의 문은 활짝 열렸다. 자세한 내용은 (吉岡, 1995) 및 (中井, 1989) 참조.

이기도 하였다. 이를테면, 재일조선인의 다양성을 테마로 한 대표적인 연구자로서 후쿠오카 야스노리(福岡安則) 등이 있다(福岡·辻, 1991). 이 시기부터 시작된 연구성과는 재일조선인을 일본인과는 다른 존재로서 그 이문화를 이해한다는 점에 입각한다. 하지만 그렇게 되면, 다른 '외국인'들과 박람회식으로 진열해서 비교하는 셈이 된다. 이러한 입장은 조선 각지에서 건너온 사람들이 역사적 경위로 일원적인 재일조선인 의식을 형성하여 일본 사회와 대항하기 위한 민족으로서의 주장을 형성하는 과정에서 출신지의 다양성이 드러나지 않았던 그러한 흐름은 간과되어 버린다.

그리고 일본 사회의 피차별자로서 차별과 싸우는 운동체로 재일조선인을 일원적으로 파악하는 연구흐름에 대한 비판으로, 재일제주도출신자에 초점을 맞춘 연구가 나왔다(飯田, 1995; 小川·寺岡, 1993). 이들 연구는 제주도 출신자가 다른 지역 출신자들보다도 세심하게 작은 마을단위의 친목회나 부계친족의 종친회를 결성하고 있다는 사실에 주목한다. 재일조선인을 파악하는 관점으로 피차별자·피억압자의 모습뿐만 아니라 문화창조라는 관점에서 보는 것도 확실히 중요하다. 다만, 이러한 접근은 일본 사회의 이문화의 다양성을 찾는 방향으로 자리잡는다. 그 결과, 재일조선인 내의 다양성의 존재를 지적하기 위해 제주출신자에게 시선을 돌리는 흐름은 존재의 역사성, 더 나아가 동적인 존재로서의 사람들의 모습을 놓치기가 쉽다.

일상생활에서 사람들이 재일조선인을 일원적인 것으로 이미지화하지는 않았지만, 그렇다고 제주도출신자라는 사실이 재일조선인의 아이덴티티의 일부로 구별되고 인식되는 것도 아니다. '같은 제주도출신자'라는 관계가 성립된다고 해도 거기에는 체류자격의 차이와 정치지향의 차이 등, 사람들의 생활세계에는 다양한 관계가 얽혀져 있다. 이다(飯田)나 데라오카(寺岡) 등의 연구는 재일조선인의 일원성에서는 벗어났지만, 재일제주인이 일원적으로 상정되어 있기 때문에 항상 생성, 변화하는 생활세계의 모습을 찾아보기가 힘들다. 따라서 한 가지 주의해 두고 싶은 것은, 재일조선인의 다양성에 대한 지적만으로는 재일조선인을 단단히 결속된 조직으로 키워낸 일본 사회의 차별과 배제의 시스템을 보기 어렵게 하고, 자잘한 범형만 생성된다는 현실이다.

이러한 상황 속에서 재일제주도출신자의 생활을 조사하고 있는 고선휘는 기존의 재일조선인 연구에서는 제주도출신자의 '살아있는 모습, 일하는 모습, 삶을 찾아보기 힘들다'(고선휘, 1996:10)고 지적한다. 그가 '생활자'로 조사대상자를 파악하는 시점을 강조했다는 점에 주목하고자 한다. 고선휘는 앙케이트조사와 개개인의 인터뷰를 통해 생활사 조사를 했다. 그리고 '제주도에서 일본으로 건너간 사람들이 많았던 이유는 제주도의 지역성에 있다고 결론짓고, 재일제주도출신자라는 집단은 그들이 이동할 때 같이 유입된 제주도적 공동체기능이 유지되고 있는 집단으로 파악된다'고 서술했다. 본 논문에서는 '제주도적'인 것을 고정적으로 파악하지는 않았다. 이 점을 밝혀두면서, 이다와 데라오카 등의 탈일원성과 고선휘의 생활론을 토대로, 일상의 구체적인 실천에 시좌를 둔 생활세계의 동적 프로세스에 관한 설명을 시도하겠다.

제4절 생활실천의 시좌視座

　지금까지 기존의 제주도에 관한 연구사를 대략적으로 살펴보았다. 그럼 여기서, 거론된 점을 정리한 후에 본 논문의 요지를 제시하겠다. 제주도에 관한 기술은 아득히 먼 고대부터 시작되었다. 하지만 그것은 제주도에 건국된 탐라라는 독립국에 의한 것이 아니라, 주로 한반도에 성립된 왕조에 의한 것이었다. 일본의 식민통치기까지, 한반도 왕조의 변경에 놓여 있던 제주도는 식민지 문서 속에서 '외지'의 변경에 있는 '미개발 보고'로 재배치되었다. 식민지 중에서도 가장 '뒤떨어진' 지역 중 하나였다. 이러한 배경으로 제주도에서 일본의 노동력으로 건너간 사람들의 이동은 제주도의 자연환경으로 인한 가혹한 생활환경에 초점을 맞추는 경향이 있었다. 이 때문에 식민지배로 마을의 생활에 과중한 세금과 공출 부담이 가해져 생활을 유지하기가 어려워진 사람들이 일본의 자본주의 확장의 인적자원으로 착취되었다는 경위는 명료하게 드러나지 않게 된다.

　그리고 해방 후의 동향은 한국이나 일본에서도 우선 '제주도문화'찾기부터 시작된다. 이것은 '자신들'과는 다른 이국적이고 특수한 부분을 발견하는 것으로 나아간다. 또 일본에서는 패전과 더불어 연구분야에서도 국경이 그어져, 한국연구와 재일조선인연구로 분리되면서 제주도 사람들의 일본 체류 과정은 중요시되지 않았고, 한국연구에서도 식민지 시기부터 계속된 사람들의 이동에 대해서는 언급되는 일이 없었다. 최근, 재일조선인에 관한 사회학·인류학 연구에서 제주도출신자를 주목하는 움직임이 있다. 식민지 시기 이후의 제주도 사람들의 도일 경험에 대해서는 역사적인 접근에서 이루어진 스기하라의 연구축적이 이미 있다. 그런데 근래의 동향은 그 역사성보다도 오히려 이미 존재하는 '제주도적'인 문화와 그 변용을 추구하는 경향이 있다.

본 논문에서는 반복해서 지적했듯이 앞서 본 제주도적인 특수론 같은 이미 '제주도적'인 것을 규정하는 것이 아니라, 역사적인 다이너미즘 속에서 생활하는 사람들이 제주도라는 땅에서 어떤 생활세계를 만들어내고 있는가 하는 그 모습에 주목하고자 한다. 생성하고 변화하는 생활세계의 단면이야말로 제주도적인 것으로 창조되어 가는 모습이라고 생각하기 때문이다.

그 기점은 한국이나 일본의 연구에서 그다지 다루어진 적이 없는 일본의 식민지 시기이다. 왜냐하면 이 시기에는 서구근대의 사고양식이 일본이나 조선에 스며들어 기존과는 다른 세계관, 가치관, 생활스타일이 사람들을 휩쓸었던 시대였기 때문이다. 그리고 그 흐름이 지금까지도 이어지고 있다. 따라서 아무리 '섬'이라는 독특한 환경을 가진 사람들이라고 하더라도, 바로 '문화'나 '전통'과 같은 틀을 아프리오리로 설정한다는 점에 대해서는 당장 수긍이 가지 않는다. 그것은 예를 들어, 한국전쟁 후의 한국사회를 파악할 때, 격동의 시대를 산 사람들에 관해 근대화 과정에서 일어난 전쟁이 어떠한 영향을 미칠까를 중시하는 최길성의 시좌를 추종하는 것이라 할 수 있다(최길성, 1998). 그래서 나는 기존의 연구사 속에서 '제주도의 독자성', '제주도문화', '제주도사람다움'과 같은 말로 표현해왔던 세계를 그대로 받아들이지 않고, 우선 격변을 초래한 근대화의 흐름 속에서 제주도의 생활을 경험한 사람들의 미세한 역사에 접근하여, 사람들이 살아왔던 생활세계란 어떠한 것이었는지를 파악해 보겠다.

제3장 제주도에서 일본으로

- 도일渡日과 그 배경 -

19세기 말 국민국가 체재를 갖춘 일본은 쇄국정책을 시행하면서 근대화의 길을 모색하고 있던 조선에 개입하고 있었다. 일본은 조선을 대륙진출의 병참기지로 삼아 자국의 부족한 식량과 노동력을 보강하는 '창고'로 이용하고 있었다. 연대기상 식민지통치 개시는 1910년이다. 하지만 그 이전부터 이미 일본에 의한 조선의 식민지화는 시작되고 있었다. 특히 제주도는 바다에서 채취되는 해산물의 상품가치가 주목받게 되면서 섬사람들의 생업의 터전이 위협받게 되었다. 또 1910년 이후 식민지 지배의 '합법화'라는 틀 안에서 펼쳐지는 여러 가지 시책, 토지에 대한 가혹한 과세와 농산물의 증산계획 등으로 사람들의 생활은 핍박받고 있었다. 그래서 사람들은 임노동을 할 수 있는 곳을 찾아 섬 밖으로 이동했다.[1]

식민지 지배라는 역사적 구조화 속에서 제주사람들은 도일渡日이라는 생활방식을 하나의 선택지로 갖게 된다. 사람들은 각 마을에서 일본으로 객지벌이 노동자로 고향을 떠나 그곳에서 생활하는 과정에서 새로운 상호부조의 모임을 만들어 '제주사람'이라는 정체성을 갖게 되기도 한다. 이러한 새로운 문화경험을 제주사람들은 어떻게 승화시켰던 것일까? 이 장에서는 거시적인 문헌자료와 미시적인 청취조사를 섞어가면서 제주도사회의 변화를 추적해 보고자 한다.

---

1 조선에서는 17세기에 소액화폐가 상시 주조되어 '장시(場市)' 등을 통해 유통되고 18세기에는 상품경제가 전반적으로 전개되었다. '늦어도 개국전야인 1860년까지 임노동을 고용하는 소상품생산을 광범위하게 만들어내고'(梶村, 1977:96) 있었다. 여기에서의 임노동은 농민층을 분해하고 신분제도를 뒤흔들었다. 그러나 근대 이후의 '임노동'과 다른 것은 이 시기의 임노동은 상대적으로 조선 국내에서 자기완결적으로 연결되는 고용-피고용 관계에 의한 것으로 나중에 봉건사회 해체로 결부되는 움직임을 내포한 자기류의 근대화 과정의 민중의식의 변화를 동반하는 것이었다. 근대 이후의 '임노동'은 식민지 종주국의 신장을 위해 피식민지의 주체성은 무시되었을 뿐 아니라 노동력착취로 이루어졌다.

제1절 조선의 근대화와 제주도

1. 식민지 지배: 일본의 겨냥도

"덴로쿠(天六), 가라호리(空堀)에는 월정리 사람들, 다니마치(谷町)에는 행원리, 다마쓰쿠리(玉造)에는 김녕리 사람들이 많이 살았지."

일본이 조선의 식민지화에 한창 열을 올리고 있던 1920년대 후반, 행원리 출신 C씨의 말처럼 오사카에서는 제주도에서 일본으로 건너온 사람들이 마을 별로 모여 생활하는 모습을 볼 수가 있었다. 1절에서는 이러한 사람들의 이동으로 형성된 당시의 상황을 살펴보겠다.

일본의 조선식민지화는 19세기 말 세계정세에 동조한 일본의 제국주의화 속에서 이미 계획된 것이었다. 19세기 초, 아시아 지역으로 원료의 공급지 및 과잉생산된 상품의 판매시장, 그리고 투자시장을 찾아 진출한 유럽 열강의 필두는 영국이었다. 상품과 선교사를 배에 싣고 찾아온 열강의 통상요구는 평화적으로 보였지만, 결국에는 이 배가 대포를 실은 군함으로 돌변하고 무력적 행위가 수반되었다. 뒤를 이어 프랑스도 식민지 획득에 뛰어 들었다. 유럽 열강 세력이 동아시아로 집중되는 가운데, 아편전쟁을 계기로 영국과 프랑스 양국은 중국을 자국의 시장으로 삼았고 미국은 거기에 편승하는 상황이었다. 이어 구미열강은 조선과 일본을 겨냥하였다. 1854년, 미국에 의해 먼저 일본이 개국하게 된다. 북방의 제정러시아도 남하정책을 실시하여 조선은 열강들의 식민지 약탈 투쟁의 소용돌

이에 휩싸이게 되었다.

당시 조선은 '민란'의 시대(梶村, 1977:89)라고도 할 수 있는 19세기 전반을 거쳐 근대화를 향해 가고 있었다. 1592년 임진왜란과 1636년 병자호란에서 패한 후 봉건지배체제가 느슨해지고 점차적으로 확산되는 상품경제하에서 경제력을 갖춘 민중이 출현하기 시작했다. 그리고 지방관리의 매관매직과 양반지주, 상인 부호층의 횡포와 수탈에 대해 19세기 전반부터 반세기에 걸쳐 전국 각지에서 민중봉기가 일어나기 시작했다. 민중의 반란은 중앙정부까지는 힘을 미치지 못했지만, 봉건질서를 흔들고 있었다. 이러한 정세를 이끈 것은 1863년에 등장한 대원군 정권이었다. 대원군은 민중세력 편에 서서 양반 지주층을 약화시키면서 왕권강화를 꾀하였다. 대원군 정권은 봉건조선을 유지하기 위해 쇄국정책을 취하고 있었다. 일본이 개항하고 구미열강과 국교를 체결하자 일본과의 통상도 단절하였다. 다른 한편으로는 국내 천주교도에 대한 탄압이 구미열강들이 무력으로 개항을 요구하는 구실이 되었다.

그런데 프랑스는 1871년 보불전쟁에서 패하여 제3공화정으로 이행 중이었고 영국과 러시아는 1878년에 열린 베를린 회의에 집중하고 있었으며, 미국은 카리브해역 진출을 시작한 때로, 각국이 자국의 사정에 쫓기고 있었다. 그러한 때에 대역을 담당한 나라가 바로 열강과 불평등조약을 맺은 일본이었다. 마침 이 시기의 일본의 재래산업은 직물을 대표로 한 수입품의 유입으로 무너지고 있었다. 또한 천황제를 기반으로 한 메이지유신에서 도태된 사족들의 불만은 높았고 민중 사이에서는 조세 경감을 요구하는 움직임도 일고 있었다. 그런 상황 하에서 메이지정부의 조선문호개방요구는 위로부터 부국강병과 식산흥업정책을 추진하는 데 있어 국내의 사회경제적 동요를 발산할 창구로 이용되었던 것이다(梶村, 1977:101-04; 한국민중사연구회 1989:54-6). 더불어 그것은 조선을 세계자본주의체제에 종속시키기 위한 중개업자적 역할을 한 것이기도 했다. 먼저 표 3-1-1

에서 1882년까지의 동향을 보면 일본이 조선에 수출한 상품의 88.3%가 미국과 유럽의 제품이다. 그리고 표 3-1-2에서 알 수 있듯이 15세기 이후 조선의 주요 수출품이었던 직물이 이 시기에는 대량으로 수입된다. 모든 수입품의 85.1%가 '직물, 피복 및 염료'로 그중 일본제품은 11.7%에 지나지 않았다. 일본은 서구의 상품을 조선에 강매하는 한편, 조선의 쌀과 금을 서구와 자국에서 싸게 팔았던 것이다(전석담·최윤규, 1978:34-8; 한국민중사연구회, 1989:69).

표 3-1-1 조선의 수입(생산국별)

생산국별 연도별	일본제품		구미제품		합 계	
	가격 (천 엔)	%	가격 (천 엔)	%	가격 (천 엔)	%
1877 하반기~1878 상반기	88	38.4	141	61.6	229	100.0
1878 하반기	29	20.4	113	79.6	142	100.0
1879	56	9.8	511	90.2	567	100.0
1880	116	11.9	862	88.1	978	100.0
1881	202	10.4	1,743	89.6	1,945	100.0
1882상반기	47	6.4	695	93.6	742	100.0
총 계	538	11.7	4,065	88.3	4,603	100.0

출처: 러시아 대장성편『한국지』112-14(전석담 외, 1978:21에서 재인용, 숫자가 약간 다르지만 원문 그대로 인용함).

표 3-1-2 조선의 수입(품목별)

품종별	가격 (천 엔)	비율 (%)
직물, 피복 및 염료	3,918	85.1
금속 및 금속제품	367.7	8.0
식료품	45.4	1.0
잡화	272	5.9
합계	4,603.1	100.0

출처: 러시아 대장성편『한국지』112-14(전석담 외, 1978:22에서 재인용).

1876년 '강화도조약' 체결 이후, 일본에 의해 개항하게 된 조선은 연이어 구미열강과 불평등조약을 체결하게 되었다. 서구는 중국의 식민지화를 염두에 두고 있었고, 미국은 동아시아침략의 발판으로 조선을 노리고 있었다. 그러한 상황에서 일본은 구미열강과 조선의 중개무역을 통해 이윤을 독식하면서 한반도에서의 자국의 지위를 견고히 해 나갔다. 1910년 '한일병합'이 되기 전에 일본은 이미 조선의 근대화에 개입하고 있었고, 일본의 이권에 이익이 되도록 손을 써놓고 있었다. 그것은 상인들의 상품 강매와 수탈 그리고 토지 매점에 그치지 않았다. 청일전쟁에서 이기고 러일전쟁에서 미국과 영국의 도움을 받아 승리를 획득한 메이지정부는 1897년 수립된 대한제국의 의지와는 전혀 상관없이 포츠머스조약에서 한국을 보호국화한다는 조항을 국제적으로 승인을 받는다. 그 결과 총독부의 전신인 통감부를 설치하여 재정적 원천확보를 위한 은행제도, 군사·치안의 기반이 될 교통·통신망·교육체계와 위생사업 확립, 그리고 세제개혁·산업구조변환을 위한 개입과 지도, 교정 등 식민지체제 기초정비를 강제적으로 추진했던 것이다.

2. 제주도의 식민지화

· 바다에 대한 지배

일본은 제주도를 어떤 방식으로 지배하려 했던 것일까. 제주도는 조선의 다른 지역처럼 일본이 수탈할 만한 농작물이 재배되는 지역은 아니었다. 우선 제주도에서는 논벼를 생산할 수가 없다. 제주도의 빈곤화에는 역사적, 사회적 요인이 크게 작용한다. 13세기 원의 침략 이후, 토지를 방목지로 이용하는 등의 지배를 받기도 했지만, 제주사람들은 바다를 통해 중국과 류큐, 쓰시마 등과 교류를 해 왔다. 그러나 조선왕조 말기인 1629년부터 200년간에 걸쳐 출륙금지령이 내려지면서 도민은 섬 안에 갇히게 되고, 교류지역은 폐쇄되었다. 거듭되는 기아와 왕조의 가혹한 징세가 섬 생활에 부담을 주었다. 조선왕조의 '변경'으로 당시 꽉 막힌 상황에 직면한 제주도에, 근대화 물결은 바다에서 불어왔다고 해도 좋을 것이다.

19세기 말, 일본의 조선 침탈은 바다에서도 교묘하게 계획되어 있었다. 1876년 불평등조약을 체결하기 이전부터 제주도 근해와 한반도 연안은 서일본 어민들의 중요한 생활터전이었다. 그랬던 만큼 강화도조약은 조선 해역에 대한 일본 어민의 출어를 증가시키는 계기가 되었다. 더더욱 일본 어민의 침탈을 합법화한 것은 1883년에 체결된 조일통상장정 제 41관(款, 법조문상의 조항) 통어장정이었다(수산사편찬위원회, 1968:187-93). 당시 일본과 청의 표적이었던 조선은 1882년 청에게 평안·황해도의 어업권을, 그 다음 해에는 일본에게 전라·경남·강원·함경 4도를 개방하였다. 이렇게 해서 정당화된 일본의 조선해역 침탈에 대해 가장 먼저 저항한 사람들은 제주도 사람들이었다.

1879년, '내지인 통어자의 선구자'로 조선 해역에 진출한 것은 잠수기 업자였다. 조선잠수기어업 수산조합장인 이나이 히데자에몽(稻井 秀左衛門)은 1936년 과거를 회고하며 기록한 『조선잠수기어업 연혁사』서두에 다음과 같이 쓰고 있다.

'조선의 잠수기어업 역사는 겨우 반세기에 지나지 않으나, 암흑시대라고도 할 수 있는 당시 조선 수산계에 뛰어들어 이른바 조선의 내지화식 어업의 선구자로서 반도수산의 여명기를 개척하고, 이 산업의 융성을 위한 요인을 제공했다고 하는 참으로 혁혁한 내용을 담고 있다.'

실로 '미지의 땅으로 향하는 개척자'와 같은 모습을 보여준다. 그러한 조선에서의 시발점이 제주도였다.

최초로 뛰어둔 사람은 야마구치현 출신 요시무라 고자부로(吉村興三郎)였다. 요시무라는 당시 조선정부로부터 제주도의 전복 채취 특권을 얻어 다른 사람들의 진출을 차단했다. 그 후 계속적으로 기계어선을 타고 자신의 소유물인 양 어로작업을 하는 나가사키현 쓰시마 출신의 잠수기업자를 제주도 사람들은 묵인하지 않았다. 당시 쓰시마에서 나가사키현에 보낸 보고서에는 '제주도민의 반발 때문에 빈손으로 귀국한다'(吉田, 1978: 432-36)고 적혀있다. 그것은 당연한 일이었다. 제주도 사람들의 어로법은 어패류나 해초를 나잠업이나 테우라고 하는 뗏목을 타고 채취하는 것이었다. 사람의 역량과 자연조건을 적당히 가늠하여 작업하는 제주사람들의 기법은 근대어업을 시작한지 얼마 되지 않는 일본 어민으로 인해 열세에 놓이게 되었다.

그 결과 주민들 사이에서 일본어선의 조업을 반대하는 목소리가 높아지게 되었고, 제주 목사는 조업금지를 일본정부에 요구하였다. 그러나 생활터전을 훼손당한 것에 대한 주민들의 당연한 요구는 일본이 조선 해역을 식민지화해 나가는 거래재료로 슬쩍 바뀌고 있었다. 통상장정에는 시행 후 2년간의 상황을 살펴보고 조정해 나가기로 되어있다. 일본은 제주도에서의 통어 전면금지를 요구하는 조선에 대해 잠정적 금지로 대응하면서 검토기간을 6년간 연장하고, 일본인 거류지의 확대와 경기도의 어업권, 전라도의 무역항 개방 등을 요구한 끝에 1889년 통상장정을 최종 체결하기에 이르게 된다. 그 사이에도 제주 각지에서는 일본 어민의 수탈과 살상이 계속 발생하였다.

예를 들면, 1887년 제주도에 속하는 가파도에서 일본 어민이 여성을 폭행하고 닭과 개를 살해하고 식칼로 도민을 위협하여 300호의 주민 전원이 피난하는 사건이 일어났다. 그리고 같은 해, 가파도 맞은편에 위치한 제주도 모슬포에서 일본의 잠수기업자 후루야(古屋)어선 소속의 어부가 제주의 어민을 살상하여 재물을 약탈하였다. 도민은 제주도를 통괄하는 목사에게 호소하였고 목사는 교섭통상이사서를 통해 메이지정부에 기소하였으나, 국외사건에는 관여하지 않는다고 하여 불기소처분 되었다. 이 밖에도 제주도 각지에서 살상과 폭행, 약탈사건이 일어났다(수산사편찬위원회, 1968:200-2).

통상장정은 한일 양국이 쌍방의 해역을 사용함에 있어서 면허와 세금, 사법권, 판매규제 등을 명문화한 것이었다. 그것은 일본 어민에게 유리했음에도 불구하고 면허 신청이나 납세를 지키는 일본 어민은 늘지 않았다. 오히려 불법어업을 하는 사람들이 증가했다. 그런 상황에서 연이어 일본 정부는 1896년, 원양어업장려보조법을 공포하여 조선·러시아 연해주·블라디보스토크·타이완 등으로 출어하는 어선에 대해 보조금을 주어 장려하거나, 1906년부터는 이주어촌 건설을 권장하였다. 이는 조선 해역 개발이 단순히 경제적 효과만을 노린 것이 아니라, '청일·러일 두 전쟁에 필요한 군용식량의 확보, 그리고 우리(일본)의 동아정책東亞政策'(吉田, 1978: 480)상 군사적 측면을 보강하기 위한 것이었음을 나타내고 있다. 일본은 조선을 외국으로부터 보호한다는 명목을 위시한 대륙침략의 군사기지화가 목적이었다. 그러한 점에서 조선의 어업권을 획득해 가는 과정에서 근대어선을 타고 조선 해역을 피폐시킨 일본 어민들은 청일·러일전쟁·한일병합으로 이어지는 식민지화를 위해, 일본의 힘을 보여준 첨병이었다고도 할 수 있다.

조선 해역에서 채취된 해산물은 일본에만 출하된 것은 아니었다. 예를 들면, 제주도에서 채취된 큰 해삼은 홍콩·광둥성으로, 강원도에서 채취된 작은 해삼은 톈진·베이징·만주 방면으로 출하되었다. 그러나 해삼이든 전복이든 제주의 해산물은 모두 품질이 뛰어나, 1879년에는 1개였던 잠수기가 1906년경에는 300~400개로 늘어났다(澤村, 1941:42). 이러한 상황에서 제주도 이외 지역으로 나가 물질작업을 하는 출가 '잠수'들이 육지에는 1895년, 일본에는 1903년부터 나타나기 시작한다.

1910년 한일병합 이후, 어업권은 모두 대일본제국의 주권 하에 놓이게 되어 조선총독부의 관리 대상이 되었다. 그때까지는 자신들이 사는 마을 바다에서 달과 파도를 보고 바람을 느끼며 자유롭게 물질을 했으나, 조합

가입의 강요와 조합비 징수 등, 바다에 들어가는 일조차 관리와 통제를 받게 되었다. 채취한 해산물의 종류와 가공법, 판매경로는 모두 일본인에게 유리하게 되어 있었다.

제주도 서남에 위치하며 하모리와 서로 이웃한 대평리에는 옛날 당나라 사신이 다녀갔다는 '당포'라는 파도가 잔잔한 포구가 있다. 일제강점기에 이 포구에 정착한 시모노세키의 수산회사 하야시가네(林兼)는 이곳을 마쓰미나토(松港)로 개명하였다. 하야시가네수산회사는 효고현 출신 나카베 이쿠지로(中部幾次郎)가 1907년, 자신이 발명한 발동기선으로 조선 남해안에 출어하여 선어물을 오사카로 운반했던 것을 계기로 회사를 세우게 된 한일간 선어수송의 선구자적인 기업이었다. 그 후 1913년, 하야시가네는 시모노세키에 본거지를 두고 어업·운반·냉장고·가공공장 등 사업을 확장하였고, 다이요[大洋]어업으로 개명하여 일본 최대의 어업회사가 된다(中村, 1994:101). 하야시가네는 제주도에서도 수송·판매에 착수하였다. 하야시가네가 생기기 전부터 대평리에는 100명이 넘는 일본인이 살고 있었다. 마을 주민들도 일본인을 상대로 장사를 하기도 했지만, 하야시가네가 들어오면서 그들이 마을 해역에 어망을 설치하여 잡은 물고기를 주민에게 판매하는 역전극이 벌어졌다. 잡은 물고기는 얼음을 채워 쓰시마를 경유해 시모노세키로 운반되었다. 이러한 연결고리가 형성되면서 대평리 잠수들은 마을 앞 바다에서는 물론, 쓰시마까지 물질을 나가게 되었다. 당시의 물질은 돈벌이가 되었기 때문에 이웃 마을인 화순과 알력이 있었다. 93세인 U씨의 말이다.

옛날 화순 사람들은 물질은 하지 않았지. 양반 마을이었기 때문이야. 대평리에는 밭도 척박하여 옛날부터 잠수가 많았지. 그래서 화순 바다에서도 물질을 할 수 있었고. 그러던 것이 일제강점기에 물질을 하면 돈을 벌 수 있다는 것을 알게 되면서 화순에도 잠수가 늘어나기 시작했지.

표 3-2 출어선出漁船 수, 종업원 수 및 어획고

		출어선 수 (척)	종업원 수 (명)	어획고 (엔)	1척당 어획고 (엔)	1인당 어획고 (엔)
1912	조선인	10,502	160,809	4,829.853	459.9	30.0
	일본인	5,653	22,488	3,636,228	643.2	164.1
1914	조선인	22,158	177,791	5,615,459	253.4	31.6
	일본인	11,135	48,451	6,449,226	579.2	133.1
1916	조선인	34,627	216,295	7,960,982	229.9	36.9
	일본인	10,621	63,186	7,994.940	752.7	126.5
1918	조선인	39,000	272,077	14,670,068	376.2	53.9
	일본인	14,118	74,349	18,193,334	1,288.6	244.7
1920	조선인	40,664	265,962	20,207,482	496.9	79.7
	일본인	12,667	65,519	19,057,163	1,504.5	290.9
1922	조선인	45,371	324,685	23,985.180	506.6	73.9
	일본인	15,032	78,142	23,550,901	1,566.7	301.4
1924	조선인	41,509	313,725	24,828,038	598.1	79.1
	일본인	19,947	76,296	27,169.883	1,362.1	356.1
1926	조선인	48,886	327,272	25,888,266	529.6	79.1
	일본인	14,224	78,896	27,854,601	1,958.3	353.1
1928	조선인	56,816	391,981	32,994,631	580.7	84.2
	일본인	14,323	83,050	33,119,421	2,312.3	386.7
1930	조선인	62,357	389,150	26,543,663	425.7	68.2
	일본인	13,846	80,908	23,585,365	1,703.4	291.5
1932	조선인	62,249	361,557	25,583,409	411.0	73.5
	일본인	14,744	81,465	20,680,183	1,402.6	253.9

출처: 『조선총독부 통계연보』 1926년, 1932년에서 작성.

그로 인해 바다의 경계선 분쟁이 생겨 재판까지 가게 되었고 시까지 총 출동하게 되었어. 결판이 나지 않은 채 해방이 되었지만. 그 당시에는 절벽 위에 남자들이 순번에 따라 흰 깃발을 들고 감시를 했지. 대단한 광경이었어.

제주사람들이 근대어업기술을 도입하기 위해서는 먼저 현금확보가 문제였다. 제주도 어촌의 여자들은 잠수작업으로 채취한 패류와 해초를 시장과 중개하는 상인이기도 한 잠수기업자에게 팔았다. 남자들은 고용되어 배를 타기도 했지만, 농한기의 남자들의 여력을 채워줄 정도는 아니었다. 조선의 어업이 '암흑시대'였을 때 적극적으로 진출했다는 일본은 과연

조선에서 어업에 종사하는 사람들에게 도움이 되었을까? 표 3-2를 보면 조선인과 일본인의 어선 1척당 수입과 1인당 수입에서 큰 차이가 나타나는 것을 알 수 있다. 왜냐하면 일본인은 어획물을 어장에서 일본으로 직송하는 것이 많았기 때문이다. 또한 조선인은 영세어업에서 벗어나지 못했고, 일본인은 주로 대규모 어업경영으로 어구·어법·어선 모두 규모가 컸다. 게다가 자본체제적인 대규모 어업의 대표격인 기선건착망어업과 기선저인망어업, 포경어업, 잠수기어업 등의 각 분야를 일본인이 독점하고 있었다(수산사편찬위원회, 1968:327). 또한 해산물 판매를 담당하는 상인 중에 조선인이 없었던 것은 아니었지만, '조선인 해산물 상인은 나가사키·고베 방면의 일본인 혹은 중국인 등의 해산물 도매업자에게 자금을 의존하고 있었기 때문에, 항상 그들과는 종속적 관계로 불리한 출하를 할 수밖에 없었다'(吉田, 1954:421).

표 3-3에 나타난 것처럼 조선 해역에 출어한 대부분의 일본어민은 서일본 출신이 많았다. 나가사키·가가와·야마구치·에히메·구마모토현 등의 어촌에는 농경지가 적고 근대공업도 거의 시작되지 않은 상황이었다. 그래서 이들 지역의 어민들은 근대화된 어업 기술을 갖추고 가장 좋은 어장을 찾아 조선으로 떠났던 것이다. 그리고 지방행정은 어업단체에 보조금도 주었다. 제주 바다를 지배했던 잠수기업자들도 서일본 출신이었다. 그들은 마을 별로 구획이 확정되어 있던 제주 바다를 크게 5개로 나누어 조업을 하였다. 게다가 각지에 통조림공장을 세워 가공판매도 시작하였다. 80세인 C씨(1921년생)가 행원리의 식민지 시기의 상황을 자세히 설명해 주었다. C씨가 열 몇 살이었을 때, 행원리 포구에 거주하던 '미야케(三宅)' 씨에 관한 이야기다.

미야케(三宅)는 한국에서는 '삼택'으로 읽히기 때문에 통칭 삼택이로 불렸다. 삼택이, 즉 미야케 미치타로(三宅道太郎)는 나가사키의 잠수기업자로 성산에 거점을 마련하여 1920년대부터 소라와 전복의 채집·판매에 착

표 3-3 부현府縣별 출어단체 상황

	단체 수	단체원 수 (명)	지방행정(부현)의 보조금(엔)	어업근거지 수 (개소)
후쿠오카	3	7,184	7,600	8
오이타	3	61	6,600	9
나가사키	7	452	10,375	9
구마모토	2	601	425	특설은 없음
아이치	1	*	*	3
사가	1	197	4,400	4
가고시마	12	1,836	14,038	3
가가와	1	*	*	1
고치	1	*	*	2
에히메	28	705	6,989	21
시마네	1	*	*	1
돗토리	1	64	2,000	2
야마구치	11	569	1,676	2
와카야마	1	66	*	2
교토	4	*	750	5
효고	2	493	976	1
미에	2	887	*	3
아이치	1	*	*	3
치바	1	69	9,800	1
계	83	13,184	65,629	80

출처: 吉田 1978:438~40, 조선신문사 『선남鮮南 발전사』 1912년 재인용. '*'는 수치불명. 이 표 내의 단체 창립시기는 1885~1911년.

수하였다. 행원리를 '지점'으로 삼았지만 해방까지 대부분을 행원리 해변에 세운 일본 가옥과 소라 통조림 공장에서 보냈다. C씨는 해변에서 놀면서 여자들이 틈만 생기면 물질을 하고 채취한 소라와 전복을 미야케네로 팔러 가는 것을 보았다. "잠수(물질작업을 하는 여자)들이 물건을 삼택이네로 가져가면 전복표찰이라는 것을 주었지. 그 날 얼마나 잡았는지를 기록한 것이야. 그것을 모아서 한꺼번에 한 달 치를 받는 것이었지. 그전까지 해산물 따위는 그렇게 열심히 잡지 않았어. 식구들이 먹을 정도였지." 돈은 제대로 받았느냐는 질문에, "우리들은 불평을 할 수가 없었지. 그 때는 일본인이 왕이었으니까"라고 했다. 일본인의 남획으로 제주 바다는 황폐해졌다. 예를 들어 잠수기로 채취한 대표적 해산물인 소라의 어획고 추이를 보면, 1929년 21만 7,428톤에서 1937년이 되면 178만 6,828톤으로 약 8배 증가하게 된다(善生, 1929:67; 제주도청, 1937:174).

식민지 시기의 수산행정에서 조선의 어민은 어디까지나 싼 노동력으로 간주될 뿐이었다. 1930년, 어용단체화된 조합과 상인들의 횡포에 먼저 1,000명 정도의 잠수들이 궐기하여 파업투쟁을 일으켰다. 이 항일투쟁은 다음해 지정가격보장을 요구하는 조합에 대해 항의성명을 발표하기에 이르러, 1932년 1월의 '제주도 해녀투쟁'으로 발전했다. 구좌면 하도리의 잠수들이 시작한 규탄운동과 데모에 구좌면 일대의 잠수들이 참여, 총 1만 6천명에 달하는 인원이 참가한 크고 작은 집회 및 데모가 200회를 넘는다. 요구 내용은 전부 18항목[2]으로 다음과 같다. 감태에 대한 요구는 '가격등급은 지정한 대로 할 것', '악덕 상인인 니노미야(二宮)에게는 앞으로 상권을 절대 주지 말 것 등 7개 항목이고, 생전복에 대한 요구는 '일체의 지정판매 절대 반대', '조합재정 공개' 등의 11개 항목이었다. 당시 이 사건을 다룬 신문기사를 보면 기술자체는 '해녀단 주재소 습격'(동아일보, 1월 26일자), '망동妄動'(大朝南, 1월 28일자) 등 총독부 편향적이라는 점은 분명하지만 사건의 심각성이 엿보인다[3](표 3-4 참조). 그리고 데모를 할 때

---

2 1932년 1월 14일자 조선일보 기사에 따르면 감태재에 대한 기타 5개조는 '판매 문제 2주 내에 해결 할 것', '계약금은 생산자에게 보관하도록 할 것', '계약을 무시하여 상인을 옹호한 조합서기 마스다(升田)를 즉각 해임할 것' '물품 인도 불이행 문제', '무단선별 무단서기 반대'였고, 생전복에 대한 기타 9개조는 '2주 내에 완전히 해결할 것', '지정매수인, 다카가우치(高ヶ英)에게 손해배상 요구', '계약금을 즉시 갖고 올 것', '악덕상인 고태영(高泰英)에게 앞으로 상권을 절대 불허함', '일체의 계약보증금을 생산자에게 보관하도록 할 것', '미성년자와 40세 이상인 자에게 조합비를 부과하지 말 것', '병이나 기타 요인으로 바다에 들어갈 수 없었던 자에게는 조합비를 면제할 것', '총 대표는 마을 별로 공선(公選)할 것'이었다.
3 1932년 1월 24일 조선일보 기사에 따르면, 14일의 18개조 요구항목이 8개조로 되어있다. 내용은 '모든 지정판매 절대반대' '모든 계약보증금을 생산자에게 보

는 '배운 것도 없는 우리 잠녀들이 가는 곳마다 그들은 착취기관을 세워 놓고 우리의 피와 땀을 착취한다. 불쌍한 우리 잠녀들이여 어디로 가야 하나'라는 투쟁가를 불렀다.[4] 그 후에 무장경찰과 충돌까지 하였고 마침내 공동 판매제가 실시되는 등 개선책이 마련되었다.[5]

하지만 이후 상황은 더욱 악화되었다. 1941년 태평양전쟁이 시작되자 일본은 수산분야에서도 생산증가정책을 강화시켰다. 총독부 수산과 과장 오카노부 교스케(岡信俠助)는 1943년 '결전하의 수산보국체제'에서 다음과 같이 호소한다.

> 대동아전쟁하의 생산증강은 촌각도 게으름을 용납할 수 없는 후방 국민의 책임이며, 특히 수산업의 사명은 식량이 전쟁의 기저가 되기 때문에 매우 중대하다. 수산업의 어패류와 해초, 그리고 제조화공품의 생산 공급은 군수 및 국민의 체력 유지증진에 불가결한 것으로 국가의 주요산업부문을 담당하고 있다(岡信, 1943:4).

그리고 조선어업조합중앙회 부회장인 기타노 타이조(北野退藏) 씨는 다음과 같이 '조선 어민'에게 설명했다.

> 특히 국내(일본)에서는 다수의 청장년을 최전선으로 보냈기 때문에

관하도록 할 것' '미성년자와 40세 이상인 자에게는 조합비를 부과하지 말 것' '병이나 기타 요인으로 바다에 들어갈 수 없었던 자에게는 조합비를 면제할 것' '총 대표는 마을별로 공선할 것' '계약을 무시하여 상인을 옹호한 조합서기 마스다를 즉각 해임할 것' 과 같은 이전의 7개 항목에 '출가증 무료교부'가 새롭게 추가되었다.

4 1994년 12월 29일 제민일보 기사에서 발췌. 관련내용에 대해서는 (伊地知, 1995)를 참조.

5 '제주도해녀투쟁'에 대해서는 (강대원, 1973; 김태능, 1988; 김영돈 외, 1996)을 참조.

노동력이 부족하다는 것은 주지의 사실이며, 이와 달리 조선은 인적 자원이 평상시와 거의 바뀌지 않은 것이 현실이다. 일본의 희생으로 편안하고 즐겁게 살고 있는 조선은 이 큰 은혜에 보답하기 위해서 증산에 힘써, 다량의 수산물을 일본에 공급할 의무가 있다(北野, 1943:16).

표 3-4 '제주도 해녀사건' 관련기사 일람

	신문명	각 신문의 기사제목
1932년 1. 14	朝鮮	十八個條要求する三百海女示威/組合幹部の無理を痛論した後、支部長等解決言明などし解散/済州海女組合事件後聞
1. 15	朝鮮	巡視中島司包圍する一千海女結束示威/済州警察は拔劍し制止/萬歲高 唱後逐解散
1. 17	大朝南	兇器を振上げ島司を包圍す/不穩な済州島の海女
1. 24	朝鮮	済州海女示威詳報/五日內の完全解決/言明などし悠悠解散
1. 26	大朝南	済州島の海女/駐在所包圍/警官數名負傷す
1. 26	東亞	五百餘名海女團駐在所を大擧襲擊/警官隊と衝突。事態は險惡/雙方へ 負傷者まででている模樣/昨夜済州島で突發/突發のどうきは廿餘名檢擧から
1. 26	朝鮮	海女等千五百名示威/儉束警官隊を襲擊/武裝警官隊出動威脅した百餘名一時に檢擧/釋放要求し又騷動/應援警備船が急行
1. 27	中央	全南警察部出動/三十四名を檢擧【駐在所襲擊した主謀者被捉】済州海女事件續報
1. 27	大朝南	済州島海女/煽動者檢擧/海女も卅四名檢束
1. 27	京城(朝)	海女問題に絡む/煽動者の大檢擧/五十名の警官應援の爲め/済州島に急行す
1. 27	朝鮮	済州海女示威事件/卅四名檢擧取調/警戒は一層嚴重
1. 28	大朝南	海女の妄動に警官隊發砲/警務局から眞相發表
1. 28	東亞	卅餘名檢擧護送中/海女團警官隊包圍/事態險惡により嚴重警戒中/空砲發射で一段鎭壓
1. 28	朝鮮	八百餘名海女大擧し/被檢者奪還企圖ノ警官隊に肉迫事態惡化/空砲發射で逐解散
1. 28	中央	海女團八百名が/被檢者護送妨害/武裝警官隊の空砲十發で/强硬するやつらも畢竟解散/海女團騷動事態重大
1. 28	每日	海女問題に對して警務局發表 空砲を發射し集團解散に努力/犯人奪還を計劃する海女團に済州海女騷動再燃
1. 29	大朝南	済州島海女/又騷ぐ/形勢依然不穩

1. 29	東亞	犯人奪還しようと/駐在所に殺到/海女團は警官を阻止し/濟州海女事件險惡
1. 29	朝鮮	海女等又復示威/青年層檢擧繼續/二審審理に終達里から/被檢者釋放を要求
1. 29	朝鮮	檢束する警官隊と海女團が大衝突/檢束者奪還しようとし衝突/濟州一帶警戒森嚴
1. 29	中央	又復海女百餘名が/被檢者釋放を絶叫/今審は舊左面終達里から/警察は嚴重警戒中
1. 29	毎日	依然不穩な/濟州の海女/頻繁な駐在所包圍事件で/應援警官依然滯留
3. 5	朝鮮	濟州警察に九十名留置【廿名釋放し檢擧繼續】海女事件後報
3. 5	毎日	檢擧者百餘名中/六十餘名を釋報/名稱秘密結社も脫落になる/濟州海女事件後聞
3. 14	朝鮮	「デモ」事件取調で運動者協議會綻露/多數釋放後いまなお四十名留置/濟州海女事件後聞
3. 24	毎日	濟州島海女問題の側面觀/光州の一記者

주: 신문명은 東亞＝동아일보, 朝鮮＝조선일보, 中央＝중앙일보, 京城(朝)＝경성일보의 조간, 毎日＝매일일보, 大朝南＝오사카아사히신문부록 조선 아사히 南鮮版의 약어이다. 또 한글은 일본어로 번역했다.

총독부는 해안마을 사람들에게 화약의 원료가 되는 감태를 재로 만들어 공출하도록 강요하였다. 감태는 밭의 퇴비로 사용되는 귀중한 해초였다. 그러나 한 마을에 수백 포대씩 할당된 의무를 이행하기 위해, 퇴비를 만들 수 없어 결국 밭은 점점 더 척박해져 갔다. 또한 식용과 퇴비로 아주 중요했던 정어리도 일본에게는 감태 이상으로 중요한 수산물이었다. 정어리에서 추출된 기름은 글리세린이나 화약의 원료가 되었다. 정어리는 전쟁물자와 군수자원생산에도 필요했기 때문에 '1943년도의 수산업 조업지도체제로써 정어리의 건착망 어업에 중점을 두고 다른 식용 물고기 어획의 기선어업을 잠시 소홀히 할 수밖에 없는 비상시에 당면'하여, '결전하의 정어리의 중요성에 비추어보면 먹을 신선한 물고기가 일시적으로 다소 감소한 것은 참아야 한다'(岡信, 1943:8-9)고 적혀있다. 이런 이유로 바다에서 채취한 해산물을 제주사람들이 자신의 생활을 위해 사용하는 것이 힘들어졌다.

· 육지에 대한 지배

제주의 토지는 화산회토로 덮여있어 이윤을 올릴 수 있을 정도의 농작물 수확은 기대할 수 없었다. 그래서 중앙정부는 해산물의 공납·군역·부역을 부과해 왔다. 이러한 징세시스템이 개편된 것은 1894년 갑오개혁 때였다. 근대화를 도모한 조선정부는 도량형을 통일하여 토지에 부과하는 모든 조세를 화폐로 징수하도록 했다. 그때까지는 무명이나 쌀·조 그리고 해산물 등의 현물징수가 중심이었고 17세기 이후 화폐경제가 발달함에 따라 일부 조세만 금납화되었다. 당시 봉건체제의 변혁을 주장하는 민중의 요구가 높아지고 있었다.

또한 국가재정을 보전하기 위해 조세의 금납화를 추진했던 조선정부는 개항 이후 일본을 비롯한 외국자본을 상당량 차관하고 있었다. 결국 이 조세개혁으로 가장 이익을 얻은 것은 최대의 차관국 일본이었다. 그리고 중앙정부가 각지에 파견한 봉세관 중에는 직권을 남용하여 과도한 징세를 부과한 사람도 있었다. 조선의 농민은 수확을 끝내자마자 터무니없는 가격으로 처분할 수밖에 없었기 때문에 토지를 포기하는 등, 소작인들의 부담은 더욱 커졌다. 이렇게 조선의 자급자족적 경제는 정부의 차관 반환이 지체되면서 급속하게 일본의 시장경제에 휩쓸리게 되었다. 일본은 또 채무국의 재정·경제를 자국에 유리하도록 간섭하기 시작했다(전석담·최윤규, 1978:57-73).

이러한 움직임에 민중이 항의의 목소리를 높였다. 제주도에서는 1896년 병신민요·1889년 방성칠의 난·1901년 이재수의 난이라는 부당한 징세에 대한 투쟁이 일어났다. 그중 하나인 이재수의 난은 대정군 출신인 이재수·강우백 등이 가혹한 징세에 항의하기 위해 제주성으로 가던 도중에 발생하였다. 당시 제주도에는 포교를 시작한지 얼마 되지 않는 프랑스인 천주교도들 중, 선교사에게 치외법권이 적용된다는 점을 악용하여 섬사람에게 횡포를 부리거나 봉세관에게 가담하여 민중을 괴롭히는 사람도 있었다. 그래서 이재수 등은 사람들을 이끌고 목사에게 천주교도의 횡포와 가혹한 징세의 부당함을 호소하기 위해 제주성으로 갔다. 제주성 부근에서 천주교도들과 충돌하여 민중 측에서 십여 명, 천주교도 측에서도 수백 명 정도의 사망자가 생겼다. 이 사건으로 프랑스 측은 교회의 손해배상을 요구했고, 결국 조선정부와 제주도민의 십시일반으로 처리했다.

일부 중앙정부가 시행한 금납화는 어디까지나 쌀, 그리고 그 이외의 곡류를 시가로 환산한 것이었으나 그때까지 확실한 과세 대상이 아니었던 화전과 초지까지 과세 대상이 되었다. 제주도인 경우 밭농사가 중심이었고 인접한 밭끼리도 지질과 배수가 달랐다. 사람들은 땅 속에서 나오는 돌들을 피하고 골라내면서 경작이 가능한 곳부터 밭으로 만들어갔다. 그런 이유로 기후가 좋은 해에도 밭에 따라 수확에 차이가 생겼다. 조선왕조 이후 중앙정부관할의 방목지로 광대한 초지가 관리되었으나 1895년 폐지되어 사람들은 화전식 경작을 하게 되었다. 과세는 각호 별로 부과되었다. 제주도에서는 자녀가 결혼을 계기로 독립하여 소수 인원이 한 가구를 이루었는데 척박한 토지 조건에 설상가상으로 호별로 부과되는 지세는 큰 부담이 되었다(이영훈, 1989:28).

이러한 부담은 1910년 한일병합 이후 조선총독부가 '토지조사사업'을 실시하면서 표 3-5에 제시된 것처럼 면적 측량, 토지 등급화 그리고 토지 소유관계의 등기화에 의해 보다 더 확실해졌다. 과세기준은 수확에 의한 것이 아니라 토지 면적에 비례한 것이었다. 이러한 과세기준은 수확이 불안정한 제주도 사람들을 더욱 가혹한 조건으로 내몰았다.

그리고 토지측량 방법 자체도 제주도의 밭 관례와 어긋난 것이었다. 이 사실을 1918년 토지조사사업이 끝날 때까지 토지 소유자가 제소한 사정 불복신청에서 살펴보자. 조선총독부 관보에 처음 기재된 것은 1916년 7월이다. 그로부터 12월까지 해당하는 기간에 명의정정신청 17건, 토지측량에 대한 이의신청 3건이 기록되어 있다. 이러한 식민지 문서 기술 자체에서는 드러나지 않지만 토지 매매와 명의변경을 하나하나 작성할 수 있는 경우는 드물었다. 그러므로 사정 시에 입회인이 정황을 알지 못하면 문서 3-1-1에서처럼 타인의 명의가 되거나 문서 3-1-2처럼 국유지에 편입되기도 했던 것이다.

표 3-5 (1) 유세지 면적 (2) 토지 등급 (3) 부동산 증명사건

(1) 유세지 면적(속)

		結數(결수)						세 액
		田	畓	垈	池沼	雜種地	합계	
大正3년12월말일	경기도	結 26,742.8	結 45,036.1	結 3,005.5	結 0.6	結 573,6	結 75,358.6	円 748,664
	충청북도	23,313.6	28,048.7	2,988.0	0.9	22.7	54,373.8	550,330
	충청남도	23,271.5	69,469.8	4,762.6	0.2	158.6	97,662.7	1,065,027
	전라북도	22,141.4	83,293.1	4,569.1	0.9	285.9	110,290.3	1,194,287
	전라남도	34,794.6	96,109.3	6,251.6	0.4	469.1	137,625.1	1,517,200
	경상북도	50,622.8	80,254.9	6,071.8	6.1	119.6	137,075.3	1,257,627
	경상남도	32,658.2	73,359.0	4,949.3	4.9	2,741.5	113,712.9	1,181,055
	황해도	57,791.6	23,609.0	3,096.8	1.2	690.7	85,189.5	894,577
	평안남도	53,428.7	10,520.1	2,304.2		1,763.9	68,016.9	404,065
	평안북도	39,089.2	9,415.5	1,631.4		737.0	50,873.1	264,923
	강원도	14,946.7	10,701.7	1,105.2	1.7	72.8	26,828.1	237,632
	함경남도	57,049.6	10,048.4	2,872.5		1,536.4	71,556.9	333,668
	함경북도	43,731.6	1,811.8	731.6		486.7	46,761.7	129,269
	합계	479,582.3	541,677.6	44,339.5	16.9	9,708.5	1,075,324.8	9,778,324

이 표 중 다이쇼(大正) 3년(1914)분 이후에는 시가지세 시행의 토지를 포함하지 않는다.
이 표의 '결'은 지세과세표준의 단위의 호칭으로 토지의 비옥도에 따라 등급을 매겨, 일정 기준율에 따라 그 면적에 상응하여 계산한 것으로 토지등급이 다르므로 넓이는 다양하다.
참고로 '결'의 등급면적 및 환산평수 등은 다음과 같이 나타난다.

(2) 토지의 등급 및 환산면적

등급	同上面積에 대한 負數	一結에 대한 平方尺(測地尺)	환산평수	換算段別
			坪	町反畝步
1等地	100	10,000.0	3,025.0	1.00.25.0
2等地	85	11,764.7	3,558.8	1.18.18.0
3等地	70	14,285.7	4,321.4	1.44.01.4
4等地	55	18,181.8	5,499.9	1.83.09.9
5等地	40	25,000.0	7,562.5	2.52.02.5
6等地	25	40,000.0	12,100.0	4.03.10.0

구 측정 단위인 1尺은 周尺(주나라 시대의 척) 5尺, 曲尺3尺3寸에 해당하고, 1周尺은 曲尺6寸6分(120)에 해당한다.

(3) 부동산 증명사건

		등록세 또는 수수료를 납부해야 하는 자			등록세 또는 수수료를 납부할 필요가 없는 자				합계		
					관헌에 의한 증명		기타증명				
		건수	개수	등록세 및 수수료	건수	개수	건수	개수	건수	개수	등록세 및 수수료(엔)
累年比較	大正원년	159,890	315,929	334,381	1,118	3,245	271	709	161,279	319,883	334,381
	同 2年	293,067	931,134	522,499	2,327	7,981	2,186	4,630	297,580	943,745	522,499
	同 3年	616,439	1,941,506	785,546	1,364	3,633	605	1,967	618,408	1,947,106	785,546
大正3年	경기도	48,981	243,791	116,001	239	300	11	18	49,231	244,109	116,001
	충청북도	27,283	107,654	28,210	21	25	7	9	27,311	107,688	28,210
	충청남도	40,076	164,257	56,683	240	376	46	188	40,362	164,321	56,683
	전라북도	51,543	215,894	90,666	137	1,756	283	710	51,963	218,360	90,666
	전라남도	80,011	287,953	77,289	122	412	102	363	80,235	288,728	77,289
	경상북도	103,804	232,456	69,848	107	209	8	8	103,919	232,673	69348
	경상남도	79,335	199, 984	88,865	105	253	14	29	79,454	200,266	88,865
	황해도	45,982	178,004	93,028	55	44	19	21	46,056	178,069	93,028
	평안남도	29,700	83,308	56,862	68	82	94	409	29,862	83,799	56,862
	평안북도	41,153	73,071	46,718	33	26	8	8	41,194	73,105	46,718
	강원도	30,901	89,660	28,864	168	112	5	11	31,074	89,783	28,864
	함경남도	33,032	57,277	28,002	53	37	6	187	33,091	57,501	28,002
	함경북도	4,638	8,197	4,510	16	1	2	6	4.656	8,204	4.510
	합계	616,439	1,941,506	785,546	1,364	3,633	605	1,967	618,408	1,947,106	785,546

출처: 조선총독부 1942:3-7. 1910년부터 시작된 토지조사사업의 중간기 통계.

문서 3-1-1(출처: 조선총독부 1916: 제1197호)

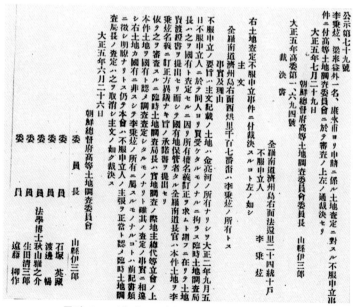

문서 3-1-2(출처: 조선총독부 1916: 제1197호)

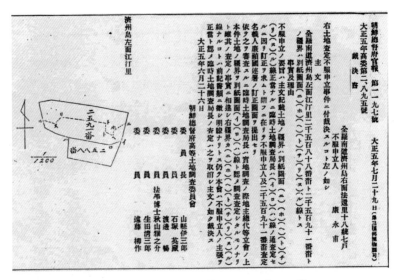

문서 3-2(출처: 조선총독부 1916: 제1197호)

토지 측량에 있어서 불복신청이 일어난 이유는 문서 3-2에서 보는 바와 같이 원래 (ニ)(ホ)(ヘ)(ト)(チ)(リ)(ヌ)(ル)로 구부러져 있는 밭의 형태를 총독부가 (イ)(ロ)(ハ)로 거의 직선으로 획정했기 때문이다. 제주의 밭은 땅 속에 바위가 많아 직선으로 둘러싸기가 어렵다. 또한 조금이라도 작물을 재배할 수 있는 토지를 확보하려는 마음에서 직선으로 구획을 정하지 않았다. 그러한 것을 토지조사사업을 하면서 변형시켰다. 그것은 근대 측량법과 제주도의 생활 기법과의 싸움이었다. 지금도 그렇지만 제주도의 밭 모양은 정비되어 있지 않다. 지면에 파묻혀 있는 바위, 그 당시의 힘으로 넓힐 수 있었던 넓이의 한계, 지질, 그리고 배수 등 다양한 요인으로 그 밭 하나하나의 형태가 갖추어졌기 때문이다. 그래서 관보에 기재된 것 같은 경우는 정정이 가능했지만 그 숫자는 얼마 되지 않았다. 그 점에서 불복신청을 할 수 있다는 것을 몰랐거나, 아니면 할 수 없었던 경우가 몇 배나 되었다는 것을 짐작할 수 있다.

이러한 토지조사사업에 의한 토지소유권 확정이 일정 기간 내 본인신

표 3-6 영농별 가구 수와 전체에 차지하는 비율

	지역	자작		자작 겸		소작	소작		피용被庸	
		가구 수	%	가구 수	%		가구 수	%	가구 수	%
1933	제주	28,380	66.7	7,500	17.6		6,114	14.3	514	1.2
	조선	545,502	18.6	724,741	24.7		1,563,056	53.3	93,984	3.2
1934	제주	28,379	66.3	7,990	18.6		5,859	13.6	522	1.2
	조선	542,637	18.5	721,661	24.6		1,564,294	53.3	103,225	3.5
1935	제주	28,560	64.8	8,459	19.2		6,574	14.9	436	0.9
	조선	547,929	18.3	738,876	24.7		1,591,441	53.2	111,771	3.7
1936	제주	27,730	62.8	8,675	19.6		6,965	15.7	776	1.7
	조선	546,337	18.3	737,849	24.7		1,583,622	53	116,968	3.9
1937	제주	28,501	64.6	8,402	19		6,559	14.8	643	1.4
	조선	549,585	18.4	737,782	24.7		1,581,428	52.9	117,041	3.9
1938	제주	28,372	64.4	7,514	17		7,409	16.8	723	1.6
	조선	552,430	18.5	729,320	24.4		1,583,435	53.1	116,020	3.8

출처: 제주도청 1937:38; 1939: 57 및 조선총독부 1942: 42 '조선'은 조선전체를 나타냄.

고였다는 점에서 보면, 절차 그 자체를 모르거나 절차의 번잡함과 가중될 과세를 우려하여 신고하지 않은 사람들의 토지수탈을 목적으로 했다고 할 수 있다(전석담·최윤규, 1978:115-29). 또한 토지조사사업이 실시된 후 4년이 지난 1914년부터 22년까지 실시된 임야조사에 의해 마을의 공동목장·경작지와 목장 겸용지, 방치되어 있던 토지 그리고 조선왕조 시기의 관리지였던 토지는 모두 '국유지'로 등록되었다. 그 결과 주민은 그것을 현금을 주고 구입하는 소유−피소유라는 종래의 입장이 역전되었던 것이다. 이런 식으로 섬 구석구석까지 토지가 측량되어 과세대상이 되었다.

육지인 경우에는 이 시기에 소작농으로 바뀌는 사람이 늘었다. 그들에게는 소작료 지불과 지주에게 부과되었던 각종 세금이 전가되었다. 게다가 지대뿐만 아니라 지주의 생활에 필요한 노동력 제공까지 해야 하는 형태로 일제의 착취 구조는 중층화되어 있었다. 제주도인 경우 육지와 다른 점은 자작농이 여전히 다수를 점하고 있었다는 것이다. 예를 들어, 표 3−6의 총독부가 실시한 1936년 조사를 보면 전 농가수의 62.8%가 자작

표 3-7 소유지 면적별 사람 수(1936년)

평 수	町 수	사람 수	%
6만 이상	20 이상	45	0.1
3만 이상~6만 미만	10 이상~20 미만	310	0.7
1만 5,000 이상~3만 미만	5 이상~10 미만	2,170	4.8
9,000 이상~1만 5,000 미만	3 이상~5 미만	4,738	10.5
6,000 이상~9,000 미만	2 이상~3 미만	5,763	12.8
4,500 이상~6,000 미만	1.5 이상~2 미만	4,027	8.9
3,000 이상~4,500 미만	1 이상~1.5 미만	4,744	10.5
1,500 이상~3,000 미만	0.5 이상~1 미만	9,426	20.9
300 이상~1,500 미만	0.3 이상~0.5 미만	9,796	21.7
300 미만	0.3 미만	4,053	9.0
합계		45,073	≒100

출처: 제주도청 1973: 29. 1町=3,000평(%는 오차 0.1).

농이다. 당시 조선 전체의 비율을 보면 자작농은 18.3%에 불과했다. 식민지 시기의 자료이기 때문에 제주도의 실제 경작가능면적을 어디까지 반영하고 있는지는 확정할 수 없지만, 표 3-7이 보여주는 것처럼 제주도에서는 소유지 1,500평 미만인 사람이 30.7%를 차지하고, 수확이 토지 조건에 좌우되었음에도 불구하고 소작인에게 부담을 전가할 수 없었던 만큼 모든 것을 소유자가 감당해야 했다(이영훈, 1989:99-107). 즉 소작 할 수 없을 정도로 척박한 토지였던 것이다. 지주도 있었지만 제주도의 지주-소작관계의 관습은 소작료 이외의 부담을 주지 않는 것이었다. 이렇게 자작농이 많았음에도 농업이나 생활에 필요한 노동력을 조달할 수 있었던 것은 '수눌음'이라는 노동력 상호교환과 '제'라는 경제협력조직이 계속 이어져왔기 때문이다.

그러나 1930년대에 들어서자 '산미증식계획' 대상인 논이 없었던 탓에 '전작개량증식계획', '면화증식계획', '고구마증식계획'이 강제로 추진되어 일본의 식량보급지로서의 부담이 가중되었다. 이러한 '증식계획'은 총독부의 목적인 농산물수탈과 치밀한 토지장악을 위한 것이었다.

그러한 계획들 중에서 가장 핵심은 미곡증산이었다. 여기에는 일본에서 1918년에 일어난 쌀 소동 등에 의해 생긴 식량문제를 조선을 통해 해결하고 이 사업을 계기로 제1차 세계대전 이후 확대된 공업생산으로 축적된 자본을 조선의 토지를 이용한 농업에 투자하려는 의도도 있었다(전석담·최윤규, 1978:160-75). '전작개량'은 제주도의 경우 논벼의 증산이 곤란했기 때문에 조나 피의 증산용으로 밭을 개량하는 것이었다. '고구마'는 식량 및 소주의 원료, '면화'는 방적공업 원료였다.

'증식계획'에 따라 사람들은 자신들의 식량을 경작해 왔던 밭을 축소하고 다른 작물을 경작하기 위해 사용할 수밖에 없었다. 육지와 마찬가지로 '모범마을'이 선발되어 비교 대상이 되었으나 가혹한 자연조건하의 제주도 토지는 개량을 하려고 해도 사람들에게는 돈도 여력도 없었다. 육지에서처럼 각종 세제 부과와 생활용품이 상품화되어 시장에 진열되었고 외국 상품이 유입되었다. 제주도 사람들은 현금확보의 활로를 찾게 되었다. 그리하여 일본에서 갈 곳이 없는 사람들은 조선으로 와서 식민지배의 한 축을 담당하고, 조선에서 갈 곳이 없었던 사람들은 일본으로 떠나게 되는 식민지체제의 바탕이 축적되어 갔다.

3. 마을에서 도시로

금세기 들어 사람들의 생활에 식민지 시장경제가 침투되는 가운데 제주사람들의 일자리와 그 범위는 임노동시장으로 연결되었다. 예전처럼 바다나 밭에서 일을 해서는 돈벌이가 되지 않았기 때문이다. 본 논문의 연구 현장이었던 행원리 사람들이 돈을 벌기 위해 떠난 곳은 북쪽으로는 사할린, 서쪽으로는 다롄, 남쪽으로는 가고시마 그리고 동쪽으로는 하치조지마에 달하는 범위였다.

또한 오사카도 돈을 벌 수 있는 도시 중 하나였으며, 많은 수입과 풍부

한 옷, 음식에 대한 소문이 매력적이었다. 일본경제는 제1차 세계대전 후 호황으로 신장세를 보이며 대기업의 활발한 설비투자와 중소영세기업의 증가로 이어져 새로운 저임금 노동력 수요시장을 창출하였다. 오사카와 고베를 중심으로 이루어진 한신지역의 '직공모집'은 1910년부터 증가하기 시작한 제주사람들의 도일 배경이 되었다. 당시 오사카는 면직물·기계공업 등의 공업지대로 아시아 최대의 상공업도시였다. 게다가 급격한 신장세로 수요가 늘어난 노동력을 조선과 오키나와의 도항자들로 조달하는 '국제도시'였다. 식민지체제의 확장 속에서 생활의 활로를 찾아 도항한 많은 사람들은 토목건축·화물운반·청소업 등의 '장시간노동·가혹한 환경·저임금'의 지금은 3D라고 할 수 있는 하층노동 일을 했다. 그중에서 제주사람들은 '직공'으로서 근대공업노동에 종사하게 되었다.

표 3-8-1 오사카시 면직물 공업(1925년)

	공장 수	직공 수(명)			생산액
		남	여	계	천 엔
北區	1	341	23	54	4,116
此花區	–	–	–	–	6,159
東區	–	–	–	–	–
西區	–	–	–	–	–
港區	–	–	18	28	7,576
天王寺區					
南區	–	–	–	–	–
浪速區	3	4	17	21	71
西淀川區	1	87	449	580	2,557
東淀川區	1	1	15	16	1,026
東成區	9	448	2,316	2,764	12,713
住吉區	2	5	9	14	376
西成區	–	–	–	–	–
総数	17	886	3,666	4,752	34,594

주: 히가시나리군(東成郡)은 1925년 4월부터 실시된 제2차 시역확장에 따라 히가시나리구(東成區)로 오사카에 편입되어, 인구도 1920년 대비 70.2%나 증가한 도시이기 때문에 참고자료로 채택했다.

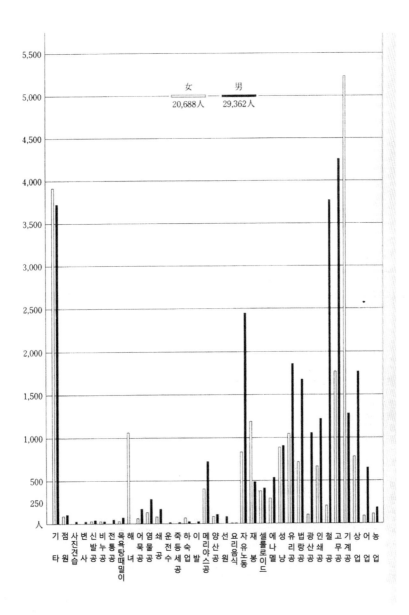

그림 3-1 일본으로 건너 온 제주도 사람들의 직업별 인구(1934년)

표 3-8-2 오사카시 비누공업(1925년)

	공장 수	직공 수(명)			생산액
		남	여	계	천 엔
北區	2	16	1	17	237
此花區	1	2	4	6	15
東區	3	35	56	91	1,528
西區	1	4	1	5	17
港區	2	16	4	20	310
天王寺區	1	8	-	8	45
南區	3	42	11	53	891
浪速區	1	39	51	90	1,649
西淀川區	1	14	-	14	111
東淀川區	-	-	-	-	-
東成區	9	130	138	268	2,533
住吉區	1	5	-	5	9
西成區	5	41	43	84	544
総数	30	352	309	661	7,889

주: 히가시나리군(東成郡)은 1925년 4월부터 실시된 제2차 시역확장에 따라 히가시
나리구(東成區)로 오사카에 편입되어, 인구도 1920년 대비 70.2%나 증가한 도
시이기 때문에 참고자료로 채택했다.

표 3-8-3 오사카시 고무공업(1925년)

	공장 수	직공 수(명)			생산액
		남	여	계	천 엔
北區	2	31	23	54	455
此花區	-	-	-	-	-
東區	-	-	-	-	-
西區	-	-	-	-	1
港區	1	10	18	28	78
天王寺區	-	-	-	-	-
南區	-	-	-	-	-
浪速區	2	45	46	91	274
西淀川區	9	444	183	627	2,341
東淀川區	4	122	170	292	1,222
東成區	23	388	249	1,025	2,140
住吉區	4	39	44	83	149
西成區	13	230	98	328	1,405
総数	58	1,309	831	2,140	8,065

주: 히가시나리군(東成郡)은 1925년 4월부터 실시된 제2차 시역확장에 따라 히가시나
리구(東成區)로 오사카에 편입되어, 인구도 1920년 대비 70.2%나 증가한 도시이
기 때문에 참고자료로 채택했다.

표 3-9 제주도-오사카 간 도항·귀환자의 추이

	濟州島→大阪			大阪→濟州島		
	男	女	計	男	女	計
1922	3,198	305	3,502	[800]	—	—
1923	[4,500]	[690]	—	[2,630]	[520]	—
1924	[11,900]	[2,370]	14,278	[4,200]	[730]	5,107
1925	[13,100]	[2,760]	15,906	[8,000]	[1,640]	9,646
1926	11,742	4,120	15,862	10,029	3,741	13,500
1927	14,479	4,745	19,224	12,015	4,848	16,863
1928	11,745	5,017	16,762	10,100	4,603	14,703
1929	15,519	4,903	20,418	13,326	4,334	17,660
1930	12,029	5,861	17,890	15,175	6,251	21,426
1931	11,635	7,287	18,922	*12,152	5,533	17,685
1932	11,695	9,714	21,409	10,382	7,925	18,307
1933	15,723	13,485	29,208	*12,356	5,706	18,062
1934	9,060	7,844	16,904	8,115	6,015	14,130
1935	4,327	5,157	9,484	*5,986	5,175	11,161
1936	4,739	4,451	9,190	6,037	5,058	11,095

출처: 1922~25년 숫자는 [樹田, 1976: 109]에서 발췌. 또한 [ ]안은 桝田 논문 및 杉原[1988]를 참조하여 추정함. 1926~36년 숫자는 [제주도청, 1937:20]에서 발췌. *표시의 사람 수는 杉原 전게서에 따른 원표의 잘못으로 추정되므로 수정한 숫자이다.

오사카시에서 특히 지금의 이쿠노(生野)구를 포함한 당시의 히가시나리(東成)구에 도항자들이 밀집하였다. 히가시나리구는 도시계획사업의 본격적인 발전 속에서 시가지화가 진행되었다. 조선인 노동자 2,000명 가까이 동원된 히라노가와(平野川) 개수공사로 공업지대의 기반도 만들어졌다. 그렇게 하여 히가시나리에는 중소공장이 집중되었다. 표 3-8-1, 3-8-2, 3-8-3에서 알 수 있듯이 당시 면직물공장·비누공장은 공장 수와 생산액 모두 오사카시에서 1위였고 고무공장은 공장 수에서는 오사카시에서 1위, 생산액에서는 2위를 차지하였다. 또한 양초·셀룰로이드·금속품·법랑·유리·양산공장 등의 영세공장도 많아 모든 곳에서 직공이 부족하였다. 따라서 그림 3-1에서처럼 부족한 노동력을 보충하기 위해 제주도 사람들이

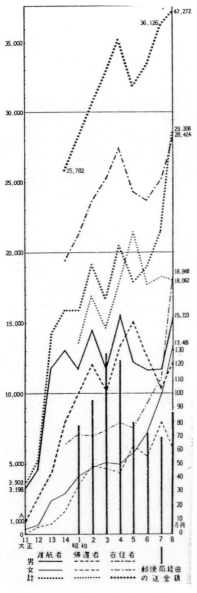

그림 3-2 제주에서 일본으로 건너간
객지벌이 노동자들의 연차변화와 송금액
(출처: 桝田, 1976: 109)

오사카에 동원되었다.

도항자 수는 1922년 오사카와 제주도 사이에 직항로가 개설되면서 급격히 증가한다. 표 3-9처럼 처음에는 남성이 단신으로 돈을 벌기 위해 왔지만 1924년 정기항로체제가 확립되어 도항자 수가 22년의 3배로 늘고 여성 도항자 수도 이때부터 증가하기 시작한다. 일본에서 보내온 돈은 제주에 사는 사람들의 생계에 큰 도움을 주었다. 그리고 이 항로는 단순히 사람이나 물건을 운반하는 것뿐만 아니라 일본에 관한 다양한 정보와 상상력을 제주도에 실어다 주었다.

그 당시에는 남의 밭에서 일하면 돈이 없는 사람에게서는 보리나 조 등을, 돈이 있는 사람에게는 하루 2냥을 받았다. 5냥이 1전으로 100전이 1엔이던 시대였다. 일도 매일 있었던 것은 아니었다. 행원리 마을 노인 중 한 분인 C 씨는 1938년 17세부터 21세까지 일본에 있었다. 당시 식민지 경영의 일환으로 학교제도가 조성되어 있었다. C씨는 학교에 다니고 싶었지만 돈이 없어서 다니지 못했고 말과 소를 돌보는 일을 해야만 했다. C씨는 '일본에서 번 돈 10엔을 보내오면 마을 사람들이 모여서 누가 이런 돈을 보냈냐며 난리가 났었지'라고 했다. 당시에는 일본에서 번 돈을 부모에게 송금하면 '착하다'는 평판을 받았다(그림 3-2 참조). 표 3-10-1과 3-10-2에서 제주에서 나가고 들어오는 물건의 품목을 보면 알 수 있듯이 일상생활에 사용되는 물건은 상품화되어 도외로부터 들어왔다. 이런 것을 구입하려면 도외로 돈을 벌기 위해 떠난 사람들의 송금이 필요했고 생계에 큰 보탬이 되었다.

표 3-10-1 제주도 품종별 이출액

화물품명	수량	가격(엔)	주요 발송지
선어鮮魚	112,803斤	14,303	大阪, 下關
선패鮮貝	123,594	43,256	大阪
표고버섯	18,360	58,747	大阪
전복통조림	1,096打	4,980	大阪, 下關
뱀장어통조림	320	910	大阪, 下關
소라통조림	15,770	43,367	大阪, 下關
우피	23,065斤	11,485	大阪
기타 모피, 골각, 어류 및 同제품	-	66,690	大阪, 下關
감태재	167,400	5,349	博多, 勝本, 大阪
기타 약재, 화학약품 및 폭발약	-	9,945	大阪
조선繰線	123,000	68,900	大阪
기타 통조림	-	48,924	大阪, 下關
합계	-	376,845	
전년	-	391,519	
전년대비	-	△14,674	

출처: 善生, 1929:88-9 『打』는 '다스'.

표 3-10-2 제주도 품종별 이입액

화물품명	수량	가격(엔)	주요 발송지
米及籾台灣米	3,300斤	400	大阪
同外國米	323,800	36,192	大阪, 下關
밀가루	1,205,396	155,511	下關
설탕	67,015	10,766	下關
청주	1,348升	1,383	大阪
미림	1,300	1,452	大阪
소주	17,285	6,710	大阪, 下關
맥주	16,714打	7,830	大阪
청량음료	6,318	3,227	大阪, 下關
안전성냥	3,268	17,685	神戸
면직물	27,250方碼	26,138	大阪, 下關
평직포생무명	17,322	4,359	大阪
평직포생세포	1,156	295	大阪
同晒金布	114	32	大阪
同晒細布	1,516	385	大阪
모자	—	6,361	大阪
葉鉄 및 葉鋼	25,372斤	5,042	大阪, 下關
機械 및 同部分品	—	16,133	大阪, 下關
기타	—	137,835	大阪, 下關, 對馬
합계	—	437,737	
전년	—	269,998	
전년대비	—	△167,739	

출처: 善生, 1929:88-9. 打(다스), 方碼(야드).

C씨가 도일할 당시에는 도항증명서가 필요하여 경찰서에 신청을 해야
했다.

일본에 가려면 경찰서에 신청하지 않으면 안 되었어. 그러면 경찰은
그 사람에 대한 것과 집 사정을 조사하러 마을로 왔어. 사상적으로 문제
가 없는지, 평상시 생활은 어떤지, 마을 사람들에게 돌아다니며 물어보
는 것이지. 그리고 경찰에 가서 신체검사를 받았어. 돈이 있는 사람은
경찰에게 뇌물을 주고 증명서를 받기도 했고.

더도 말고 '선량하고 건강한 성인 남성'이 노동의 기준이었다. 덧붙여 말하면 C씨가 17살에 마을을 떠나게 된 것은 15살 때 일본에서 날아온 탄광노동자 '모집'이라는 이름하의 동원 때문이었다. 홋카이도로 보낼 '인력공출' 때문에 마을로 찾아온 경찰로부터 도망가기 위해 C씨는 먼저 산에 숨었다가 나중에 마을을 떠났다. 그리고 여성인 경우에는 '방직공'이나 '해녀'[6]라면 인솔자가 절차를 밟아 주었다. 일자리는 정규고용만은 아니었다. '해녀'로 일본에 갔다고 해도 귀향 전 친척 집에서 양복을 만드는 과정에서 세심한 수작업인 '마무리 작업'을 부업으로 하는 경우도 있었다. 현재 75세인 S씨는 1938년 19세 때 도쿄 하치조지마의 잠수작업 모집에 응하여 같은 마을 여성 4명과 함께 도일하였다. 그녀보다 7, 8세 많은 족은어머니[7]가 먼저 일본을 드나들고 있었다. S씨는 '족은어머니는 일본에서 올 때 항상 예쁜 옷을 입고 돌아왔지. 우리들은 살 옷도 없었던 때에 말이지'라고 말해 주었다. 그리고 남편이 먼저 가 있거나 혹은 남편과 함께 도일하는 주부에게는 도항허가가 쉽게 나왔다.

제주사람들에게 있어 일본에 간다는 것은 노동력 강제동원을 피하기 위한 피난처이자 돈벌이에 대한 기대와 이국에 대한 모험 그리고 사회적 지위향상을 위한 목표라는 의미가 있었다. 그것은 물론 불문곡직하고 식

---

6 제주도에서는 물질을 하는 여자를 '잠수'라고 부르는데 총독부가 '海女'라는 말을 도입했기 때문에 식민지 문서에도 '海女'라고 기재하게 되었다. 해방 이후부터 지금까지 '해녀=海女'라는 말이 사용되어왔다. 최근에는 '海女'는 '식민지어'라 해서 의식적으로 '잠수'라는 말을 사용하는 경우도 있다. 행원리 어촌계에서는 언제부터 바뀌 불렸는지 명확하지 않지만, 내가 체재하는 동안에는 '잠수'를 계속 사용했다.

7 제주도의 친족 호칭은 육지와 다르다. 예를 들면 여기서 말하는 '족은어머니'의 의미는 한자로 표현하자면 '小母'로 육지에서 말하는 '숙모'이다. 이후의 친족호칭은 제주도에서 쓰이는 말로 표현하고자 한다. 또한 호칭에는 몇 가지 바리에이션이 있다. 예를 들면 족은어머니에 해당하는 같은 사람을 지칭하는 말로 '삼춘', '셋어머니', '말젯어머니'등이 있다. 여기서는 말한 사람의 언어를 그대로 표현하기로 한다.

민지가 강행된 시기에 제주사람들이 근대일본국가건설에 값싼 노동력으로 일괄 포섭되는 과정의 미세한 하나의 단면이기도 했다. 그러나 사람들은 개개인으로는 대항하기 힘든 구조 속에서 즉흥적인 생활실천을 해 나갔다. 그것은 어려운 상황에서 조금이라도 자신들의 생활의 가능성을 펼쳐나가기 위한 실천이었다. 계속해서 일본에서의 일상의 구체적인 실천을 통해 생활세계의 생성과정을 살펴보도록 하자.

제2절 '해방'과 일상생활

1. 상호부조의 모임 결성

일본이 조선의 근대화에 개입하며 식민지화 할 때 조선 사람들이 지배에 침묵하고 복종하기만 했던 것은 아니다. 각지에서 다양한 저항운동이 일어났고 제주도에서도 1919년 신좌면 조천리 민중이 독립만세를 외치며 일본 경찰의 총검에도 굴복하지 않고 일주도로를 따라 데모행진을 하였다. 그리고 1930년에 시작된 해녀항일투쟁은 식민지 수산행정의 착취에 항의하는 운동으로 총 1만 6,000명에 달하는 해녀들이 시위에 가담했다.

그러나 사람들이 일상 현실에 대응하는 방법은 결집하여 투쟁하는 것만은 아니었다. 따라서 여기에서는 조직적인 운동이나 무장운동 형태로 드러나지는 않지만 식민지체제제하에 놓이게 된 사람들이 그들의 처한 상황을 극복하기 위해 일본으로 건너가 모임을 결성했던 모습을 행원리 사람들의 사례에서 살펴보도록 하겠다.

오사카에는 '메리야스는 월정, 인쇄는 행원'이라는 말이 있을 정도로 제주와 일본의 근대공장과의 경로는 확실한 것이었다. 예를 들어 지도 3-1과 표 3-11을 보면, 1928년의 히가시나리구(1943년 이쿠노구와 히가시나리구로 분리)에는 밀집거주지역이 13곳 형성되어 있었는데, 그중 7곳에 조선인들이 밀집되어 있었다. 앞날을 알 수 없는 가운데 가족·친척·인척이라는 혈연과 동향 친구·지인이라는 연결고리에 기대어 사람들은 일본

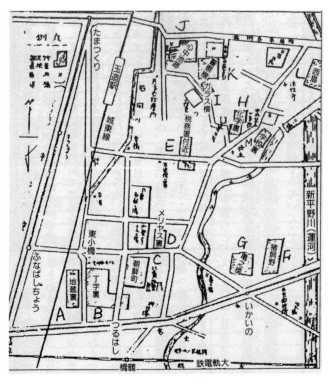

지도 3-1 히가시나리구(東成區) 쓰루하시(鶴橋) 방면의 밀집거주지역
출처: 오사카시 사회부 조사과 1928:3

으로 건너왔다. 그중에는 오사카에서 가족이 늘어나 집을 사고 하숙을 치
거나 공장을 갖고 있던 사람들도 생겨났다.

돈을 벌기 위해 도일하던 초기, 행원리 출신으로 오사카에서 '성공한'
사람이 T집안에 한 명 있었다. 그는 C씨의 작은 아버지로, 처음에 인쇄
공장에 취직하여 열심히 일한 끝에 돈을 모아 식당 겸 하숙집을 시작했
다. 그의 도움을 받아 일자리를 소개받은 행원리 사람은 '적어도 100명은
되었지'라고 C씨는 말한다. C씨 본인은 1938년 17살 때, 먼저 오사카에
가 있던 세 번째 어머니가 있는 곳으로 건너갔다. 사촌 형님도 가 있으며,
돈을 벌 수 있다는 소문은 자주 들었다. 오사카에 와서 보니 C씨의 친척

표 3-11 히가시나리구(東成區) 쓰루하시(鶴橋) 방면의 주거밀집지역 현황

東成區 鶴橋방면 주거밀집지역의 지역명, 마을(町)명, 번지, 인구 및 세대수						
地域名	町名, 番地	地圖 記號	日本人 人數	朝鮮人 人數	日本人 世帶數	朝鮮人 世帶數
地藏裏	鶴橋木野町68, 71番地	A	197	2	49	一
丁字裏	東小橋町 158, 159, 161, 167, 173, 84, 161, 167, 169, 173, 184	B	222	52	49	13
朝鮮町	同 152, 153, 155, 156, 158	C	219	475	57	81
메리야스 뒤	同 61	D	76	一	17	一
세무서 부근	同1 0	E	214	16	65	4
猪飼野	猪飼野町1366	F	86	179	21	30
龜之橋	同 1354, 1355, 1357-9, 1361-3	G	237	56	61	13
化學裏	中道町 96, 99, 108, 109, 111, 112	H	338	22	91	3
유리 옆	同 83, 85, 87, 89	I	145	42	36	4
心中池 터	同 81, 220, 221	J	213	一	57	
警察橫	同 79, 238, 240, 241	K	178	2	52	1
西島	同 65, 66	L	108		27	
학교 뒤	中道町 58, 中本町 709	M	119	4	31	1
			合計 2,352	合計 850	合計 613	合計 150

출처: 오사카 사회부 조사과, 1928: 22, 37.

들은 모두 인쇄공장이나 제본공장에서 일하고 있었다. 어머니가 사는 근처의 인쇄공장에서 견습공으로 일자리를 얻었다. 똑똑하다는 칭찬에 즐겁게 열심히 일을 했지만 손에 들어오는 것은 옷과 식사뿐이었다. 그러다 일도 힘들고 고향도 그리워져서 3년 만에 도망쳤다.

제주에서 오사카로 건너왔다고 해도 다른 사람의 도항 사실을 전부 알고 있었던 것은 아니었다. 각자의 집안이나 지인 등을 통해 오사카에 온 후에야 같은 마을 사람도 와있다는 소문을 듣거나 만나고 나서야 알게 되었던 것이었다. '해녀'로 돈을 벌기 위해 일본으로 건너왔던 S씨에게도 행원리 사람들이 어디 있다는 단서인 지도나 주소가 있었던 것이 아니었다. 김녕리 사람의 모집으로 인솔자를 따라 기미가요마루를 타고 오사카항에 도착하여 기차를 타고 도쿄로 향했다. 하치조지마에서 우뭇가사리를 채취

하다가 그녀를 포함한 5명이 오사카로 향했다. "좀 더 돈을 벌고 싶었다"고 S씨는 말했다. 오사카에 남편 집안의 사람들이 있다는 것은 알고 있었던 그녀는 확실한 주소는 몰랐지만 오사카에 가면 만날 수 있을 것이라고 생각했다. "다니마치(谷町), 사칸(左官町), 가라호리(空堀町)에 행원리 사람이 많았지. 다니마치는 1초메에서 9초메까지 있었지"라고 했다. 이러한 지명은 행원 사람들의 귀에는 친숙한 것이었다. 그녀의 남편, T씨 집안사람들은 그 당시부터 오사카에 많이 살고 있었다.

다니마치가 'T집 동네'라고 불리는 연유에 대해 C씨가 말해 주었다. 앞서 오사카에 건너와 있던 아버지와 형을 믿고 1936년 7살에 어머니와 같이 도항한 Y씨는 'T집 동네'에서 14살까지 살았다. 여자들은 집에서 부업으로 양복 재단의 '마무리 손질작업'을 했다고 한다. 한 처마 밑에 여러 가족들이 살고 있었다. 이 밀집거주지역에는 '만관당'이라는 가게가 있었다. "여하튼 다니마치의 만관당이라는 곳을 찾아가면 마을 사람들을 만날 수 있다고 해서 우리 할아버지들이 일본에 온 것이지"현 재일본행원리 친목회 사람들은 약속이나 한 듯 이렇게 얘기한다.

그렇게 오사카라는 도시에서 다시 만난 행원리 사람들은 상호부조의 친목회를 결성했다. 17살의 C씨가 오사카로 건너간 1938년경에 이미 행원 사람들의 '상호회'라는 친목회가 있었다. 같은 마을의 네트워크를 통해 일본에 건너온 사람들은 일이 없을 때에도 만날 수가 있었다. 그리고 일본에서 알게 된 다른 마을 출신의 제주도 사람들이나 육지 사람들과 만나면서 새로운 일자리를 구할 수 있는 상황이 만들어졌다. 모두 모이면 100명 이상은 되었다고 했다. 가입할 때는 수중에 있던 돈만 내면 되었고 매달 100전씩 모아 큰 일이 있을 때, 예를 들면 결혼식이나 장례식, 입원, 출산 시에 부조를 하거나 도움을 주었다.

재일 친목회 회원인 T씨에 의하면 이 모임은 1937년, 38년경에 '향우회'라는 명칭으로 바뀌었다고 한다. 향우회의 기원에 대해 행원리의 도일사 초기에 일본으로 돈을 벌러 왔던 C씨에게 물어보았지만 모른다고 했다. 그리고 해방 직후에 도일한 T씨도 역시 이 이름으로 모인 적이 있다는 사실 이외에 확실한 것은 모르고 있었다. 이처럼 문헌자료에 없고 당사자에게 물어보아도 불분명한 역사적 사실이 있다.

이와 같은 마을에서 도시로의 이동은 항상 한 방향으로 이루어진 것은 아니었다. 물론 오사카에 집을 장만하고 사업을 확장해 생활기반을 탄탄히 한 사람도 있다. 반면에 한창 일할 사람들이 일본으로 떠나 버린 마을에는 밭일을 하거나 집을 지키는 사람들이 주로 노인이나 아이들이었다. 이러한 상황에다 일본이 '대동아전쟁'에 돌입하면서 조선에 대한 착취는 강화되었다. 가혹한 인력과 물자 공출에 시달렸다. 그런 가운데 고향이 걱정되어 귀향하는 사람, 어떻게든 송금을 해서 도와주려는 사람, 좀 더 일본에서 노력하려는 사람 등 다양한 사람들이 있었으며, 생활을 개척해가는 과정이 일괄적이지는 않았다.

2. 해방 후의 단절과 국경 넘기

일본의 패전은 조선 사람들에게 장기간에 걸친 식민지 지배로부터의 '해방'을 의미하는 것이었다. 다만 '해방'이라고 해도 그때까지 구축된 생활과 감정이 단숨에 바뀌는 것은 아니다. 해방 후에 일본에 체류하다 1952년 '샌프란시스코강화조약'에 따라 일방적으로 일본국적을 박탈당해 '외국인'이라는 '부자유'한 처지에 놓인 '재일조선인'에게는 그때까지 걸어온 노정을 생각해보면 해방으로 자유로워진 것이 아니라 '해제'에 의해 공습 공포에서 해방된 것일 뿐인지도 모른다. 조선의 해방 후 '재일조선인 65만 명'이라는 말은 여러 곳에서 사용되었다. 그렇지만 해방 후에도 계속해서 일본으로 건너간 제주도 사람들을 보더라도 '재일조선인'이라는 틀은 일본 국내에 계속 거주했던 사람들로만 형성된 것이 아니라는 것을 알게 된다. 이러한 동향은 제주사람들의 식민지 지배하에서 확장되었던 생활영역이 일본 패전과 함께 국경이 단절되었다고 해서 자신들의 생활 감각에 곧바로 경계선을 긋지 않았다는 것을 보여주는 것이라고 할 수 있을 것이다.

오사카에서 남편의 고향인 행원리로 온 O씨는 오사카에서 오래 살아 농사에 대한 경험도 없었고 마을 사람들과 만나는 것도 처음이었다. 그녀는 "사는 것이 너무 힘들어서 오사카에 돌아가려고도 생각했다"고 했다. 실제로 집안 사정이나 곤란한 생활 등으로 다시 일본으로 건너가는 사람들이 속출했다. 그것도 그 당시의 어쩔 수 없는 선택이었다. '일본행'이라는 이 선택지는 식민지 지배 과정에서 좋든 싫든 제주사람들의 생활 속에 침투되어 있었다. 아무리 일본에서 차별적인 대우를 받는다고 해도 마을을 떠나 도시에 가 본 적이 있는 사람들에게는 황폐화된 마을에서 다시 삶을 시작하는 일에 비해 도시로 가면 '어떻게든 되겠지'라는 생각이 있었다. 이러한 의식화와 이동은 계속 되었다. 예를 들어 M씨는 해방 후에 일어난 4·3사건의 한 가운데서 제주에 있으면 '먹고 살아가기가 힘들어지겠다'는 생각에 경찰의 통제망을 피해 배를 타고 부산으로 갔다. 하지만 해방된 지 얼마 지나지 않은 때라 부산에서도 살 길은 막막했다. 그래서 해방 전에 오사카로 돈 벌러 간 형을 믿고 도항을 결심하여 부산에서 세 번이나 밀항을 시도했다.

1948년 4·3사건이 일어났다. 4·3은 전후 최대의 학살사건이라고 불리는 지금도 여전히 말하기 어려운 무거운 테마이다. 1948년 4월 3일, 미군정하의 남조선단독정권 수립을 위한 대의원선거를 반대하는 제주도 민중의 봉기에 대해 군·경찰·우익청년단체는 철저한 무력 탄압을 개시해 산간마을들은 불에 타 사라지고 많은 학살사건이 자행되었다. 제주도 사람들 모두가 확고한 주의나 주장을 가지고 있었다고는 할 수 없다. 하지만, 도민 약 3만 명이 희생된 이 사건은 한국 역사 속에서 오랫동안 은폐되어 왔다. 그러다가 1987년 전두환 군사정권이 끝난 후부터 조금씩 진상 규명이 가능해졌다. 그러나 동아시아의 냉전구조 하에서 일어난 4·3의 영향은 제주사람들의 생활을 다양한 형태로 규정지었던 것이다.

4·3의 영향으로 일본으로 건너는 사람들이 늘었다. 일본은 가장 가까운 피난처이면서 가족·친척과 지인들이 있었고, 또 이미 알고 있는 곳이기 때문이었다. 일본정부는 그런 상황에서 해방 후 법적인 절차 없이 도일한 사람들의 경위나 사정을 무시하고 일률적으로 '불법'적인 존재인 '밀항'자로 취급해 왔다. 삶에 여유를 느끼기 시작하는 1980년대가 지날 때까지 제주사람들은 일제강점기와 4·3의 험난한 파도를 경험했을 뿐만 아니라 한국전쟁에서 살아남아야 했다. 완전히 황폐화된 제주도에 한국전쟁 발발 후에는 전쟁을 피해 육지로부터 사람들이 밀려들었다. 그러한 가운데 경찰의 '예비검속' 법령을 빌미로 '공산주의자'라는 혐의가 씌워진 사람들이 대거 끌려가 많은 사람들이 처형당했다('제민일보' 4·3 취재반, 1997:8,327). 거듭되는 전쟁과 투쟁으로 완전히 피폐해진 섬에서의 생활이 힘들었기 때문에 실제로 '먹고 살아가기 위해서' 사람들은 일본으로 향했다.

이렇게 해서 해방 후 일본에 거주하게 된 사람들의 생활에는 항상 생존에 대한 불안이 다양한 형태로 밀어닥쳤다. 일본이 출입국관리법과 외국인등록법을 정비해 가는 과정에서 일본에 거주하는 사람들의 체류자격이 세분화되면서 불안정해졌다. 1952년 샌프란시스코강화조약에 의해 일방적으로 일본국적이 박탈되었고 1965년 한일조약까지 체류자격이 보류되었다. 하지만 체류자격이 보류된 사람은 1945년 9월 2일 이전부터 계속해서 일본에 거주한 사람과 그 자손으로 1952년 4월 2일 이전까지 출생한 사람만이었다.[8] 그 때문에 전쟁 후 다시 일본에 건너간 사람과 가족을 연고로 도항한 사람들은 3년 이내의 체재허가인 특별체류 자격을 받았다.

---

8 이것은 법률 126호 2조 6호에 의한 것. 당시 재일조선인의 법적지위에 대해서는 (大沼, 1986)가 상세하다.

개개의 이유로 신고를 하지 못하고 '밀입국'자로서 '비합법'적인 채로 체류해야 했던 사람들도 있다.

그러한 상황 속에 1948년 한반도 북쪽에 수립된 북한에서는 1955년에 김일성 주석이 귀국희망자 수용성명을 발표하고 공화국 측의 재일 단체인 조선총연합회가 귀국운동을 전개했다. 일본에 거주하는 대부분의 사람들의 고향은 대한민국이었지만 결과적으로는 외교관계가 없었던 일본 정부를 대신하여 일본적십자사와 조선적십자사 간에 협정이 조인되어 1959년 귀국사업이 개시되었다.[9]

1965년, 한일조약으로 한국국적을 가진 사람에게 5년간의 협정영주권이 주어졌다. 그때까지 일본정부는 외국인등록증명서에 기재되어 있던 '조선', '한국'을 국적이 아니라 단순한 용어로 취급해 왔다. 그러던 것이 한일조약 이후 '한국'이라는 표기는 국적을 표시한다는 견해를 밝혔다. 그리고 거주하고 있는 재일 3세의 체류권은 1991년까지 보류되었고 1981년에는 '협정영주' 이외의 사람들에게 '특례영주'가 주어졌다. 그 후 1991년 한일외무부장관 회담에서 모두 '특별영주'로 통일되었다.

해방 전부터 계속된 취업과 입주 차별로 인해 재판이 일어나기도 했다.[10] 사회보장제도에서의 배제는 일본정부가 1979년 국제인권규약, 1982년 난민조약을 비준함으로써 개정되었다.[11] 또한 전후 바로 시작된 민족

---

9 귀국사업 성립에 대해서는 일본의 재일조선인에 대한 차별, 일본정부의 재일조선인 처우에 관한 현안, 북한 측의 노동력 부족 등의 요인을 들 수 있다. 구체적인 사항은 (김찬정, 1997:198-204)을 참조

10 취직과 관련하여, 예를 들면 1970년 '일본이름'으로 응모했던 朴鐘碩 씨를 채용통지 후에 불합격 처리한 것에 대한 '히타치 취직차별재판'이 있다. 또 입주차별로는 1989년 오사카의 裴憲一 씨가 재일조선인이라는 이유로 입주거부 당한 것에 대해 재판을 일으켜 승소했다. 주거에 대해서는 1979년에 일본이 국제인권규약을 비준할 때까지 공단주택이나 공영주택의 입주는 내규로 국적조항을 두고 있었다. 자세한 사항은 (田中宏, 1991) 참조.

11 1982년까지 재일조선인은 생활보호제도 외에는 적용되지 않았다. 1970년대 국

교육문제는 재일조선인의 정주화 과정에서 그 방향에 대해 다양한 논의를 불러일으켰다.[12] 제주에서 일본으로 건너와 생활하던 사람들은 생활영역이 국경에 의해 단절되어 고향과의 왕래가 제한되었고 일본법에 묶여 일본 사회의 제도와 눈초리라는 가시적·비가시적인 '거부'를 당해왔다. 하지만 사람들이 일본 사회의 '거부'를 묵묵히 받아들이기만 했던 것은 결코 아니었다. 재일조선인의 기개로 다양한 민족적·민주적인 모든 권리를 요구하는 운동이 일본 사회에 대해 이의신청을 제기하면서 차별적인 제도의 철폐·개혁을 실현시켜 왔다.[13]

사람들이 일본 사회에서 생활하는 과정에서 현실에 대응하는 모습은 운동체로서만은 아니었다. 제주에서 건너온 사람들은 출신마을별로 유대를 형성하기도 했다. T씨가 오사카에 왔을 때 행원리 출신 사람들의 모임인 '향우회'가 '재일본행원리친목회'로 해방 후에 재결성되어 있었다. 해방 전부터 인쇄 일에 많이 종사했던 행원리 사람들은 해방 후에도 그 기술을 살려 인쇄업을 시작했다. 즉, 행원리 사람들은 동향인이자 동업자였다. 그 후 1950년대에 들어서 재일조선인이 종사하고 있던 가내 기업적인 인쇄업이 침체되어 어려워졌다. 그때 동향인 중에 직물판매 일을 하는 사람도 있었고 '천은 움직이기만 하면 돈이 된다'는 말도 있어 재일 행원리 사람들 중에 많은 사람들이 일의 요령을 배우면서 양복 직물 판매나 세탁업으로 옮겨갔다. 재일제주인 1세의 가슴 속에는 가족·일·일본에 정주한

민건강보험은 일부 도시에서 가입이 인정될 뿐이었다. 국민연금은 1982년 이후 국적조항이 철폐되었지만 경과조치를 적용하지 않아 무연금자를 양산했다. 자세한 사항은 (吉岡, 1995) 참조.

12 교육문제로는 1948년 한신(阪神)교육투쟁, 민족학교 인가문제, 민족학교 졸업생의 대학입시 수험자격문제, 일본의 학교에서의 재일조선인 교육, 야간중학 등 다양하다. 자세한 사항은 (金慶海, 1979; 稻富, 1988; 李月仙, 1995; 金泰泳, 1998)을 참조할 것.

13 재일조선인에 의한 다양한 운동에 대해서 개관할 수 있는 것으로 (梁泰昊, 1996)이 있다.

다는 현실과 고향의 일가·밭·묘지에 대한 걱정이 공존해 왔다. 그렇지만 일본에서 태어나고 자란 2세와 3세는 그들 1세처럼 고향마을을 실감하기가 쉽지 않다. 그럼에도 불구하고 최근에는 그러한 2세, 3세가 일본 사회에서 자신들이 의지할 곳으로서 친목회를 이끌어가게 되었다.

3. 해방 후의 제주

제주도도 1945년 8월 15일 일본의 패전일에 모든 것이 단숨에 확 바뀐 것은 아니었다. 패전 직전인 제2차 대전 말기 일본은 제주도를 '대미결전을 위한 최후의 보루'로 정해놓고 만주와 일본 등지에서 7만 명의 일본군을 보냈다. 완전히 오키나와와 같은 상황이었던 것이다. 그러다 해방을 맞이한 후에는 이번에는 일본군에서 바뀌어 남쪽에는 미군이, 북쪽에는 소련군이 한반도의 '안정'을 위한다는 명목으로 주둔하기 시작했다. 실제 일본군이 제주에서 철수하기 시작한 것은 10월 하순이었다. '해방'이 되었다고 했지만 남쪽에 위치한 제주도에는 일제의 통치기구가 미군에 의해 존속되어 일제강점기 때 친일파로서 활동을 했던 사람들이 이번에는 친미파로서 계속 민중을 감시하는 구조는 그대로 유지되었다.

이런 상황 속에서 해방 후 6만 명에 달하는 사람들이 일본과 중국 방면에서 귀환하였다. 제주사람들은 생활재건에 뛰어들었다. 농민·어민의 생활에 익숙할 수 없던 사람들 중에 다시 일본으로 건너가는 사람들도 나타났다. 물질을 목적으로 한 '일본행'은 불가능해졌기 때문에 해녀들이 향한 곳은 주로 육지로, 당시는 북쪽까지 갈 수 있었다. 사람들이 삶의 터전을 모색하는 가운데 조선의 국가건설을 두고 미·소의 대립이 격화되어 1948년 제주도에서 4·3이 발생하였다. 남조선단독선거에 반대하는 투쟁에 대한 탄압은 1954년 막이 내려질 때까지 약 3만 명이라는 도민들을 희생시켰다. 행원리에서도 4·3 발발 직후 당시 18세에서 35세의 남자들이 일제히 사살된 사건도 있었다('제민일보' 4·3 취재반, 1997:264-68). 섬 안에서도 입장과 사상으로 사람들을 완전히 분별할 수 있는 상황은 아니었고 의미도 없는 말과 행동으로 적군과 아군이 뒤바뀌듯 관계가 복잡하게 얽혀 일본으로 몸을 피하는 사람들도 생겨났다.

어떤 사람이 현관에 서서 문득 산 쪽으로 얼굴을 돌린 순간 같은 마을 사람이 '산속 게릴라에게 신호를 보냈다'고 경찰에 밀고하였다는 말을 들었다. 또 어떤 사람은 같은 성씨 중에 일본에 도망간 유명한 활동가가 있어서 한국전쟁 후에도 여러 번 경찰에 불려 다니는 감시의 눈 때문에 마을을 떠나 다른 곳에서 살 수도 없었다고 한다. 그런 와중에 1950년 한국전쟁이 겹치면서 국가가 본격적으로 생활재건에 착수한 것은 1960년대가 되어서이다.

국가가 제도 정비를 시작했다고 하나 그 이전부터 사람들에게는 일상생활을 영위하기 위한 수단이 필요했다. 해안 마을인 행원리의 경우 현금 수입은 뭐니 뭐니 해도 여성의 물질작업에 달려 있었다. 한국전쟁이 끝날 때까지 특히 미역 등의 해초는 군납품이었다. 이 작업을 담당할 일손인 남자들은 4·3 때 많이 사망하였고 그 후에 자라난 아이들은 한국전쟁 때 군인으로 마을을 떠났다. K씨의 아버지와 형은 4·3 때 사망하였다. 당시 17살이었던 K씨는 제사와 묘지에 대한 책임, 아버지의 채무를 모두 혼자서 도맡게 되어 남의 집과 밭일을 하였다. 돈이 되는 일이라면 가리지 않았다. '따질 처지가 아니었다'고 당시를 회상하였다. 한국전쟁이 일어나자 지원병이 되었고 마을에서 생활을 재개한 것은 한국전쟁이 끝난 '이후'부터이다.

그렇게 해서 맞이한 60년대 이후 국내의 재정기반이 정비되었다고는 하나 사람들이 그것을 바로 이용할 기회를 가졌다고는 할 수 없다. K씨는 마을에 사는 남자들과 석공팀을 결성하여 집과 묘지 등의 돌담을 만들어 주면서 이 마을 저 마을 돌아다니며 돈을 벌었다. 행원리의 '주력상품'이

된 마늘 양산을 기대하게 된 것은 70년대에 들어서면서였다. 70년대는 농촌의 근대화를 표방한 '새마을운동' 추진기에 해당하여 마을에 전기와 수도가 설치되었고 생산진흥·기계화가 제창되었다. 고무 잠수복이 들어와 장시간 물질을 할 수 있게 되었다.

그러나 마을 사람들이 운반과 경작에 중요한 경운기가 마을에 서서히 들어오기 시작했다고 직접 느낀 것은 80년 무렵이었다고 한다. 이 무렵 섬 남부에서 양산되어 높은 가치가 붙기 시작한 감귤 밭이 도내 사람들의 돈벌이가 되었다. 그 후 이웃 마을에서 당근밭일이 들어오게 되었다. 해산물의 대일 수출이 비약적으로 증가하여 전복과 소라의 양식과 수출이 촉진되었다.

봄에 농협으로부터 마늘 값을 받고 가을에는 바다에서 돈을 벌고 겨울에는 감귤과 당근 밭일을 통해 수입이 들어오게 되어 생활수입에도 여유가 생겼다. 또한 관광산업의 확산으로 '노가다(土方의 한국어화)' 일자리가 만들어졌다. 사람들이 '생활에 여유가 생겼다'고 느낀 것은 80년대였다고 한다. 밭일로 돈을 벌 수 있었던 인부는 여자였다. 밭에 나와 일하는 여자들이 화제가 되어 '제주 여자들은 일을 잘 한다'는 말을 자주 들었다고 K씨에게 말했더니 그는 '그렇게 쭈그리고 앉아 하는 일은 남자의 신체가 뻣뻣하기 때문에 힘들다'고 했다. 일리가 있는 말이다. 남자들이 해 오던 육체노동은 기계화로 줄어들기 시작했다.

90년대가 되면서 행원리가 위치한 북동부 마을의 하루 일과는 새벽이 지나면서 시작되게 되었다. 마을의 경운기 수가 가구 수와 가까워지고 농약 구입도 쉬워지면서 밭에 시간과 수고를 들이지 않아도 되었기 때문이다. 이 무렵 일본으로 가는 사람들이 증가했다. 당시 도일한 사람들은 돈 버는 일에 대한 이야기에 열심이었지만 생활이 궁지에 몰린 느낌은 없고 다른 사람보다 많이 벌어 무언가 시작해보려는 사람이 많았던 것도 아니었다. 이때 일본에 건너간 사람들은 잠깐 체재하다 적당한 시기를 보고 마을로 돌아왔다. "마을에서의 생활도 힘들었지만 일본 생활의 힘든 것과는 차원이 다르다"고 1988년 당시 31살에 도일했던 경험이 있는 K씨의 장남이 말했다.

'여기에 있어도 할 일이 없으니까', '어떤 곳인지 잠깐 보고 오자'고 하여 출발한 일본에서 사람들은 자유자재로 놀고 일을 찾을 수 있었던 것은 아니었다. 친척이나 지인을 의지하여 찾아간 일본에서 먼저 보게 된 것은 것은 일본에서의 재일조선인의 삶이었다. 자신의 공장을 갖고 있거나 회사를 설립한 친지의 모습에 감동을 하면서도 일본에서의 고생, 차별을 알게 되었다. 그것은 식민지 지배·냉전이라는 역사의 생활의 구조화에 따라 규정된 생활세계의 한 단면이었다.

지금까지 살펴본 것처럼 식민지 지배, 해방 후의 냉전 구조, 그러한 상황하의 한일국가 간의 관계라는 세계 역사상의 대사건과 동향에 관한 역사기술에 이러한 개개인의 경험과 느낌이 채록된 적은 없었다. 왜냐하면 그것은 공문서에 기록된 사건도 아니었고 역사상 중요한 인물도 아니었기 때문이다.

그런 까닭에 이번 3장에서는 거시적인 문헌자료를 인용하면서 거기에서는 보이지 않는 극히 평범한 사람들의 경험과 실천에 대한 구술조사의 도입을 시도했다. 그렇게 해서 나타나기 시작한 사실은 식민지 지배와 냉전이라는 역사의 역동성 속에서 사람들이 단지 번롱되지만은 않았다는 사실이다. 역사적 구조화 안에서 사람들이 만들어 낸 대응책은 꼭 결집하여 운동을 일으키는 것만은 아니었다. 직접적으로는 대항하기 어려운 역사의 물결에 휩쓸리면서도 도시에서의 상호부조와 전후 단기적인 도일 등에서 알 수 있듯이 사람들은 생활의 가능성을 확장시키기 위해 즉흥적이며 창조적인 생활실천을 다양하게 전개해 왔다. 이러한 미세한 실천은 생활세계를 항상 생성 재편하는 힘이 되어 구조화라는 힘에 완전히 규정되지 않는 개인의 주체화의 가능성을 보여주는 것이라고 할 수 있다. 종래의 지배-피지배의 역사로 주로 말해왔던 한일 근현대사에서는 이런 측면은 보이지 않았다. 그러므로 개개인이 말하는 경험과 체험, 그리고 일상생활 속에서 만들어 왔던 생활실천에 착안한다는 것은 역사를 다시 인식하는 새로운 시도로 이어지는 것이다

제4장 제주도 마을의 일상생활

제1절 조사지 개요

3장에서는 제주사람들이 일본으로 건너간 역사적 과정을 살펴보았다. 이 장에서는 떠나온 마을인 모촌의 생활세계를 언급해 보겠다. 먼저 제주도와 필드워크 대상지였던 마을의 개황을 살펴보도록 하자.

1. 제주도

제주도는 한반도에서 남쪽으로 약 90km 떨어진 곳에 위치한 화산섬이다(지도 4-1). 섬 한가운데는 높이 1,950m의 한라산이 있으며, 산기슭이 완만하게 바다로 뻗어 있는 동서 약 71km, 남북 약 30km의 타원형 섬이다. 섬 안에서의 주된 이동 수단은 자동차이며, 버스로 해안을 따라 일주할 경우, 정차 수가 적은 직행버스로 천천히 돌면 약 6시간 걸린다. 남북을 연결한 횡단도로인 경우에는 1시간 30분 정도면 이동할 수 있다.

1994년 현재, 제주도는 2시(제주시·서귀포시), 2군(북제주군·남제주군), 7읍 5면으로 이루어져 있다. 제주도의 주민등록상 인구는 51만 4,449명으로 인구의 약 절반인 22만 8,872명이 제주시에 집중되어 있다. 북제주군에는 4개 읍과 3개 면(제주도 행정하에 있는 추자도와 우도 포함), 남제주군에는 3개 읍과 2개 면이 있다. 읍은 인구 2만 명 이상 5만 명 이하, 면은 2만 명 미만의 행정구역을 말한다.

면의 하위단위에 해당하는 행정구역인 리는 172개(8개 리는 제주도 행정

지도 4-1 제주도 근접지대 지도(출처: 이즈미, 1966:4)

하의 4개의 섬에 있다)로, 그중 산간부에 있는 10개 리를 제외하면 대부분 해안 가까운 곳에 있거나 해안을 따라 나있는 일주도로를 끼고 있다.

이러한 현상에 대한 지적은 식민지 시기부터 있었다. 리가 해안에 많은 이유 중 하나가 식수 문제 때문이다. 제주에는 하천은 있지만 물이 흐르지 않아 사람들은 용수를 지하수에 의존하였다. 지하수는 해수의 압력으로 용천수가 되고 이러한 이유에서 해안지대에 취락이 형성되었다. 이 점에 대해 문화인류학자인 이즈미 세이치(泉靖一)는 1936년부터 37년까지 실시한 제주도 조사에서 산간부에도 2,000~3,000명의 인구를 먹여 살릴 수 있는 용천수가 있다는 것을 지적하였다(泉, 1966:36-4). 그는 용천수가

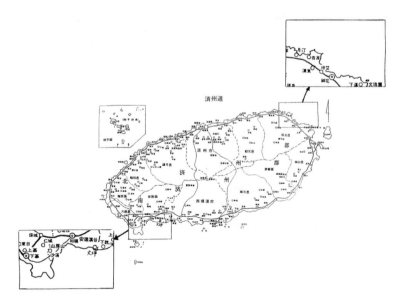

지도 4-2 제주도 지도(출처: 탐라연구회)

있는 산간부에 취락이 적은 이유로 총독부의 국유림화와 신 개간금지를
들었다. 그리고 1900년대가 되면서 해산물의 판로가 확장되어 해안으로
의 인구이동이 발생하지 않았을까 하는 점도 지적하고 있다. 산간부에 인
구가 적은 또 다른 이유는 4·3의 영향이다. 1948년 4월 3일, 미군정하의
남조선 단독정부수립에 반대하는 민중봉기 이후 군·경찰·우익단체에 의
한 탄압이 격화되었고 그해 10월에는 '초토화 작전'이 전개되었다. 이때
해안선에서 5km 떨어진 지대를 '적성지역'으로 간주하여 주민소개령을
공표함과 동시에 마을에 대한 방화와 무차별적인 학살을 저질렀다. 이런
이유로 해안 마을로 피난 왔다가 그대로 눌러 사는 사람도 있었다(제민일
보, 4·3 취재반, 1997).

2. 북동 지역의 마을: 행원리

　본 논문의 조사 대상지는 제주도 북제주군 구좌읍 행원리다. 섬 북동쪽에 위치한 행원리와 다른 지역의 모습을 참고하기 위해 남서쪽에 자리한 남제주군 안덕면 대평리도 조사했다(지도 4-2). 조사 기간은 1994년 8월~1995년 7월, 1997년 4월~1998년 3월의 2년간이다. 행원리에서는 17개월, 대평리에서는 3개월간에 걸쳐 조사했다. 4장 이후부터는 행원리의 현지조사를 통한 기술내용이며, 대평리에 관해서는 3장과 7장에서만 언급했다.

　조사기간 동안 행원리에서는 집 한 채를 빌려 혼자서 생활했고, 대평리에서는 걸어서 5분 거리인 서귀포시 하모동에 있는 행원리 집주인의 큰딸 집에 가족과 함께 머물렀다. 현지조사를 시작하기 전, 표선면 표선리와 제주시에서 언어습득과 문헌자료 수집을 위해 1개월 정도 하숙 생활을 했다.

　행원리는 제주시 버스터미널에서 '일주도로 제주-표선'이라고 적힌 표지판의 버스를 타면 1시간 30분 정도 걸린다. 동네는 1993년 현재 350호이고, 상동·하동·중앙동·중동·동동·서동 6개 구역으로 이루어졌다(지도 4-3).[14] 주민 수는 1,172명으로 남자 554명, 여자 618명이다. 마을의 생업을 살펴보면 약 3분의 2에 해당하는 281가구가 농사를 짓고 있다. 그중 절반에 해당하는 175가구는 농업과 어업을 겸업하고 있다. 어업의 대부분은 '잠수(물질작업에 종사하는 여성)'이다. 최근에는 주요 환금작물인 마늘을 비롯하여 콩, 당근이 밭농사의 대부분을 차지한다(4장 말미 사진 4-1). 제주의 척박한 토지 환경 중에서도 이 지역은 특히 농작물 재배가 어렵다는

---

14 동별 호수는 상동 48호, 중동 44호, 중앙동 46호, 하동 48호, 동동 50호, 서동 45호로 총 281호이다. 그리고 리사무소 1. 어촌계 1, 창고 6, 이발소 1, 상점 7, 주유소 1, 기계수리공장 1, 절 1, 교회 1, 당 2(바다의 신을 모시는 장소: 1, 소의 신을 모시는 장소:1), 단(마을신을 모시는 장소)1이다. 그 외 빈집이 46호다.

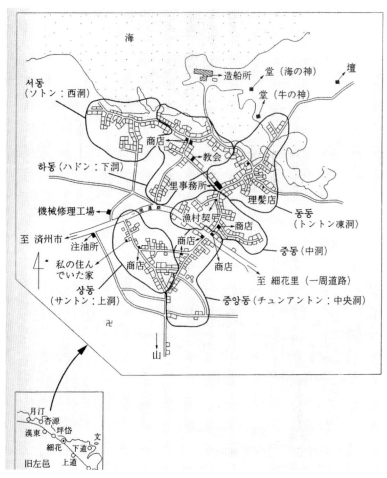

지도 4-3 행원리의 6개 동

토지의 성질 때문에 1960년 이전에는 조, 보리를 주로 재배하였으며, 현금 수입은 바다에 의존할 수밖에 없었다. 마을의 환금성이 확보되면서 지금은 농업과 겸업하며 생계를 유지하는 사람이 대부분이다. 다행히 천혜의 바다 밭을 가진 행원리였기에 과거에는 일용할 양식 대부분을 어업과 잠녀의 돈벌이로 마련하였다.

　제주시에서 대평리까지 갈 경우 버스터미널에서 중문행 버스를 타고

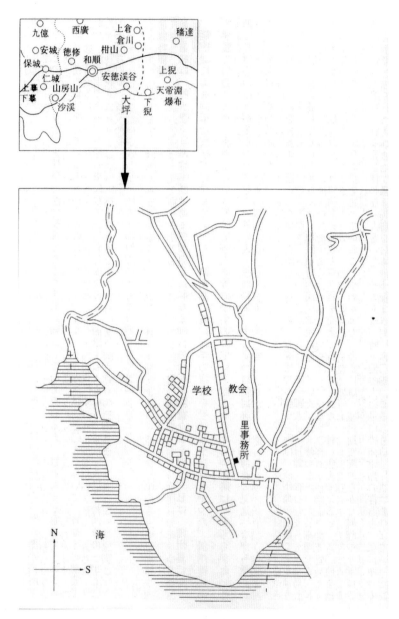

九億　西廣　上倉　稻達
安城　德修　倉川
保城　　和順　柑山
仁城　　安德渓谷　上猊
上摹　山房山　　　天帝淵
下摹　　沙渓　大坪　下猊　爆布

学校　教会
里事務所
N　海
S

지도 4-4 대평리

148　日本人學者가 본 제주인의 삶

횡단도로를 1시간 30분 정도 가면 중문에 도착한다. 거기서 대평리행 버스로 환승하여 15분 정도 더 가면 된다. 대평리는 1996년 현재, 219호(지도 4-4),[15] 주민 수는 667명으로, 남자 328명, 여자 339명이다. 마을의 생업별 가구 수는 리사무소에서도 모른다고 했다. 가끔 차에서 마주치게 되는 대평리 어촌계장의 말에 따르면, 마을주민 대부분이 농사를 지으며, 주요작물은 마늘이고 꽃 재배를 하는 사람도 있다고 했다. 그리고 잠수는 약 30명 정도로 농업을 겸업하고 있다. 남쪽 지역의 서귀포시까지는 차로 30분 정도면 갈 수 있어 통근하는 사람도 있다. 인구의 약 4분의 1이 70세 이상으로 고령자가 많은 마을이다.

3. 언어의 습득

제주의 언어는 교과서에서 배우는 표준어와는 다른 독자적인 발음과 어휘 등을 갖고 있다. 나는 제주에 가기 전에 표준어로 인사만큼은 배워두었고 제주에서 특별하게 어학 수업을 받을 생각은 없었다. 제주시에 있는 제주대학교에서 사람들을 만날 때나 표선리에서 제주대학교에 다니는 학생 집에 하숙했을 때도 전반적으로 표준어로 대응하는 경우가 많았다. 그래서 들리는 표준어를 조금씩 일한사전과 한일사전에서 대조해 보면서 배우려 해 보았지만 성과는 높지 않았다.

처음 한 달을 표선리에서 지낸 다음 행원리로 이동하였다. 행원리에서 듣는 언어는 제주 방언이 많았다. 내게 집을 빌려준 K씨(1931년생)는 식민지 시기에 초등학교를 다녔다. 오랫동안 사용하지 않았던 일본어지만 K씨는 기억을 더듬어가며 내게 제주 방언과 일본어를 섞어가면서 소통하고자 했다. 이렇게 행원리 마을에 살게 되면서, 60세를 넘긴 어른들이 대

---

15 실제로 사람이 살고 있는 것은 170호 정도로 리사무소 1, 경로당 1, 상점 3, 식당 2, 분교 1, 교회1, 창고 1의 10호를 제외하면 나머지는 빈집이다.

체적으로 일본어를 조금 한다는 사실을 알게 되었다. 그중에는 식민지하에서 억지로 배웠던 말이라고 하여 절대로 일본어를 사용하지 않는 사람도 있었다. 그 사람은 가끔 다른 사람이 빠른 속도로 말하는 제주 방언을 내게 천천히 고쳐서 말해주기도 했다.

내가 행원리에서 만난 사람 중에 가장 유창한 일본어를 구사했던 사람은 C씨(1921년생)와 Y씨(1929년생), G씨(1956년생)였다. 이 사람들이 일본어를 섞어가며 말을 걸어오면 내용을 상상해 가며 대충 파악할 수는 있었지만, 나의 사고나 생각을 전달하기는 거의 힘들었다. 결국 제주 방언을 비교적 확실히 알아듣게 되었다고 느끼기까지 약 6개월이 걸렸다. 신기하게도 제주 방언을 이해할 수 있게 되자 TV에서 들려오는 표준어도 알아들을 수 있게 되었다. 그래서 나는 '제주방언연구'(박용후, 1988)라는 책을 구입하여 일한·한일사전을 찾아보고, 마을 사람들의 이야기를 들으면서 의미를 상상해가며 사용해 보거나, 일본어를 아는 사람에게 물어보면서 조금씩 실전에 돌입했다. 그렇게 직접 부딪치며 상대방의 반응을 살피거나 대답을 듣다보니 오해했던 부분이나 전달하기 어려운 부분이 무엇인지 깨닫게 되었다.

4. 조사방법

조사는 참여관찰과 인터뷰로 이루어졌다. 그래서 누구에게 무엇을 질문할 것인가 하는 항목은 미리 정해두지 않았다. 우선 마을 사람들과 함께 지내면서 그들의 일상생활을 보고 배우며, 그 속에서 만난 사람들이나 일어나는 일에 따라, 지금까지의 마을의 생활과 현재의 삶에 대한 사람들의 경험, 생각 그리고 판단을 배우려고 했다.

행원리에서 구술조사를 할 때 가장 협조를 잘해 주고 조사 대상을 연결시켜주려고 배려해준 사람은 처음에 집을 빌려준 K씨·P씨(1931년생) 부부였다. 그 후에도 행원리에 갈 때마다 이 분들 집에 머물렀다. 처음부터 마을의 집 한 채 한 채를 찾아다니지는 않았다. K씨로부터 "오라고도 하지 않았는데 젊은 여자가 이집 저집 다니는 게 아니야"라는 주의를 받았다. 그래서 K씨 집에 오는 사람을 소개 받거나, P씨가 놀러가거나 일을 하러 갈 때 동행하면서 사람들을 조금씩 알아갔다.

그리고 일본어를 할 수 있는 G씨와 그의 부인인 L씨(1960년생)도 마을의 관혼상제와 관련된 곳에 갈 때 주의할 점을 말해주었다. 참여관찰이라고는 해도 '조사하러 왔다'는 말로 아무데나 얼굴을 내밀어서는 안 된다. 당시 나는 마을 6개 동(구역) 중 '상동'에 살았다. 그래서 L씨는 찾아가는 집은 '상동'을 기본으로 하고, 아는 사람과 같이 가는 것이 좋다고 가르쳐 주었다. 처음에는 남자가 많은 곳에는 K씨, 여자가 많은 곳에는 P씨, 혹은 K씨의 장남 부부를 데리고 외출하였다. 그렇게 하면서 알게 된 사람들의 집을 상호방문하면서 개개인의 이야기를 들을 수 있는 기회가 늘어났다.

대평리에 갔을 때는 언어문제도 어느 정도 해결되었기 때문에, 마을의 가게나 노인회관에서 만난 사람들과 대화도 나눌 수 있었고, 그곳에 모이는 사람들과 자연스럽게 알고 지내게 되었다.

이처럼 조사자가 이문화 현장에 가서 현지의 언어를 습득하고 현지조사를 하는 것에 대해서는 이미 오랫동안 논의되어 왔다. 그것은 조사자가 현지에서 만나는 '현실'을 어디까지 간파해낼 수 있는가에 대한 논의였다. 여기에서 간단하게 그 논의를 언급하고 내 입장을 제시해 두겠다.

현지조사를 하는 것과 현지조사를 바탕으로 이문화에 대해 기술하는 것에 대해 지금까지 다양한 시각의 비판들이 있다. 그것을 종합한 것이 1986년 인류학자인 제임스 클리포드(James Clifford)와 조지 마커스(George E. Marcus)가 공동편집하여 출판한 『문화쓰기』다(클리포드·마커스, 1986; 松田, 1996). 이 책에서 그들은 객관주의를 부정하면서, 이문화의 기술이란 조사자가 만들어낸 창조적인 작품에 지나지 않는다고 주장한다. 이런 비평의 결과, 이문화 기술의 가능성을 두고 다양한 시도가 계속되었다. 예를 들면, 현지조사 기간 동안 자신이 살았던 모로코의 도시생활 속에서 식민지주의가 끼친 결과를 자각했다는 사실을 기술한 폴 라비노우(Paul Rabinow)의 자전법自伝法을 비롯하여(라비노, 1980), 같은 모로코를 조사한 빈센트 크라판자노(Vincent Crapanzano)가 모로코 사회에서 살아가는 타일 공장 직원인 독신남 투하미와 공동작업을 하면서 그의 생활사를 말하는 대로 기술한 대화법(크라판자노, 1991) 등이다. 지금은 피지섬을 조사하는 N. 토머스와 아이누사회를 조사하는 오타 요시노부(太田好信)의 현지사람들이 문화의 구축을 의식적으로 조작하고 객체화한다는 문화구축론이 주목받고 있다(Thomas, 1992; 太田, 1998).[16] 이 논의에 따른 기술 방법은 다성법多聲法과 연관된다. 그것은 현지조사 현장에서 들리는 목소리를 모두 상위, 하위, 진위의 구별을 하지 않고 평등하게 기술한다는 것이다.

필자는 제주도의 현지조사를 기술함에 있어서 다성법의 입장을 취하겠다. 먼저 여기에 기술하는 것은 조사자인 내가 낯선 곳에 가서 처음 만난 사람들과 함께 생활하면서 느낀 것들을 근거로 했기 때문이다. 그리고 3장에서 본 것처럼 역사 기술과도 이어지는 것이지만, 내가 만날 수 있었던 극히 평범한 사람들의 다양한 경험과 체험, 그리고 그에 대한 의미를 중시하고 싶어서이다. 따라서 이하의 기술은 '나'라는 일인칭을 사용하여 써내려가도록 하겠다. 이러한 일인칭 기술법은 오랫동안 채용되었던 기술 형식인 중립과 객관성을 중요시하는 삼인칭 기술과는 다르다. 일인칭 기술 형식은 이미 아프리카 각지에서 현지조사를 하고 있는 구리모토 에세(栗本英世)의 『민족분쟁을 겪으며 살아가는 사람들』(1996), 마쓰다 모토지(松田素二)의 『도시를 길들이다』(1996), 그리고 스가와라 카즈요시(菅原和

---

16 토머스나 오타(太田) 등의 문화구축론에는 근대 내셔널리즘과 아이덴티티의 문제, 즉 근대의 지배에 의한 아이덴티티의 정치학에 대한 비판을 애매하게 하는 문제가 있다. 문화구축론에 대한 비판에 대한 자세한 내용은 (小田亮, 1996) 참조.

孝)의 『말하는 신체의 민족지』(1998)에서 시도되고 있다.

이 생활지生活誌는 행원리에서 생활하는 과정에서 형성한 네트워크를 통해 얻은 정보에 근거한 것이다. 내가 채용한 일인칭 기술은 행원리 사회의 내부구조의 재구성을 의도하는 것은 아니다. 나라는 존재를 현지라는 현장에 투입하여 만난 다양한 사람, 그들의 생각과 행동, 그리고 현상을 기술한 것이다. 마을에서의 하루하루 생활 속에서는 오해와 편견이 생겨나고 직감과 상상을 동반하면서 대화를 한다. 그렇게 해서 얻은 정보를 통해 내가 보고 싶은 것은, 사람들이 일상생활 속에서 사회구조와 체계를 재구성하는 기술에서 놓쳐버리는 즉흥적인 실천으로 구조화와 헤게모니를 조종하는 모습이다.

제2절 행원리에서의 생활

1. 경위

필드워크 대상을 제주도의 마을로 정하게 된 계기는 제주출신 재일 1세 여성들과의 만남이었다. 오사카시 이쿠노구와 히가시나리구에 거주하는 많은 재일제주인들의 생활사를 듣는 가운데 오사카라는 도시는 마을 사람들에게 어떻게 표상되고 있을까, 해방 후 제주에서의 생활은 실제 어떤 모습이었을까, 그리고 제주와 오사카의 유대는 어떻게 유지되고 변경되었을까, 이러한 것들을 생각해 보기 위해 1993년 10월 처음으로 제주도에 갔다. 오사카에서 많은 이야기를 듣고 온 나는, 석사논문을 쓸 때 알고 지냈던 사람들의 고향을 방문하였다. 하지만 나는 마을 사람들에게는 여러 가지 이유로 섬을 찾아오는 사람들 중의 한 명일 뿐이었다. 예를 들어, 그곳이 내가 아는 어떤 할머니의 고향이라고 해도, 단지 내가 그 할머니를 알고 있다는 이유만으로 마을 사람들과의 대화가 쉽게 진전되지는 않았다. 그 할머니 본인이 긴 시간 고향에 돌아올 수 없었던 까닭에 친척이 있다고는 하지만 그 세월만큼 소원해졌기 때문이다.

나는 제주대학교 모 교수에게 1994년 8월부터 1년간 예정으로 유학하면서 마을에 살아보고 싶다는 생각을 전했다. 그리고 그 교수의 소개로 북제주군 구좌읍 행원리라는 해안가 마을에 거주하게 되었다. 처음 내가 마을에 살기 시작했을 때 중개역할을 해 준 사람은 교수의 친척 부부였다. 34세인 G씨는 1990년부터 3년간 '잠수타서'[17] 오사카에서 일을 한 경험이 있어 오사카 사투리도 유창했다. 그의 부인인 L씨는 남편의 생활이 안정되기 시작했을 때 오사카로 건너가 2년간 살았다. 두 사람은 고향에 있는 G씨 어머니에게 두 아이를 맡겨놓고 온 일, 일본에서의 앞날에 대해 검토한 끝에 결국 '자수'하여 제주로 돌아왔다. 오사카에서 모은 돈을 가지고 일본에서 배운 전기공사 일을 제주시에서 시작하려 했지만, 한국과 일본의 일하는 절차상의 차이가 있어서 기술 응용이 제대로 이루어지지 않았다.

또 운송용 플라스틱상자 판매에 뛰어들었지만 생각처럼 되지 않아 결국 행원으로 돌아와 다양한 품목을 갖춘 가게를 열었다. 그리고 G씨는 오사카에서 돌아올 때 결심했던 대로 큰 밭을 샀다. 산기슭의 3만평 크기의 밭을 사들인 그는 당시 그 마을에서 제일가는 지주가 되었다. 그것은 도시에서 복합쇼핑몰이나 플라스틱 공장을 세울까하고 망설이던 때 내린 결단으로, 공장과 공장이 밀집한 도시 오사카와는 달리 초목이 있는 토지가 펼쳐진 제주의 자연 속에서 그가 할 수 있는 일이었다.

G씨·L씨 부부는 자신들이 오사카에서 고생했던 경험을 떠올리면서 내가 살 집의 주인을 찾아 주었다. 가장 걱정해 준 것은 언어 문제였다. 그렇게 이것저것 고려해서 소개받은 사람이 K씨·P씨 부부였다. 처음 반년이 지나 언어에 익숙해질 때까지 K씨가 식민지 시기에 초등학교 6학년까지 다니면서 배웠다는 일본어가 나의 언어 습득에 중개역활을 해 주었다.

---

17 G씨와 같이 일본으로 건너가 '불법체재'하는 것을 마을에서는 '잠수타다'고 표현한다.

2. 외부세계와 마을

언어를 몰라도 어떤 이야기를 하고 있는지, 무슨 말을 하려고 하는지는 분위기상 대략적으로 알아차리는 경우는 있다. 그렇지만 내가 처음 마을에서 생활을 시작했을 때에는 주민들이 나를 어떻게 받아들이고 있는지 알 수 없었다. 반응은 크게 두 가지였다. 하나는 내가 일본인이라는 것에 대한 반응이었다. 일본에 있을 때, '한국에는 반일감정이 있기 때문에 일본사람은 싫어한다'는 이미지는 입력되어 있었다. 하지만 그것을 완전히 믿고 있었던 것은 아니었다.

마을에 일본인이 들어와서 살고 있다는 이야기가 조금씩 퍼져나갔다. 이 마을의 새로운 얼굴인 내가 지나가면서 사람들에게 인사를 하면 "누구신가?"라며 대화가 시작된다. 내가 일본에서 왔다는 것을 알게 되면, "우리 아버지도 일본에 있지만 어디에 있는지 몰라"라는 가족의 이야기, "나도 요전에 일본에 갔다 왔지. 저기 간사이공항 생겼지. 난 거기서 일을 했어", "쓰루하시에 '쓰루이치'라는 야키니쿠집이 있잖아, 나는 그곳에서 일을 했어"라는 식의 돈을 벌러 갔다 온 얘기며, "우리집 양반이 오랫동안 일본에 있었으니까 놀러 와"라는 초대, 그리고 "저기 사는 '삼춘'[18]도 일본에 왔다 갔다 하니까 놀러 가봐"라는 식의 다양한 얘기를 들을 수 있다.

마을 생활과 일본의 거리가 너무나 가깝게 느껴져 솔직히 놀랐다. 물론 일제강점기의 이야기도 있었다. 그러나 그것은 자신의 자녀와 손자 세대인 나에게 알려주는 것 같은 정도였다.

---

18 제주에서는 자기보다 연장자인 마을 사람들을 '삼춘'이라고 부른다. 그것은 표준어의 삼촌과 감각적으로는 비슷하다. 삼촌은 아버지의 형제를 이르거나 부르는 말로 특히 결혼하지 않은 남자 형제를 이르거나 부른다. 또 방계로는 부모와 같은 항렬의 백부모·숙부모 또는 형제의 자녀와의 촌수이다. '삼춘'은 그만큼 가깝다는 의미를 갖는다는 설명을 마을에서 여러 번 들었다.

표 4-1 행원리 상동 사람들의 도일

세대별 번호	도일 시기 1900년은 생략	도일 경위	주요 체재지	일본에서의 상황
1	남편: 30년대	어머니와 사촌 형이 친척이 있는 곳으로 먼저 도일	大阪:谷町	인쇄공장 잡무
	부인: 40년대	'해녀' 모집	八丈島, 大阪	우뭇가사리 채취
2	남편: 30년대	확실치 않음	大阪, 神戶	공장
	부인: 30년대	남편이 먼저 건너 감	大阪, 鹿兒島, 神戶	해초채취, 해녀
3	부인: 30년대 88년 이후 재도일	아버지와 오빠들이 친척이 있는 곳으로 먼저 도일, 해방 전부터 일본에 거주한 남편이 있는 곳으로 어머니와 함께 건너감	大阪:谷町 東京:上野 三重	오사카의 중학교 통학, 상업, 남편의 친척 일 거들어 줌, 지인에게 일거리를 받음
4	부인: 30년대 일본에서 태어남 88년 이후 재도일	부모님의 도일 아는 분의 소개	大阪:左官町 三重	아는 분의 일을 받음
5	부인: 20년 일본에서 태어남, 88년 이후 재도일 남편: 60년대	부모님의 도일 해방 후엔 남편이 있는 곳 숙부가 해방 전부터 재일	大阪:猪飼野 (鶴橋) 東京, 西宮 (叔父の 所) 三重, 堺	남편 일을 도움, 지인에게 일거리 받음. 프레스, 야키니쿠, 커피숍, 야구배팅연습장
6	남편: 60년대	1950년대에 건너 간 형	大阪:都島	형의 판금 일
7	남편: 80년대 (88년 이전)	해방 전부터 일본에 거주한 누나	大阪:鶴橋	일용직
8	부인: 88년 이후	해방 전부터 일본에 거주한 남편 친척	東京:新宿 東京	남편 친척 일
	차녀: 88년 이후	아버지 친척		아버지 친척 일
9	남편: 88년 이후	50년대부터 사는 사촌동생	大阪:都島	부부가 사촌조카 결혼
	부인: 88년 이후	남편의 사촌동생	大阪:都島	식, 사촌동생 일
	장남: 88년 이후	아버지의 사촌동생	大阪:都島	아버지 사촌동생 일
10	남편: 88년 이후	친척	大阪	친척 일
11	남편: 88년 이후	해방 전부터 일본에 거주한 큰어머니	大阪 三重	큰아버지의 3주기 아는 분의 일을 받음
	부인: 88년 이후	친척		
12	남편: 88년 이후	해방 전부터 일본에 거주한 작은 이모	大阪	일용직
13	남편: 88년 이후	해방 전부터 일본에 있던 어머니 친척	大阪:生野	일용직
	부인: 88년 이후	먼저 건너간 남편	大阪:生野	커피숍
14	부인: 88년 이후	해방 전부터 일본에 있던 남편 친척	東京	남편 친척 일
15	남편: 88년 이후	먼저 건너간 누나 부부	大阪:生野	일용직
16	부인: 88년 이후	해방 후 건너간 동생	大阪:生野	어머니 제사문제로

17	남편: 88년 이후	행원리 친목회 방문	大阪	마을 기부금을 부탁 하러
18	남편: 88년 이후	지인	大阪	미장 일, 지인 공장
19	남편: 88년 이후	지인	東京	참치잡이 어선 선원
20	장녀: 88년 이후	친척	東京	어학 유학
21	부인: 88년 이후	딸	大阪	딸이 재일 2세와 결혼 하여 오사카에 있어서 놀러 감
22	장녀: 88년 이후	친척	大阪	어학 유학
23	부인: 88년 이후	해방 전부터 일본에 거주한 어머니 친척	大阪	어머니의 친척 일을 도움
24	부인: 88년 이후	해방 후 살고 있는 아들	對馬	아들을 만나러

주: 이것은 1994년 현재 상동에 살고 있는 사람들의 도일 경험을 간략하게 정리한 것이다. 여기에서 '해녀'라는 말을 사용한 것은 조선총독부가 '잠수(잠수작업을 하는 여자를 가리키는 제주방언)'를 사용하지 않고 '해녀'라는 말을 썼기 때문이다.

일본에 대한 화제에서 자주 등장하는 것은 '돈벌이'였다. 환금율 면에서도 눈길이 쏠리는 것이 일본행이다. 다만, 그렇게 돈벌이에 열심이긴 했어도 지독하게 쪼들려서라거나 아니면 한 밑천 잡아 무엇을 시작해 보겠다는 사람이 많았던 것도 아닌 것 같았다. 행원리는 350가구에 6개의 동으로 나뉘어 있었다. 나는 내가 살고 있던 상동 48세대를 대상으로 일본에 갔다 온 경험을 물어보았다. 그 결과 절반인 24가구에 도일 경험자가 있었다. 도일 시기와 이유는 다양했다. 일제시대 5가구, 1988년 이전 3가구, 1988년 이후 23가구였고, 일제강점기에 도일했던 5가구 중 3가구는 1988년 이후에 재도일하여 총 31가구에 달한다(표 4-1). 그중 일본 참치잡이 배에서 일을 한 사람을 제외하고는 처음에는 가족이나 친척을 의지하여 일본에 건너갔다. 그리고 건너간 사람 중에 일본에 가서 아무 일도 하지 않고 돌아온 사람은 드물었다. 해방 후에도 '불법노동'임에도 불구하고 일본까지 확산된 객지벌이 임노동 세계는 지금도 계속되고 있으며 일본행은 일상생활에서 확실히 나타나고 있다.

또 하나의 반응은 마을에 거주하는 사람으로서의 나에 대한 배려였다. '무엇 때문에 왔느냐?'라는 질문을 많이 받았다. 그럴 때마다 '마을의 역사와 생활을 배우러 왔다'고 했다. 그러면 '생활비는 얼마나 있느냐, 아르바이트나 일자리를 소개해 줄까', '학생이니까 돈을 아껴 써. 필요한 것이 있으면 빌려 줄 테니', '김치는 우리 집에서 가져가. 혼자 하기도 힘들고 많이 만들어도 다 먹지 못할 테니까'라는 말들을 해 주었다. 관혼상제가 있는 날 찾아가면 '저기, 이 아이에게 고기를 싸서 주게. 일본에서 여기까지 고생하면서 왔으니까'라면서 떡이며 돼지고기를 잔뜩 싸 주었다. '객지에 가면 누구나 고생은 하지. 자네 집에서는 제사는 어떻게 차리는가?' 하고 제주와 일본 생활의 차이에 대해 여러 가지 질문을 받았다. '아버지와 어머니는 계시는가? 형제는 몇 명인가?'는 꼭 물어보았다. 일본에 가본 경험이 있는 사람은 가족이 사는 곳도 묻는다. 이러한 대응은 외부세계로 나가 생활을 영위해 온 사람들의 외부에 대한 개방성이라고도 할 수 있다.

3장에서 살펴본 바와 같이 식민지 시기 이후 제주사람들의 생활세계는 임노동의 현장과 연결되어 확대되어 갔다. 외부세계로 나가면, 그곳이 일본이든 육지든 아니면 도내이든 생활습관과 언어가 다른 미지의 세계가 그곳에 있다. 그런 곳에서 자신을 고집한다면, 바꾸어 말해 폐쇄적인 존재가 되어서는 살아갈 수가 없다. 어쨌든 주어진 현실을 받아들이는 것이 우선이지 취사선택은 나중의 일이다. 그 때마다 그 현장마다 이웃하는 타자와 협조하거나 마찰을 빚어가는 과정을 거치면서 자신의 생활법칙이 배양된다. 이 사실은 75세인 할머니의 말에서도 느낄 수 있었다.

우리는 여러 마을 사람들과 배를 타고 육지에 가서 생활했어. 그래서 100명이 있으면 100명 전부 얼굴도 성격도 다르다는 것을 잘 알고 있지. 그런 사람들과 만나자마자 바로 며칠씩 함께 지냈어. 고향을 떠나서 생활한다는 것은 그만큼 힘든 일이지. 그래서 자네 같이 혼자 여기까지 와서 사는 것을 보면 내 옛날이 떠올라.

할머니의 말이 시사하는 것처럼, 익숙한 곳을 떠나 생활할 경우, 개개인의 배경을 파악해 공동으로 살 수 있는지 판단하고 선별할 여유도 없이 일상생활이 시작된다. 따라서 바로 그 자리에서 타자에 대한 마음가짐이 필요하다. 즉 그것은 무엇보다 상대를 지금 이 곳에서 생활을 함께 할 사람으로 보는 자세이다. 본 논문의 주제는 이러한 자세를 사람들이 창조해 온 생활세계에서 찾아내는 것이기도 하다.

마을 생활과 외부세계와의 관계는 사람들이 실제로 마을 밖으로 나가는 것만으로 이루어지는 것은 아니었다. 식민지 시기, 일본의 근대어업의 도입에 따라 발동선을 타고 육지부와 왕래하는 일이 이전보다 늘어나면서 육지에서 생활이 어려운 사람들이 마을에 정착하기 시작했다. K씨의 아버지는 함께 밭을 개척한 육지에서 온 사람에게 본인 명의로 밭을 넘겨주었다. 해방 후 4·3이 발생하고 나서는 초토화 작전을 피해 중산간 사람들이 이주해 왔다. 그리고 한국전쟁 때에는 육지부에서 피난을 왔는데, 행원리인 경우 특히 원산 사람들이 많았다. 원산은 식민지 시기에 해류 관계도 있어 많은 행원리 사람들이 일을 하러간 곳이다. K씨의 장녀는 당시 같이 놀던 친구를 떠올리며 내게 행원리에 있는 그 사람의 집을 가르쳐 주었다.

그 아이는 어렸을 적에 우리 고모 집에서 자랐어. 의지할 친척마저 없어진 아이를 고모가 데려와서 키우고 결혼식까지 도와주었지. 우리 친정 집에도 전혀 관계가 없는 사람들이 있었어. 그래, 우리 집에 여러 사람들이 살았지. 우리 집만이 아니었지. 가난해서 아이를 키울 수 없는 남의 집 아이를 거두어준 사람들이 여럿 있었어. 한국전쟁 때에도. 물론 누구네 집에 가는 가에 따라 그 아이가 고생하기도 했지.

K씨의 장녀는 어린 시절을 회상하면서 당시의 상황을 말해 주었다. 16

살 때부터 섬을 떠나 '물질'[19]을 했던 그녀는 육지에서 남의 집에 살았던 적이 있다며 내게 마을 생활에서 불편한 점은 없는지 자주 물어보았다.

3. 마을 사람들이 하는 일

G씨·L씨 부부, K씨·P씨 부부를 통해 알게 되거나 그 집에 놀러오는 사람들을 만나면서 나는 마을을 떠나 돈 벌러 나간 이야기를 조금씩 듣게 되었다. 그리고 더 많은 마을 사람들과 알고 지내기 위해, 언어실습을 위해, 마을 사람들의 생활 리듬을 알기 위해 여러 가지 활동에 참가하기로 하였다. 마을의 일상을 보면 여자들인 경우는 아침 6시가 되면 집 밖으로 나선다. 식사 준비를 할 시간이지만 그날의 일 확인과 변경을 전달하거나 조금 이야기를 나눈 다음에 집으로 돌아간다. 날씨가 좋은 날 오전에는 여자들은 거의 마을에 없다. 남자들은 육체노동이나 기계를 사용하는 일이 없으면 거의 집에 있거나 누군가의 집에 모여 있었다. 마을에서 농어업으로 생계를 꾸리고 있는 사람은 60대가 중심이었다. 예를 들면, 내가 머물렀던 상동 48가구 중 남녀를 불문하고 60대가 가장 많은 22가구로 약 절반을 차지했다. 나머지는 90대 1가구, 80대 3가구, 70대 4가구, 50대 13가구 그리고 40대 5가구였다(표 4-2).

---

19 여기서 간단하게 '물질'이 어떤 작업인지를 설명하겠다. '물질'이란 특수 장비 없이 바닷속에 들어가 패류나 해초 등의 해산물을 채취하는 작업을 말한다. 마을에서 가장 능숙한 사람은 한 번에 15미터 정도 잠수하고 숨도 2분 정도 길게 참아가며 작업한다. 도구는 채취한 해산물을 넣는 태왁망사리, 전복을 딸 때 쓰는 빗창, 만능 농기구로 쓰이는 제주도 호미 '골갱이' 정도이다. 복장은 물안경에 고무옷을 입는다. 허리에는 연철이라는 납덩어리를 고무로 몇 개 이은 것을 차고 발에는 오리발을 신는다. 1970년대에 일본에서 고무옷이 들어오기 전까지는 무명으로 만든 '속곳'을 입고 물에 들어갔다.

표 4-2 상동 주민 호주의 연령

연령	40대	50대	60대	70대	80대	90대	계
가구 수	5	13	22	4	3	1	48

나는 대체로 P씨의 활동에 동행하면서 주로 여자들과 함께 보냈다. P씨는 아침 4시 30분경이면 자동적으로 눈을 뜨고 아침밥 준비를 한다. 그것은 약 10년 전까지 그 시간에 일어나 밭에 갈 준비를 해야했던 습관이 남아있기 때문이다. 그 때는 걸어서 밭에 가야만 했고 멀리 떨어진 밭에는 무거운 짐을 지고 가야했기 때문에 1시간 정도가 걸렸다. 그러나 지금은 냉장고와 가스레인지는 물론 경운기도 있어 가장 바쁜 시기를 제외하면 그 시간에 일어나도 식사 준비를 따로 하지 않아도 되지만 저절로 눈이 떠진다고 한다. 이는 40대 정도까지의 여자들의 습관이기도 하였다. 일어나면 부엌의 전기를 켜기 때문에 누가 일어나 있었는지가 그 날의 화제가 된다.

요즘 P씨의 하루 일과는, 특별히 바쁜 일이 없으면 아침밥은 7시에서 8시 사이에 끝마쳐 밭에 갔다가 점심시간에 집에 돌아와 밥을 먹고 다시 저녁까지 밭에서 일하는 것이다. 밭일이 없을 때에는 집에서 다음 작업 준비를 하거나 시기에 따라 산에 가서 고사리를 꺾어 제사용으로 저장해 두거나 바다에 나가 조개나 해초를 채취하여 반찬을 하기도 한다. 저녁 식사를 끝마치면 마음이 맞는 동료끼리 모여 놀기도 하고 다른 사람의 밭일이나 농산물 소개, 농산물 판매 등 다른 돈 벌 궁리를 한다. 또는 일할 사람을 모집하거나 제사가 있는 집에 도와주러 가기도 한다. 마을에서 농어업을 하며 생활하는 여자들의 일상에 그다지 큰 차이는 없다. 차이가 있다면 가족 중에 물질하는 사람이 있는 경우, 제사가 많은 집, 밭에서 재배하는 작물의 경작지의 크기, 그리고 연령 등에 의해 바쁨에 차이가 있을 뿐이다. 마을 사람들이 1년간 밭과 바다에서 하는 일의 리듬은 표

표 4-3 행원리의 1년간(밭농사와 바닷일)

	1	2	3	4	5	6	7	8	9	10	11	12
농작물	깨수확						콩작부			콩수확		깨수확
	당근수확				깨작부							유채작부
					녹두작부		유채수확		녹두수확			당근수확
			방풍작부	당근작부	마늘수확			마늘작부		방풍수확		
	감귤수확			잡초뽑기								감귤수확
해산물		톳	우무가사리	청각채		소라·전복 금어				소라·전복 해금		
		성게										

주: 이 표는 음력으로 작성함.

4-3과 같다.

·밭농사

제주도의 농업은 섬 안에서도 지질, 바람, 물 그리고 유통에 따라 지역마다 재배되는 작물이 다르다. 제주시를 기점으로 섬을 오른쪽으로 돌며 일주하다 보면 북동쪽으로 갈수록 양파와 마늘이 주요작물임을 알 수 있다. 그 다음이 당근이다. 그리고 남부지역에는 감귤나무만 눈에 뜬다. 남서지역에는 제주에서 유일하게 평야지대가 있으며 고구마와 참깨가 주로 재배되고 북서지역에는 양배추가 많다. 감귤농사는 현재 제주 여러 지역에서 시험재배되고 있다. 감귤밭 이외에는 거의 이모작으로 양파·마늘 수확 후에는 콩이나 녹두, 고구마·참깨 수확 후에는 배추나 무를 경작한다.

행원리의 경우 농사일의 리듬은 마늘을 중심으로 돌아간다. 마늘은 1970년대부터 양산화가 시작되었다. 70년대까지는 콩이나 양파의 양산화를 시도하기도 했으나 행원리 토지에는 마늘이 가장 적합하였다. 물론 마을 안에서도 마늘이 잘 자라지 않는 밭도 있다. 마늘 심기는 추석이 지나면 시작된다. 농사 기간 중 가장 바쁜 시기이다. 그 해 심을 마늘의 양은 전년도의 가격과 날씨를 기본으로 하며 매년 달라진다. 자기 밭에 마늘을 심기 전후에는 다른 밭에 가서 도와주거나 일당을 받고 일하기도 하고, 근처의 양파 작업을 하면서 돈을 벌기도 한다. 그런 일이 끝나면 남부지역이 감귤 수확기에 들어가는데 길면 한 달 정도 감귤 농가에 묵으면서 돈을 번다. 또 당근 수확시기이기 때문에 당근 작업을 하러 가는 사람도 있다. 겨울철에 다른 마을 밭에서 열심히 일하여 돈을 모아 명절(음력 정월)을 맞이한다. 그 후 여름철에 수확할 콩이나 녹두를 파종하고 봄에는 당근 씨를 뿌린다. 그 사이에는 날이 풀리면서 자라나는 잡초를 제거하거나 가을에 심을 마늘을 한쪽 한쪽씩 쪼개는 작업을 한다. 농작물 판매경로에는 네 가지가 있다. 농협이나 시장에 도매하기, 개인이 직접 판매하기 그리고 암거래이다.

밭농사일은 남녀에 따라 다르다. 최근에는 기계화가 되어 있어 남자들은 주로 경운기 운전, 밭 경작, 종자류·농약·비료·수확물의 운반이나 밭에 가는 사람들 데려다 주기, 판매 여부를 판단하고 교섭하는 일을 한다. 여자들은 씨 뿌리기·심기, 농약 살포, 잡초 제거, 수확, 인부 확보, 밭에서의 식사 준비 등을 맡는다. 다른 마을에 가서 밭일을 하면 남자는 하루 4만 원, 여자는 2만 원을 받는다. 경운기로 밭을 갈아주면 하루 10만 원을 받지만 일은 그리 많지 않고, 여자들이 하는 수확 일은 가을과 겨울에도 끊임없이 계속된다.

· 바다에서 하는 일

명절이 끝나고 초봄까지는 육지보다도 오히려 바다에서 하는 일이 바쁘다. 음력 정월 15일부터 2월 15일까지는 톳채취 해금기간이고 음력 3월 15일에서 한 달 정도가 우뭇가사리 채취 기간이다. 식민지 시기부터 상품화되어 해방 후에는 군납품으로도 왕성했던 미역 채취는 휴전이 시작된 1960년대에 들어서 군납이 단절되었다. 그리고 양식 미역이 늘어나면서 자연산 미역은 가격이 비싸져 쇠퇴하였다. 밭작물이 환금성 있는 작물로 양산화되기 시작한 시기이기도 했다. 바다에 들어갈 수 있는 날은 잠수작업이든 해초 채취든 오전 간조 때만으로 1개월 중 15일 전후이다. 이것은 1961년에 만들어진 수산협동조합의 노력에 의한 것으로, 수산자원의 보호를 위해 법률로 정해졌다.

1970년대부터 상품화된 톳과 우뭇가사리는 섬 어느 곳에서나 똑같이 자라는 것이 아니라 바다의 지형과 해류에 좌우된다. 행원리에서는 톳이 우뭇가사리보다 잘 자란다. 그래서 톳은 마을 전체에서 관리하고 채취하여 판매되며 우뭇가사리는 수산공동조합의 마을 단위 조직인 어촌계에 가입한 사람만이 채취할 수 있게 되었다.

톳 채취인 경우에는 각 '집'에서 반드시 1명에서 2명이 참가해야 할 의무가 있다(4장 말미 사진 4-2). 먼저 각 동을 관리하는 조합장에게 신고한다. 참가하지 못 할 경우에는 1일 노동 부담에 해당하는 2만원을 벌금으로 낸다. 이 때 '집'은 과세 대상인 세대의 의미가 아니다. 부모와 자식 간이라도 독립하여 따로 살고 있어도 하나의 '집'으로 간주된다.[20] 마을 6개의 동, '조합'이라고도 불리는 각 동이 2동씩 조를 이루어 채취하기 때문에 바다를 3곳으로 나누어 2년마다 구역을 바꾸어 작업한다. 여자는 채취하고 남자는 운반하는 역할분담이 있으며, 운반용으로 경운기를 가져온 사람에게는 1일 12만 원이 배당된다.

채취한 톳은 조합장의 지시에 따라 조합 별로 마을 주변의 도로나 광장에 널어서 말린다. 건조 후에는 봉지에 넣는 작업까지 조합별로 하고, 마을 전체에서 수협에 도매한다. 수익에서 마을의 행정비·어촌계 회비를 뺀

---

20 여기서의 '집'이란 주거가 별도이고 생계를 따로 꾸려나가더라도 부모 자식 관계라면 하나의 '집'으로 간주한다. 그것은 부계혈통친족을 나타내는 '집안'보다 범위가 좁다. 현재 마을에 살고 있는 사람들 가운데 부모자식과 자녀의 가족도 '집'의 구성원이 된다.

나머지를 채취에 참가한 각 집에 균등하게 배분한다. 참가자는 해마다 줄고 있다. 다른 농사일 돈벌이로 바쁘거나 집만 마을에 있고 제주시로 통근하는 사람들인 경우 벌금만 내면 되기 때문이다. 1994년도 수익은 8000만 원으로 가구 수로 말하면 마을 전체 350가구 중 약 절반이 참가하였고 배당금은 30만 원이었다.

우뭇가사리는 어촌계 가입자만이 채취할 수 있다(4장 말미 사진 4-3). 어촌계원은 1993년 시점, 180가구로 어선이 있는 남자와 양어장을 하고 있는 외부인을 제외하면 여자들이 가입자이다. 그래서 예를 들면 어머니가 가입자인 경우, 우뭇가사리 채취 기간에 딸이나 며느리가 바다에 들어가도 상관없다. 채취한 우뭇가사리를 집까지 운반해야 하는데 여자 혼자서 두 가지 일을 하기는 힘들다. 그래서 가족이나 친척 중의 남자가 운반역으로서 참가하기도 하지만 그런 사람이 없을 때에는 이웃에 사는 남자에게 부탁하고 전후에 노동이나 물건, 금전 등 무엇으로든 대가를 지불한다. 우뭇가사리도 바다를 3개로 나누어 하루씩 구역을 바꾸면서 채취한다. 우뭇가사리인 경우에는 어촌계에서 양식하는 바다가 있어 거기서 채취한 것은 공동수익으로 계량하고 출하된다. 그렇게 '양식 바다'에서 작업이 끝나면 나머지는 개인의 채취량에 따라 수익이 증가한다. 이때에는 얕은 바다에서도 채취할 수 있기 때문에 평소 물질을 하지 않는 여자도 물에 들어갈 수 있다. 우뭇가사리는 수협에 도매하거나 암거래가 이루어지는 경우가 있다.

바다에서 하는 또 하나의 일이 물질이다. 요즘에 물질을 하는 사람을 보면 최고령이 75세, 최연소가 36세이다. 일 년 내내 거의 쉬는 날 없이 계속되는 고된 일이다. 음력 7월부터 8월은 소라의 산란기로 금채기간이다. 소라 이외에는 한 달에 2주일씩 바다에 들어간다. 물질에 종사하는 사람은 해마다 줄고 있으며 행원리에서는 많은 경우에는 130명 정도가 물에 들어간다. 실력이 좋아 많이 잡는 사람일수록 운반을 도와 줄 남자가 필요하다. 1년 중 가을과 겨울은 전복과 소라가 주요 해산물이다. 그 외 기간은 성게·문어·해삼·굴맹이를 잡는다. 가을과 겨울에 물질에 열심인 사람은 농사일을 함께 하는 것이 힘들지만, 한번 얻는 수익이 바다에서가 많기 때문에 물질에 능숙하고 체력이 있는 사람은 바다에서 하는 일을 우선시한다.

4. 내부세계를 창조하는 다양한 경계

마을의 일을 위해 개인이 행동하는 예로는 앞서 본 톳채취와 관혼상제가 있다. 평소에는 그때그때 생기는 일과 친목 등 여러 가지 관계에 의해 다양한 유대가 형성된다. 나는 행원리에 거주한 최초의 일본인이었다. 초기에는 마을 사람과 마을 외부 사람이라는 느낌이었다. 시간의 흐름에 따라 K씨·P씨 부부 집을 빌려 살게 되면서 두 사람의 딸이라고 불리는 일도 생겨났다. 그러면서 자연히 집이 있는 상동 사람들을 비롯하여 K씨·P 씨가 자주 만나는 사람들과 보내는 일이 많아졌다. 그런데 현재의 상동보다도 넓은 상동이 해방 전까지 있었고 그 호칭도 다르다는 것을 알게 되었다.

해방 전까지 마을은 윗동네와 아랫동네로 나뉘어 있었던 만큼 50대 후반까지의 연배 사람들은 대부분 '윗동네'와 '알동네'로 구분해 부른다(지도 4-5). 그리고 이 구별은 마을 전체의 행동에 관련된 관혼상제 중에서도 특히 장례식과 관계가 있다. 장례식 때 관을 싣고 묘지까지 가는 가마가 있다. 그런데 가마를 관리하는 공동조직인 '상여접'[21]이 이 구분에 따라 윗동네, 알동네에 각각 하나씩 있다. 그런 까닭에 윗동네에서 상여접에 가입한 집의 남자들(거의 모든 집이 가입했다고 할 수 있다)은 상여를 만드는

---

21 마을 사람의 설명으로는 '접'은 '제'의 옛 표현. 자세한 내용은 6장을 참조할 것.

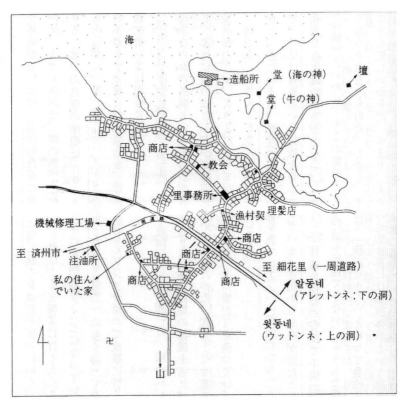

지도 4-5 윗동네 알동네의 경계

데 참가하는 것이 의무이다.

　그리고 예를 들어, 상가 집이 있는 윗동네가 현재의 '상동'과 중복된 경우, 윗동네 남자들이 초상집에서 먹을 돼지를 바다에서 도축하는 일과 묘지조성에 참가하는 일은 당연한 것이다. 여자들이 할 일은 초상이 났을 때부터 하관까지의 식사를 준비하는 것이다. 이때 모이는 여자들은 망자의 집 사정에 따라 다르다. 마을에 가족이나 친척이 많으면 자신의 일을 하는 틈틈이 같은 동네 여자들이 도와주러 온다. 가족이나 친척이 적으면 친목회의 동료나 잠수 동료가 도와준다. 그리고 농사일을 주로 하는 사람들 집에 상이 났을 때에는 같이 돈을 벌러 가는 사람들이 적당히 교대하

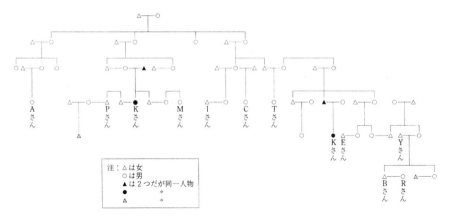

그림 4-2 행원리에서 K씨와 관련된 사람들의 일부

면서 식사 당번을 해준다. 장지에서의 식사 준비는 윗동네 여자들이 하기로 되어있다. 마을의 모든 사람들이 상갓집에 관이 있는 기간 중에 한 번씩 '부조금(축의금이나 부의금)'을 가지고 식사를 하러 가는 일은 당연한 것이다. 결혼식 후에 하는 피로연에 갈 때에도 장례식 때와 마찬가지로 부조금을 가지고 식사하러 간다. 그리고 도와주는 단계에서도 남녀의 역할과 모임 방법은 동일하다.

"마을 사람들은 모두가 친척이야"라는 말을 자주 들었다. 확실히 아버지 쪽과 어머니 쪽을 차례차례로 따져가다 보면 부계인지 모계인지 구별을 할 수 없게 된다. 아마 성의 표식을 찾아가다 보면 부계라고 할 수 있겠지만 관계를 보면 정말로 마을 대부분의 사람들이 친척이라고 말할 수 있다. 그림 4-2를 보면 K씨의 장모와의 관계는 성으로는 부계이지만 K씨에게 있어서는 모계 쪽이 된다. 그 관계를 더듬어가다 보면 T씨, C씨, A씨, Y씨, M씨, I씨, E씨 모두 친척이다.

하지만 반대로 평소의 교제를 보고 있으면, '친척이기 때문에'라는 어투는 항상 유효한 것은 아니라는 점을 알 수 있다. 마을에는 이장이라는 행정상의 수장이 있다. 이씨 집안에서 이장이 나왔다고 해도 어머니가 김

제4장 제주도 마을의 일상생활 **169**

씨라면 김씨 집안 연장자들 앞에서 큰 소리를 못 친다. 그뿐만이 아니다. 외척의 조모가 안씨지만 어릴 적에 돌봐주었다고 하면 '우리 손자', '우리 조카'라고 부르기 때문에 그 쪽 집안사람들의 말도 무시할 수 없다. 이러한 미세한 관계는 그 사람의 하나의 속성으로 자를래야 자를 수 없는 것이다. 그러나 그렇다고 '친척이기 때문에'라고 해서 농사일이 바쁠 때에 도와줄 수는 없다. 자신의 일도 바쁘기 때문이다. 말하자면, 사람들의 생활세계에는 친족체계라는 구조는 있지만 실제 생활은 그 이외의 관계를 생성해가면서 성립되는 것이다. 예를 들면 잠수끼리는 같은 동네(동), 동세대라는 지속적인 관계가 성립되어 있다. 또한 어느 해에 같은 당근 밭에서 돈을 벌었던 사람끼리 혹은 일본에 가게 된 사람끼리 각각 밭일을 서로 도와주거나 가끔씩 들른 집에서 이야기가 맞아 상대방의 밭일을 해주거나(6장에서 다루겠다) 하는 즉흥적인 관계가 만들어진다. 이런 즉흥적인 관계는 상황에 따라 임기응변적으로 변경된다.

5. 교착하는 개인의 생활사

이쯤해서 행원리에서 지금 생활하는 사람들이 살아온 길을 살펴보자. 그들이 살아온 길은 행원리에서의 생활이라는 면에서는 각각 중복된다. 거기까지 도달하는 여정은 그때그때의 시대상황과 맞물린다. 일제시대에는 S씨처럼 개인의 판단으로 오사카에 건너간 경우가 있다. 그리고 T집안사람들처럼 모여서 일과 주거 문제에 대처하는 경우도 있다. 해방 후에 혼자서 '밀항'을 시도했던 M씨처럼 행동에 나서는 사람도 있다. 마을이나 오사카에서 일과 친목 모임을 만들기도 있다(6·7장에서 다루겠다). 역사적 구조화 속에서 사람들은 개개의 주체적인 선택으로 살아왔다. 그 선택이 마을에 머물거나 아니면 마을을 떠나는 것이기도 했다. 나는 K씨·P씨 부부와 함께 생활하면서 다양한 형태로 두 사람과 관련된 사람들의 생활사를 들었다. 그러한 개개인의 생활사를 몇 가지 살펴보면서 지금에 이르게 된 행원리의 여정을 다시 한 번 보도록 하겠다(인물개요표 4장 말미 표 4-4).

K씨는 1930년 행원리에서 K집안의 '큰집', 즉 직계 장남 집에서 태어 났다. 본인은 차남이었지만 아버지가 장남이었고 그의 형제들이 4·3 때 사망했기 때문에 아버지 제사는 그의 몫이었다. 같은 마을에 산다고 하지 만 K집안사람들이 모이는 것은 명절과 추석, 추석 전에 하는 벌초 그리고 결혼식과 장례식 정도였다. 집안사람들 중에 자주 만나는 사람은 근처에 사는 J씨였다. J씨는 90세로 혼자 생활한다. 그녀는 제주 남동지역에 위치 한 수원리출신이다. 남편이 K집안사람으로 해방 전에 결혼하였으나 생활 이 어려워 1932년에 오사카로 갔다. 해방 후 행원리에 돌아왔지만 1948 년에 일어난 4·3사건으로 남편을 잃었고 자녀들은 크면서 모두 마을을 떠나 버렸다. 아들 중 한 명만이 고베에 있는데 어떻게든 연락을 취하고 싶다며 내게 몇 번이나 찾아왔다.

K씨의 아버지는 식민지 시기에 부산을 기지로 한 일본 운반선의 선원 으로 북쪽으로는 사할린, 서쪽으로는 청진까지 갔었다. "그래서인지 집에 는 축음기라든가 무슨 물건인지 알 수 없는 것들이 많이 뒹굴고 있었지" 라며 당시 아버지가 귀향할 때 가지고 온 외부 물건에 대해 K씨가 말해 주었다. 어머니는 상군[22] 잠수로 육지 해안으로 돈 벌러 떠났다. 다른 집 도 마찬가지였지만 일을 할 수 있었던 사람들은 봄과 여름에는 돈을 벌기 위해 마을을 떠났고 아이들을 돌보거나 밭일은 조부모가 하였다. K씨의 아버지는 뱃일을 하며 모은 돈으로 김녕리 사람과 공동분담하여 탈곡공 장을 마을에서 시작하였다.

객지벌이를 떠난 경우에는 K씨의 아버지처럼 선원이 되는 경우도 있었 고 일본으로 건너가는 경우도 있었다. K씨의 8촌(종형)인 C씨는 1915년

---

22 잠수들은 수입에 따라 상군, 중군, 하군으로 나뉜다. 자세한 내용은 5장 참조.

생이다. C씨의 어머니 쪽 형제들은 행원리에서 가장 빠른 시기인 1920년 대에 오사카로 갔다. T집안사람들을 의지했던 행원리 사람이 족히 "100 명은 되었다"고 말해 준 사람이 C씨였다. 태어났을 당시, 아버지는 같은 T집안사람을 믿고 아들 셋을 데리고 오사카에 건너갔다는 Y씨는 1937년 7살 때 어머니와 함께 오사카로 갔다. 오사카에서 아버지는 섬유공장에서 일하고 어머니는 '마무리'작업을 하였다. 장남은 밭을 지키기 위해 마을로 돌아갔고 차남은 덴로쿠에서 결혼하여 기계공장을 시작하였다. Y씨는 중학교까지 다녔다. 하지만 제주에서는 10대가 되면 배우는 물질을 적기에 배우지 못했다. 그녀는 해방 전에 공습을 피해 귀향한 후 지금까지도 바다에 들어가고 있지만, "여전히 물질이 서툴러서 잘 잡지 못해"라고 애석해 한다.

C씨 본인도 1930년대 홋카이도 탄광 징용을 피하기 위해 그리고 공부가 하고 싶어 오사카에 갔던 경험이 있다. 도일하는 사람 중에는 일본에서 번 돈으로 제주에서 밭을 장만하는 것이 하나의 목적인 사람도 있었다. K씨의 족은 아버지(숙부)는 식민지 시기에 부산으로 건너가 수산관계 일을 하였고 족은 어머니(숙모)는 쓰시마와 하치조지마 등으로 출가 해녀가 되었다. 족은 어머니는 K씨의 아버지에게 돈을 맡겨 놓았다가 목돈이되면 비옥한 밭을 샀다. 족은 어머니는 연배들 사이에서는 재일 행원리 사람에게나 마을 사람들에게 '모구리 할망'(모구리는 잠수라는 일본어이고 할망은 할머니의 제주 방언)으로 통한다.

K씨의 족은 어머니는 해방 후 일본에 머무는 일이 많아졌다. 장남인 K씨의 사촌 동생(종제·1936년생)은 공부를 하고 싶어 부산에 있는 아버지 곁을 떠나 오사카로 갔다. 그 후 재일 행원리 사람이 운영하는 공장에서 견습생활을 거친 후 자신의 프레스 공장을 갖게 되었다. K씨의 사촌동생은 "우리 할아버지가 옛날에 마을에서 공장을 했던 것을 자랑으로 생각하고 있었기 때문에 나도 일본에서 공장을 세우겠다는 일념으로 열심히 했

다"고 말했다. K씨의 사촌동생, 즉 죽은 어머니의 장남을 믿고 1970년대 들어 죽은 어머니의 둘째 아들(1939년생)이 오사카에 갔고 K씨의 장남도 1988년에 건너갔다. K씨의 사촌동생은 공장을 이을 사람을 찾았지만 그의 동생도 K씨의 장남도 일의 고됨과 속도, 생활환경에 적응할 수 없어서 결국 마을에서 농사를 짓기로 했다.

해방 후에도 다양한 시기에 마을을 떠난 사람들이 있었다. K씨의 죽은 아버지와 Y씨의 남편(1923년생)은 해방 전에 연고가 있었던 부산으로 가서 일자리를 찾은 사람들이다. C씨와 마찬가지로 K씨와 팔촌 형제이지만 C씨와 어머니가 다른 남동생의 부인인 I씨(1938년생)는 오사카에서 태어났다. 오사카에 건너간 부모는 많은 행원리 사람들이 그랬던 것처럼 인쇄공장에서 일했다. 해방 직전 아버지는 형제끼리 설탕 운송선을 경영하면서 시모노세키와 시코쿠로 항해하였다. 해방 후 귀향했지만 4·3으로 아버지를 잃었고 어머니는 직장이 맞지 않아 I씨를 남겨두고 다시 일본으로 건너갔다. 지금도 어머니와 여동생이 도쿄에 있다는 것은 알고 있지만 여동생하고 전화로 연락을 하고 있다. 4·3은 마을의 생활을 변화시켰고 개개인에게 말로 형언할 수 없는 아픔과 어둠을 안겨 주었다.

아버지와 형을 잃은 K씨는 17세에 아버지의 빚을 모두 떠안게 되었다. 시부모가 사망한 Y씨는 마을에 있는 묘지와 밭을 지키기 위해 남편과 함께 부산에서 돌아왔다. 정치적인 이유로 마을을 떠난 사람도 있다. 18세에서 35세까지의 대부분의 남자가 총살당해 여자 혼자의 힘으로 묘지와 자식을 돌본 사람도 있다. 상당히 연령 차가 있는 남자와 결혼해야 했던 사람도 있다. 병역을 거부하고 일본으로 밀항을 시도한 사람도 있다. 목적지 중에 일본은 경제적으로나 정치적으로나 친숙한 곳이었다. K씨의 여동생의 재혼상대는 K씨의 초등학교 1년 선배이자 사이가 좋았던 M씨였다. M씨는, 해방 전 21살에 오사카로 일하러 갔다가 그대로 눌러앉은 형을 연줄로 하여 한국전쟁이 발발하자마자 밀항을 세 번이나 시도했지만 실패했다. 그는 "일본에 가면 어떻게든 되겠지, 그런 생각을 했었지"라고 했다. 해방 후에도 계속되는 힘든 생활 속에서 '큰 집'이라는 이유로 감당해야 하는 제사를 지낼 수가 없던 N씨는, 잠깐 체류할 생각으로 1964년 사카이에 있는 작은 아버지를 믿고 일본으로 건너갔다. 양복 다리미질을 배워 직접 주문도 받게 되었지만 좀 더 돈을 벌기 위해 도쿄로 갔다. 그 곳에서 야키니쿠집·커피숍·게임장으로 사업을 확장해 나갔다. 사업이 성공하고 외국인 등록증도 받아 민단 임원까지 맡게 되었다. 그러나 나이가 들면서 고향에서 죽음을 맞이하고 싶다는 생각으로 1991년 모든 것을 정리하고 귀향하였다. 그 동안 마을에 남아 있던 그의 아내와 자식들의 고생을 마을 사람들은 모두 알고 있었다.

사람들은 해방 후 생활을 꾸려나가기 위해 마을을 떠났다. 그들은 목적지로 일본을 선택했으며 일본으로 건너간 사람들은 남자가 많았다. 여자들은 육지로 물질을 하러 갔다. 특히 이 시기에 육지로 돈 벌러 나간 여자 세대는, "일본어든 한국어든 어중간하게 배워 전혀 글을 몰라. 우리들이 가장 고생한 세대지"라고 한다. 그들의 주장은 "우리들이 배운 것은 물질 뿐이야"라는 것이었다. K씨의 부인인 P씨는 물질을 잘 하지 못한다. 그래서 결혼 전에 한 번 육지로 나가 봤을 뿐 마을의 바다와 밭일을 번갈아 하면서 겨우 살아왔다. 도내에서 감귤과 당근 작업으로 돈을 벌 수 있게 되자 바로 물질을 그만두었다. P씨처럼 남편이 있으면 일손이 많아 물질을 그만두어도 생계를 꾸릴 수 있지만 혼자 사는 여자들은 물질을 그만두고 싶어도 그만둘 수가 없었다. 그런 가운데 1988년 이후 도항자유화가 되면서 젊은 남자들은 한밑천 잡겠다고 도일하였고, 이 세대의 여자들은 물질과 밭일에 대한 부담뿐만 아니라 자녀들의 관혼상제 비용, 본인의 생활비, 장례식 비용 때문에 '친척 일을 도우러' 일본으로 향했다. 하지만 일본으로 갔다고 해서 마을의 밭을 방치해 둘 수는 없었다. 없는 동안에 부탁을 해두거나 맡겨 둘 상대가 필요했다. 이렇듯 마을에만 머물러서는 살아갈 수가 없는 현실 속에서 사람들은 친목회·갑장 모임·제·수눌음 등 상호부조 모임을 고정화시키지 않고 다양하게 만들고 연계해 나가면서 그 시기 그 삶의 현실을 극복해 왔다.

표 4-4 제4장(5)의 인물개요

인물표시	성별	출생연도	출생지
K	男	1931	제주도 행원리
P(K의 부인)	女	1931	제주도 한동리
K의 아버지	男	1895	제주도 행원리
K의 어머니	女	1900	제주도 행원리
K의 장남	男	1957	제주도 행원리
K의 족은아버지	男	1910년경	제주도 행원리
K의 족은어머니	女	1910년경	제주도 행원리
K의 사촌동생(장남)	男	1936	제주도 행원리
K의 사촌동생(차남)	男	1939	제주도 행원리
Y	女	1929	제주도 행원리
Y의 남편	男	1923	제주도 행원리
Y의 아버지	男	1910년경	제주도 행원리
Y의 어머니	女	1910년경	제주도 행원리
Y의 형	男	1920년경	제주도 행원리
J	女	1904	제주도 수원리
J의 아들	男	1935	일본 오사카
D	男	1920년경	제주도 행원리
O(D의 부인)	女	1921	제주도 한림리
O의 아버지	男	1910년경	제주도 한림리
O의 어머니	女	1910년경	제주도 한림리
C	男	1921	제주도 행원리
M	男	1936	제주도 행원리
M의 형	男	1930	제주도 행원리

N	男	1934	제주도 행원리
G	男	1956	제주도 행원리
L	女	1961	제주도 서귀포
R	男	1954	제주도 행원리
B	女	1960	제주도 행원리
V	女	1914	제주도 행원리
Z	女	1945	제주도 행원리
H	女	1933	제주도 월정리
E	女	1933	제주도 행원리
F	女	1948	제주도 한동리
I	女	1940	제주도 행원리
X	女	1920	제주도 행원리
A	男	1933	제주도 행원리
Q	女	1934	제주도 행원리
S	女	1928	제주도 하도리

주: R씨 이후의 사람들은 5장에서 등장하게 된다.

사진 4-1

주: 행원리 마을 주거지 바로 옆으로 펼쳐진 마늘밭. 수확을 마친 여름.

주: 겨울철의 마늘밭.

사진 4-2

주: 바위에 자라는 톳을 간조 시에 호미(낫)로 채취하는 여성들.

주: 여성들이 채취한 톳을 자루에 담아 지게로 바위에 운반하는 남성들.

사진 4-2

주: 채취한 톳을 마을 별로 정해진 장소에 널어 말린다. 사진은 상동에서 채취한 톳으로
   장소는 집들이 모여 있는 곳에서 산으로 향하는 도로 한쪽. 채취한 날짜별로 말린다.
   건조까지 약 1주일. 젖으면 안 되기 때문에 비가 예상 되는 날에는 바로 덮어주어야
   한다.

사진 4-3

주: 우뭇가사리는 솟아나온 바위나 물속 바위에서 자란다. 얕은 물에서 작업하는 사람은 채취한 우뭇가사리를 허리에 매단 '구덕(바구니)'에 넣는다. 물속이나 허리까지 차는 바다에서 작업하는 사람은 고무잠수복을 입고 '망사리(그물)'가 달린 '테왁(부력 도구)'을 가지고 간다.

주: 채취한 우뭇가사리는 그날 중으로 각자가 말린다. 사진은 필자가 채취한 우뭇가사리. 비가 예상되는 날에는 자루에 담아 창고에 보관한다. 건조까지 1주일.

제5장 생활 세계의 가변성
- 생활을 영위하는 행위와 논리 -

마을의 여자들은 거의 매일 밭이나 바다에 간다. K씨에게, "어머니(P씨, K씨 부인)는 어디 가셨어요?" 하고 물으면, "밭에 갔어" 아니면 "돈 벌러 갔어"라는 대답이 돌아온다. '돈 벌러'라고는 하지만 어딘가의 밭에 갔다는 점에는 변함이 없다. 다만, 본인의 밭인 경우에는 '밭에 간다'라는 식으로 말을 한다. 본인 소유의 밭은 살아가기 위해 필요한 최소한의 식량과 현금 수입을 얻을 수 있는 생업의 터전이다.

이러한 '밭에 간다'는 행위에도 단지 농사일을 하러 간다는 의미만 있는 것은 아니다. 예를 들면 결혼식, 즉 '잔칫집'에 가면서도 "오늘은 잔치가 세 밭(곳)디 있저"라고 하거나, "어제 영장밭(장례식장)디 갔다왔저"라고 말하기도 한다. 이렇게 관혼상제와 관련된 일에 관여할 때, 나이가 지긋하신 분들은 '밭'이라는 말을 자주 사용한다. 잔칫집이나 상갓집의 일을 도와주는 것은 마을 사람들의 의무이며 일상생활의 리듬 중 하나이다. 그것은 돌고 돌아 언젠가는 본인에게 돌아오는 오랜 상호부조의 사이클이다. 거기에는 도움을 주고 도움을 받는 관계가 있다. 연령·성별·자격·출신 등의 심사를 통해 성립되는 고용—피고용이라는 상하관계의 세계와는 다르다.

'돈 벌러 간다'는 것은 임노동 현장에 간다는 말이다. 아침 집합 시간에 맞추어 준비를 하고, 감독하는 사람의 시선을 받으며 일을 하여 하루 2만 원을 번다는 마음가짐으로 남의 밭으로 향한다. 그렇다고 해서 P씨가 죽을 둥 살 둥 '돈 벌러 간다'는 것도 아니다. '밭에 간다'는 말은 마치 자신의 숨결이 살아있는 듯한 느낌이 들지만, '돈 벌러 간다'고 하면 '남의 밭에 간다'라는 생각이 든다. 그런 의미에서 '밭에 간다'와 '돈 벌러 간다'는 말의 차이는 실제로 밭에 가는가에 따라 구분되는 것은 아니다. 생활하는 과정에서 일의 종류가 무엇이며, 장소가 어디인가의 차이인 것이다. 나는 이처럼 밭에 간다고 하는 같은 말에도 임노동 현장과 생업의 터전으로 구별하여 말하는 방식에 흥미를 갖게 되었다.

마을의 일상적인 대화를 듣고 있으면 '돈벌이'에 관한 이야기가 압도적으로 많다. 돈 벌러 가는 곳은 마을 안의 남의 밭뿐만이 아니다. 여자들의 경우에는 다른 마을의 밭에 가는 사람, 시장에서 장사를 하는 사람, 육지부로 물질을 가는 사람들이 있다. 마을에서는 여자 인력을 모집하는 경우가 확실하게 많다. 남자인 경우, 당근 밭이나 감귤 밭에서의 운반이나 남의 밭 경작, 그리고 '노가다'(앞에 설명되어 있음)[1]로 통용되는 토목작업이 있지만, 그래도 여자들에 비해 기회가 많지 않다. 이러한 상황을 범형화한 듯한 '제주도 여자들은 부지런히 일하는데 남자들은 놀기만 한다'라는 말을 자주 들었다. 그리고 그러한 제주도 여자의 강인함의 대명사로 잠수(해녀)를 거론한다. 마을에 거주하면서 보니, 열심히 일하는 여자들의 모습이 확실히 눈에 띈다. 그런데 실제로 밭이나 바다에서 남자들이 할 일은 그리 많지 않다. K씨와 마늘종을 따면서[2] 나눈 이야기가 인상적이다.

---

1 마을에서 생활하다보면 다양한 일본어를 만나게 된다. 하시, 사라, 즈봉, 단스, 우와기, 다비, 몸뻬, 텐구사 등과 같은 식민지 시기에 도입된 언어가 있다. 나이가 든 여성들은 지금도 명절이라 부르는 일본의 쇼가쓰(正月)에는 다른 집으로 갈 때 '소가쓰(쇼가쓰) 먹으러 가게(명절 먹으로 가자)'하고 말을 건넨다. 또 1989년 여행자유화가 되고 나서 일본에 가는 사람이 늘면서, 그 무렵에 일본에 왕래하는 사람들이 가져 온 말도 있다. 노가다(土方)도 그중 하나이며, 그 밖에도 오이코시, 노리카에, 벤또, 이치카바치카, 시아게 등이 있다. 예를 들면 '혼저 시아게 허라게=서둘러 마무리해' 처럼 일본어가 섞인 말을 쓰는 것이 드물지 않다. 노가다라는 말이 널리 쓰이는 것은 일본에 갔던 사람들이 돈을 벌기 위해 했던 일이 일용직이 되어버리는 현실을 반영하고 있다. 사람들의 이동과 언어에 대해서는 (이지치, 1996) 참조

2 마늘은 추석이 끝나면 파종을 시작한다. 그리고 봄이 되면 싹이 점점 올라온다. 그때 올라오는 싹을 가위로 싹둑싹둑 하나씩 잘라낸다. 그러면 자라는 힘이 뿌리 쪽으로 향하게 되어 상품이 되는 뿌리 부분이 커진다고 한다. 이 일은 다른 일을 하는 틈틈이 한다. 서로 돌아가며 마늘종을 따준다. 계속 하고 있으면 허리가 아파온다. 그래도 다른 사람과 함께 하면 얘기하면서 일할 수 있어서 기분전환이

그는, "이런 자잘한 일은 여자들이 하는 건데, 어머니는 돈 벌러 갔고 내가 한가하니까, 그래서 하는 거야"라며 말을 시작했다. 내가 "제주 여자들은 일을 잘한다고 들었는데요"라고 하자, "옛날 어려웠던 시절에는 일에 남자, 여자 구분이 없었어. 그런 말을 할 수 있는 상황이 아니었어"라고 했다.

이 장에서는 세심한 실천이 반복되는 생활 세계를 살펴보겠다. 일상의 생활세계는 역사적으로 구조화되어 왔다. 따라서 이번 5장에서는 생활 세계를 임노동 참가의 측면과 공동체 참여라는 측면에서, 구조화와 사람들이 창출해내는 즉흥성과의 관련을 고찰해 가면서 구조화와 즉흥성이 교착하는 가운데 생활세계가 실체화되는 과정을 살펴보겠다. 그 과정에는 사람들이 구조화의 힘을 조종하는 창조적인 삶이 엮어져 있다.

된다. 마늘종은 그 시기의 반찬으로도 쓰인다. 마을이나 시의 오일장에서는 할머니들이 '도시에 사는 사람들은 돈을 주고 사가니까'라면서 마늘종을 팔고 있다. 이런 자잘한 야채장사는 계절마다 재배하는 야채가 있기 때문에 가능하다.

제1절 노동과 대가

1. 일상세계와 임노동

마을에 정착한 지 얼마 지나지 않아 콩 수확기를 맞이했다. K씨·P씨, 그리고 마을 산 쪽에 살고 있는 아들 부부와 함께 수확을 도와주러 갔다.[3] 일을 마치고 며칠이 지나 이웃 아주머니 집에 놀러갔을 때, 일한 만큼 내가 돈을 받았는지가 화제가 되었다. 그 후에도 내가 밭에 가면 '도와주는 것이니까'라는 경우와 '일을 했으니까 돈을 받아야지'라는 경우가 있었다. 나는, 오로지 돈 버는 일에만 열심인 사람들인가라는 생각도 했었다.

그런데 P씨와 큰 아들 며느리와 함께 내가 마늘밭에서 김매기를 하고 있을 때, 이미 일할 차림으로 와 있던 K씨 옆집에 사는 Z씨(1945년생)는 점심을 같이 먹었을 뿐, "우리 밭일은 모레 할 테니까"라는 말만 하고는 돌아가 버렸다. 그리고 이웃인 R씨(남·1954년생)·B씨(여·1960년생)의 방풍

---

3 콩은 음력 7~8월에 씨를 뿌린다. 이때는 혼자서도 할 수 있다. 일손이 필요한 것은 수확기인 음력 9~10월이며, 반드시 하루에 수확을 끝내야하는 것은 아니다. 익은 콩을 베어내는 건 호미라고 부르는 낫을 쥐고 쪼그려 앉아 하는 일이다. K씨 부부와 장남부부, 나, 이렇게 다섯 사람이 약 400평 정도의 밭 하나를 베어내는데 아침 8시 무렵부터 저녁 5시까지 걸렸다. 베어낸 콩 줄기는 탈곡기로 탈곡한다. 탈곡기는 3년쯤 전에 K씨와, K씨와 친한 외가 쪽 8촌 종제와 근처에 사는 J씨, 이렇게 셋이 출자해서 구입했다. 그래서 순서를 정해 사용한다. 예전에는 손에 아주 긴 막대기(도리깨)를 쥐고 콩이 나오도록 내려쳐서 수확을 했었다.

(약초)밭[4]에 갔을 때였다. 일을 하러 온 마을 여자들이 5명 있었는데 그중 최고령은 V씨(1914년생)였다. V씨는 B씨의 아버지의 사촌 성님(종형)의 부인으로, 13촌이나 11촌까지 가까운 친척이라는 관계에서 보면 매우 가까운 친척인 셈이다.

R씨는 "저 할머니는 이제는 나이가 들어 다른 곳에서는 써주지 않아. 우리 일을 하면 생활비에 보탬이 되잖아"라며 인부로 쓴 이유를 말해 주었다. 한편, 밭에서 V씨는 "B는 우리 조케(질녀)[5]니까 도와주는 것이 당연한 일이지. 그런데 이렇게 바쁜데 어째서 Y씨(B씨의 어머니)는 한 번도 안 오지?"라는 말을 했다. Y씨와 나중에 만났을 때, 내가 B씨 밭에 갔었던 말을 했더니 그녀는 "난 내 일로 바빠. 그런데 B네 밭에는 누가 있었지?" 라고 물어보았다. 내가 설명을 하자, "그래, 잘 됐네. 사돈 밭이니까 내 일이 일단락되면 가봐야지"라고 했다. 그리고서 마지막 날 하루 갔다 와서는 "이 정도 하면 됐어"라고 했다.

R씨·B씨 부부에게 V씨는 아내 B씨의 친척이다. 마을의 생활을 보고 있으면, '한국은 유교 문화이기 때문에 부계혈통주의'라고 하는데, 꼭 그렇지만은 않다는 것을 느낄 수 있다. 제주도의 친족 제도는 육지와는 달리 부모양계혈통주의라고 한다. 한국어에는 부계의 친척을 표현하는 말에 '친척'과 '집안'이 있다. 그런데, 제주도에는 이런 두 가지 표현과 함께 부

---

4 방풍은 중풍의 치료약이다. 음력 2~3월에 씨를 뿌리고 수확은 음력 11~12월경에 한다. 방풍은 생강처럼 땅 속 깊숙이 파야 나온다. 도구는 골갱이라 부르는 농기구로 손에 잡는 작은 호미와 같은 느낌이다. 하나하나 파려면 시간이 많이 걸리기 때문에 B씨의 형에게 부탁하여 대형 경운기로 땅을 갈아엎었으나 바위가 많아 결국 손으로 파야 했다. R씨는 마을에서 유일하게 방풍을 많이 재배하고 있다. 수확기에는 R씨, B씨 외에 대여섯 명의 일손이 더 필요하다. 그 정도 일할 사람이 있으면 가장 작은 밭을 하루에 마칠 수 있다. R씨 밭의 크기는 다양하여, 500평 정도부터 1,000평 정도까지 있다. 수확에 걸리는 날짜와 지불할 임금을 계산하여 능숙한 사람에게 부탁한다.

5 제주어의 호칭, 표준어로는 '조카'이다.

모 양쪽을 포함한 '궨당'이라는 말이 있다. 밭일이나 관혼상제와 관련된 일이 있을 때, 부계·모계 따지지 않고 도와주는 것은 분명하다. B씨의 어머니가 사용한 '사돈(인척)이니까'라는 말은 당연하게 쓰인다. 그러나 언제, 어떤 상황에서든 '궨당이니까', '사돈이니까'라는 말이 유효한 것은 아니다. 지금 60대까지는 마을 내 결혼과 이웃 마을 사람끼리 결혼하는 일이 빈번해, '마을의 모든 사람이 친척'이라는 말에는 확신이 든다. 그런 점에서 11촌이나 13촌까지 가까운 친척이라는 말은 명절이나 추석 때 서로 방문하는 범위의 기준이라고도 할 수 있다.

또한 전혀 모르는 사람끼리라도 어떠한 관련이나 친척 관계를 찾게 되면 바로 '궨당'이 된다. 이런 경우, 확실한 혈연 관계를 입증할 필요는 없다. P씨가 처음으로 일하러 간 감귤 밭 주인은 P씨 조카의 결혼상대자의 친척이었다. 그러한 사실을 알고 나서 특별한 왕래나 상호교류는 없었지만, 감귤수확기에 일을 부탁하는 전화를 받게 되면 '알았어요, 우리는 궨당이잖아요'라고 응하였다. 그것이 서로에게 친근감을 불러 일으켜, 일에 대한 이야기를 할 때 다소 본인의 사정을 말하기가 쉬워진다. 상황이나 형편에 따라 즉흥적이면서 유연한 공동성이 탄생된다. 생활을 영위하는 과정에는 저마다의 관계를 맺는 방식과 서로 무엇을 교환할 것인가하는 다양한 기법이 있는 것 같다.

문화인류학자 이즈미 세이치(泉靖一)는 1936~1937년에 걸쳐 제주도의 자연과 사회, 문화를 종합적으로 조사했다. 그 조사내용에 '노동(일손)의 상호교환'이라고 기술된 '수눌음'이 있다. 그는 수눌음에 대해, 농사일을 중심 대상으로 하는 것이라고 하면서, 집을 지을 때 도와주는 내용도 첨가하고 있다. 그리고 그가 조사한 1935년 무렵부터 '현금으로 노동 임금을 지불하는 경우가 많아지게' 되었고 '상호부조의 정신은 근대적 고용관계로 변해가고 있다'고 지적하였다(이즈미, 1966:153-60).[6]

나는 '수눌음'에 대해 마을 사람들에게 질문을 하였다. 어떻게 수눌음이 성립되는지 알고 싶었기 때문이다. 그런데 대답은 제각각이었다. H씨(여·1933년생)는 "본인이 한가할 때 본인 입으로 도와주겠다고 하면 돈은 못 받아. 바쁜 사람이 도움이 필요해서 다른 사람에게 도와달라고 하면 돈을 줘야 하지"라며, 말을 거는 상황에 따라서 임노동으로 바뀐다는 점을 가르쳐 주었다.

리사무소에 근무하는 24세 여성은 "서로 도와주는 것"이라고 했다. 이즈미가 말한 정식적인 답에 가까웠지만, 구체적으로 누구와 어떻게 도움을 주고받는지는 그녀 자신도 확실히 모르는 것 같았다.

상점을 운영하는 삼춘(남·1930년생)은 "장례식도 결혼식 잔치도 마을 사람이 모두 함께 준비하잖아. 그것도 수눌음이지. 서로 주고받는 것이니까"라면서, 상호교환은 밭일에서만 이루어지는 것이 아니라는 것을 말해 주었다.

일본에서 '하루짱(春子)'이란 이름으로 불렸기 때문에 마을에서도 그대로 '하루짱'으로 통하는 삼춘(여·1937년생)은 "수눌음도 이젠 어려워. 얼마 전에도 잠깐 밭의 김매기를 할 때 옆에서 말을 하면서 했더니, 아무것도 받지 못할 거라고 뒤쪽에서 수군거리는 거야"라면서, 상호교환이라고는 해도 서로의 생각에 차이가 생긴다는 사실을 가르쳐 주었다.

이를테면, 하루 동안 밭의 김매기를 도와준 상대의 밭에 가서 하루 도와준다는 말은 이해하기가 쉽다. 하지만 마을에서 생활하다 보니, 사람들이 서로 도와주는 것은 꼭 농사일이나 육체노동뿐만 아니라 훨씬 다양하다는 생각을 하게 되었다. 그리고 서로 도와줄 경우, 돈을 지불할 것인가

---

6 이즈미(泉)는 수눌음과 일본의 '유이(結い)'를 같은 것으로 취급하고 있다. '유이'는 육지나 일본에서 자주 볼 수 있는 농촌에서의 노동의 협력, 노동교환의 수단이다. 실제로 조, 수수의 파종과 수확, 운반, 돌담 수리, 연마(碾磨)운전, 건축 등은 일손이 일정수준 확보되었을 때 가장 높은 효율을 올릴 수 있다. 이러한 경우 몇 가족이 연합하여 해결하는 것을 제주도에서는 수눌음이라고 부른다(泉, 1966:153).

의 여부만으로 구분해서는 이해하기 어려운 무엇이 있는 것 같았다. 이즈미의 지적대로 '수눌음'을 농사일 등 밖에서의 '노동 교환' 형태로만 파악한다면, 그러한 것은 놓쳐버리게 된다. 그것은 노동과 집안일을 구분할때 생기는 의문과 관계된 것이었다.

'노동'이라고 하면 화폐경제와 직결된 것처럼 보이는 행위이며, 생활전체를 책임지고 있는 대단한 일인 것처럼 평가된다. 한편, 집안일이나이웃끼리의 교류는 '당연한 일'이기 때문에 '노동'이 아니라고 여겨진다. 그렇지만 그것은 인간의 행위를 화폐 환산을 기준으로 측정하고 분리하는 근대 인간들의 측정법 중 하나일 뿐이다. 왜냐하면 사람이 영위하는생활이라고 했을 때, 그 '생활'을 매일매일 만들어 나가기 위한, 또는 만들어 나가는 과정의 세세한 대응이 있기 때문이다. 그런 점에서, 여기서는 임노동으로 연결되기 쉬운 '노동'이라는 말과는 별도로 '일하다'라는말을 통해 생활을 영위하는 방법에 대해 생각해 보겠다. 그중에 '농사일', '김매기', '운반' 등의 분류는 일하는 방식의 단면을 보여줄 수는 있지만, 그러한 분류로는 파악하기 어려운 것도 있다.

사람들이 현금수입을 위해 임노동에 나선 것은 식민지 시기 이후의 일이다. 조세의 금납화, 시장경제의 발달에 따른 상품 유입, 토지 구입 등으로 현금이 필요하게 되었다. 제주사람들에게 현금수입의 원천은 해산물시장에서의 노동과 일본, 특히 오사카에서의 공장 노동이었다. 바다에서는 여자들이 육지부나 일본으로 물질을 떠났다. 남자들은 잠수를 인솔하는 일을 하거나 운반선의 뱃사람이 되었다. 그중에는 K씨의 아버지처럼마을에 공장을 세운 사람, K씨의 작은 어머니처럼 밭을 산 사람도 있다. 그리고 C씨의 아내처럼 하치조지마에서 우뭇가사리 채취로 모은 돈을 여동생의 병을 고친다며 다 써버린 사람도 있다. 여자들은 오사카 공장에서방직공으로 고용되었을 뿐, 다른 공장에서는 남자가 필요했다. 이러한 상황 속에서 일본에서 제주도로 송금하는 액수는 상당히 많았다. 사람들이

식민지 시장경제에 참가하는 과정에서 제주도의 생활 영역에 현금이 유입된 것은 분명하다.[7]

그러나 그것을 지적한다고 해서 그때까지 유지해 온 사람들의 생활이 해체되고, 완전히 식민지 시장경제에 흡수되어 버렸다고 결론을 내릴 수는 없다. 가령, 남의 밭에서 일하고 2냥[8]이라는 현금이 손에 들어왔다고 해도 그 돈은 개인의 상품구입의 금액을 늘리게 할 정도의 액수는 아니다. 화폐는 물물교환의 물건을 매개하는 수단으로서의 역할에 그쳤다. 화폐 그 자체에 가치가 있는 것이 아니라, 목적은 본인 밭에서 재배하지 못하거나 채취하지 못한 생활물자의 교환에 있었다. 여름철 작물과 겨울철 작물을 교환하는 경우, 화폐는 작물이 수확될 때까지의 담보에 지나지 않는다. 조선사를 연구하는 니이노 유타카(新納豊)는 이러한 상황을 '식민지 지배하에서 이식자본주의가 전개되는 가운데 그에 대항해 가면서 식민지 민중이 자기의 재생산을 영위하는 영역'으로서 '민족경제'권이라는 개념으로 이해할 수 있는 가능성을 제시하였다. 니이노가 말하는 '민족경제'권은 다음과 같다.[9]

---

7 식민지 시기의 임노동은 3장에서 다뤘다.

8 대평리의 U씨(93세)가 얘기해 준 1910년대의 상황이다. 둥그렇고 가운데 사각형 구멍이 뚫려있던 통화가 '냥'이며, 5냥이 1전이었다. 100전은 1엔이다.

9 니이노(新納)는 '민족경제'권을 거론하는 경위에 대해 '지금까지 『식민지정책론』, 『지주제론』 등의 연구영역에 있어, 식민지민중은 어느 편인가 하면, 객체로서 언급되는 정도에 그쳤다. 또 『농민운동사』나 『노동운동사』의 영역에서는 그들을 주체로 다루면서도 민중의 일상생활영역에 맞춰 파악하지 못하고 결과적으로 총체적인 민중운동사의 파악도 곤란한 것이 현재상황'이라고 지적했다. 이것은 식민지 경제구조에 연결된다고 하여 니이노는 '민족경제권이라는 개념을 제시하고 있다. 니이노는 민중의 구체적인 관계의 결절점으로서 '장시(시장)'를 들고 있다. 그곳에서 체결되는 다양한 경제활동은 '농민자신이 자기생존을 위한 필요생활물자를 소위 '자급자족적'으로 생산하고 서로 교환하는 재생산기반을 만들어내고 있었던 것이다'. 다만 이 '자급자족'이란 '독립적이고 폐쇄적인 자급자족과는 달리 사회적인 확산이 이루어졌을 때 더욱 추구할 수 있는 것이라 하겠다'(新納, 1983).

'민족경제'권은 식민지 지배로 인해 그 자체가 내포하고 있던 발전 정세를 왜곡시켰다. 그 결과 이것을 기반으로 성장해야 하는 민족자본은 매판화 내지 쇠퇴의 과정을 겪는다. 그러나 본래 '민족경제'를 구성했던 다양한 경제적 제관계 모든 것이 개편·분해된 것이 아니라, 그 일부는 오히려 그러한 사태에 대응해 가면서 식민지 민중이 자기 생존을 위해 영위하는 다양한 경제활동 속으로 계승되어, 그러한 활동 총체에 의해 형태를 갖추게 된 민중적 생활권이라고도 할 수 있다(新納, 1998:97).

예를 들면, 해방 전 행원리에서는 산간 마을인 송당리와 물물교환을 하였다. 송당리의 밭은 메밀이나 무 재배에 적합한 토지로, 보리는 잘 자라지 않았다. 반면, 행원리에서는 보리가 재배되었기 때문에 서로 교환을 해 왔다. 그리고 하모리는 어촌이었던 까닭에 사람들은 잡은 생선을 근처 산간 마을인 행원리 윗마을로 가지고 가서 곡류와 교환하였다. 어촌마을인 대평리 사람들은 조금 높은 산 하나를 넘으면 나오는 창천리, 감산리, 서광리까지 생선을 가지고 갔다. 옥돔 7~8마리로 보리나 조, 메밀 한 말과 바꿀 수 있었다. 또, 제주에서 '자리'라고 부르는 자리돔의 치어가 인기가 있어서, 이 생선을 갖고 갈 때도 있다. 옥돔은 가을과 겨울, 자리는 봄과 여름에 잡힌다. 당시 보리·조·메밀 각각의 한 말 값은 4전이었다고 한다. 4전은 남의 밭에서 열흘간 일해야 모을 수 있는 액수다. 물론 그만큼 현금으로 받을 수 있는 일이 계속 있었을 경우의 얘기다. 하지만 현실은 현금을 우선시하여 움직이는 것은 아니었다. 필요한 것은 먹을 것이었다. 하모리의 74세의 할머니는 '먹을 것을 확보하는 것이 중요했어'라고 얘기한다. 사람들의 일상생활 속에는 이러한 '식민지경제'권과는 다른 '민족경제'권이 살아 숨 쉬고 있었다.

해방 직전의 강제공출시기에는 교환할 종자조차도 바닥을 드러내는 생활에 시달렸으며, 해방 후에도 4·3사건과 한국전쟁을 겪었다. 남북분단

후에야 국가차원의 경제부흥이 시작되었다. 하지만 사람들의 생활을 이어온 원천은 그때 그 현장에 있었던 사람간의 협동과 물물교환 과정에서 형성되는 유연한 상환성이라고 할 수 있었다. 그것은 임금 계산이나 수량 측정으로는 불가능한 관계 본연의 모습을 보여주고 있다.

그러한 상환성의 본연의 모습에서 현금의 왕래가 빈번해진 것은 최근 10년에서 15년 정도이다. 지금 밭일을 하여 받는 하루 일당은 남자 4만 원, 여자 2만원이 일반적인 시세이다.[10] 그전까지는 남의 밭에서 일하면 하루 일당으로 보리나 조 한 되(약 2kg)를 받았다. 이 정도의 양은 이삼일이면 다 사라져버린다. 게다가 남의 밭에서 일할 수 있는 것은 일손이 필요한 수확기 정도였다. 제주의 밭은 하나하나가 넓게 이어져 있지 않다. 필요할 때마다 사람의 손으로 만들 수 있는 범위만큼 돌담으로 둘러쌓았기 때문이다. 그리고 밭농사는 벼농사와는 달리 기본적으로 많은 사람이 한꺼번에 모내기를 할 필요가 없다. 또한, 해방 후의 4·3사건과 한국전쟁으로 많은 사람들이 사망하였고, 생활을 위해 육지나 일본으로 사람들이 떠나버려 마을에는 일손이 없었다. 섬 남부지역에서는 1960년대 후반부터 시작된 감귤재배가 궤도에 오르기 시작하여 막대한 수익을 올리는 사람도 나타나기 시작했다. 행원리는 1990년대에 들어설 무렵까지 부지런히 감귤 밭으로 돈을 벌러 가는 상황이었다.

한국전쟁이 휴전된 1960년 무렵, 군 생활을 마치고 행원리로 돌아온

---

10 남의 밭에 가면 10시 정도에 오전 간식으로 빵이나 떡을 돌린다. 점심으로 각자 도시락을 지참하면 2만 3천원을 받는 경우도 있다. 점심때는 국을 고용주 측에서 준비하는 것이 통례이다. 3시에 다시 간식을 제공하는 곳도 있다. 최근 2, 3년은 당근 밭이나 감귤 밭 일이 늘어 일손이 모자라는 경우도 있기 때문에 간식이나 점심에 내놓는 음식이 변변치 못하면 사람 모으기가 힘들다고 하는 말도 있다. 내가 밭에 갔을 때 제주도자랑이라고 하면서 듣게 된 얘기는, 일단 어떤 밭에 돈벌이하러 갈 약속을 하면 '젊은 사람이건 나이든 사람이건, 일이 능숙하건 서투르건 간에 하루 일한 것은 마찬가지니까 같은 금액의 돈을 받을 수 있다는 것' 이었다.

K씨는 이웃마을 한동리에 사는 P씨와 결혼하여 새로운 생활을 시작했다. 마을로 돌아온 K씨가 맨 먼저 한 일은 밭 만들기였다. 당시 K씨는 30세였다. 마을로 돌아온 같은 또래들이나 어렵게 살아남은 윗 연배 어른들은 현금을 주지 않으면 도와주지 않았다. 모두가 자신의 생계를 꾸리기 위해 여러 가지 일로 바빴기 때문이다. 이런 상태에서는 서로의 노동력을 교환하는 수눌음 등이 성립할 수가 없었다.

그 후, 밭에서 다양한 환금작물 재배를 시도하고, 마늘의 양산이 계속된 80년대가 될 때까지 가장 바쁜 농사철은 4월에서 5월까지의 보리 수확기였다. 그때는 이웃 사람들끼리 서로의 밭을 돌면서 수눌음을 하였다. 당시에는 지불할 돈의 여유도 없어 당일 식사를 제공할 뿐이었다. 하지만 중요한 것은 그날 식사를 할 수 있다는 것이었다.

그리고 농약을 살 여유조차 없었던 때라 잡초를 제거하기 위해 몇 사람이 모여 각자의 밭을 돌면서 일을 하였다. 그런데 그날 모인 사람들에게 줄 돈이나 곡류가 없는 경우가 있었다. 그럴 때는 밭일을 함께 한 사람들 집에 '제사'나 '큰일'이 있으면, 각자가 정해진 양의 좁쌀을 가지고 그 집으로 찾아가는 방법을 취했다. 예를 들어, P씨와 김매기 수눌음을 했을 때는 6명이 한 조가 되어서, 제사나 큰일이 있는 집에 나머지 5명이 한 번씩 좁쌀을 들고 찾아갔다. 분량은 '낭푼(양푼)'[11]이라는 그릇에 가득 담는 것이 기본으로, 가득 채운 낭푼은 한 되인 셈이다. 낭푼은 제주의 독자적인 식습관을 보여주는 그릇이다. 제주에서는 가족이 한 낭푼에 담긴 곡류를 숟가락으로 떠서 먹는다. 그런 만큼 낭푼은 무척이나 친숙한 도구이

11 '낭푼'을 사용하는 습관은 '새마을운동' 때 '뒤떨어진 습관'이라고 간주되어 점차 개별 식기를 사용하게 되었다고 P씨가 설명해 주었다. 그러나 낭푼에 대한 많은 추억이 있다. 생활이 아주 힘들었던 시대에 낭푼에 음식을 담아 함께 나눠먹으며 이겨낸 날들, 많은 식구가 경쟁하듯 투닥거리며 먹던 즐거움. 낭푼에 대한 남다른 애착은 지금도 관혼상제 때에는 거의 이 식기를 사용하고 있는 것에서 느낄 수 있다.

며 마을 누구에게나 통용되는 저울이기도 하다. 이러한 상호부조는 단순히 밭일을 제대로 돌아가게 하기 위해 의도된 것은 아니다. 제삿집에서는 한꺼번에 많은 식량을 소비한다. 평소 그런 일에 대비해서 충분히 비축해 둘 만큼 식량에 여유가 없었다. 그래서 각 집에 있는 좁쌀을 조금씩 모으는 것은 제삿집에서 필요한 식량 분담을 다른 집에서도 담당하는 것이 된다. 이것은 제사가 있는 집으로 차례로 이어져 곤란한 식량 사정을 극복하는 방법으로 활용되었다.

2. 일상적인 일

삶을 영위하는 과정에서는 관혼상제 의식을 치르는 일이나 참가하는 일 또한 농사나 어업과 마찬가지로 중요한 일이었다. 그런 일에도 일손은 필요했다. 특히 상갓집이나 잔칫집에서는 준비하는 날부터 정리하는 날까지 많은 사람이 필요했다.

K씨는 결혼해서 얼마되지 않았을 때부터 같은 해에 태어난 사람끼리 모이는 '동갑회'를 만들자고 마을의 같은 연령대 사람들에게 제안했다. 처음에는 남녀 합해서 30명 정도가 모였다. 그 후 K씨보다 연상인 사람들, 연하인 사람들의 동갑회가 계속해서 만들어졌다.

동갑회 회원이 어떻게 모이고 어떻게 상호간의 협력을 하는지 K씨와 P씨에게 물어 보았다. 같은 동갑회 회원인 두 사람에게 모임은 어떤 의미인지 알고 싶었고 '○○회원'이라는 틀에 묶여 처리되는 이야기에는 개개인의 생각과 판단의 차이가 나타나지 않는다는 의구심이 있었기 때문이다. K씨는 동갑회의 존재에 대해 다음과 말했다.

그것은 친목회 회원 집에 제사가 있으면 가고, 부모 장례식이나 자녀의 결혼식이 있을 때 부조를 들고 가거나 도와주러 가는 거야. 집을 고쳤을 때나 이사 가거나 아팠을 때, 뭐든 모일 이유가 있으면 친목 사람들이 찾아가는 거지. 가면 상대도 오잖아. 친목이라는 것은 큰 일이 났을 때 정말 중요하지.

K씨의 이야기는 '친목이기 때문에'라는 틀을 설정한 말이다. 친목회에 관한 그런 말은 다른 사람에게서도 여러 번 들었다. 그러나 P씨의 말은 그것과는 달랐다. K씨의 부인인 P씨는 이웃 마을 출신이지만, K씨와 나이가 같아서 동갑회 회원이다.

최근에는 아이들도 크고 거의 결혼했기 때문에 동갑회 사람끼리 할 일이 없어. 옛날엔 서로 제삿집에도 다녔는데, 밤 늦게까지 있어야 하고 또 요새는 밤이 되면 금방 졸리기도 해서 힘들어. 다음 날 일하러 가려면 더 그렇지.

옛날엔 제삿집에 가면 쌀을 절구통에서 찧어 가루로 만드는 일부터 했지. 그때부터 사람들이 모여들어. 지금은 떡을 만들어도 먹을 게 많아서 잘 모를 테지만, 옛날엔 제사 때만 먹을 수 있었기 때문에 모인 사람들은 떡을 먹을 때까지는 돌아가지 않았어. 그러니 떡을 만드는 데만 꼬박 하루 걸렸지.

P씨의 말처럼 '같은 나이이기 때문에', '친목회 회원이기 때문에'라고 해서 항상 사람들이 서로 도왔던 것은 아니다. 모임을 만든다는 것은 일손이 필요할 때를 대비해 우선적으로 노동력을 확보해 둔다는 '안심감'이라고 해도 좋을 것이다. 그것은 서로를 강력하게 구속하지는 않는다. 예를 들면, 제사가 있다는 것을 잊어버리는 경우도 있다. 돈을 벌기 위해 마을을 떠나 있어서 관혼상제와 관련된 일에 참가하지 못할 때도 있다. 그럴 경우에는 그것으로 끝난다. 자기 집에 큰 일이 있었을 때 오지 않았

던 상대방이라도 자기가 마을에 있으면 도와주러 간다. 다음에 무슨 일이 일어날지 모르기 때문에 그에 대비하는 사람들 간의 모임인 것이다.

그러나 시대가 지나면서 힘든 생활을 극복하는데 현금거래가 만연하게 되었다. 과거, 제사나 관혼상제와 관련된 일이 있는 날에는 유일하게 쌀밥을 먹을 수 있었으며, 눈치를 보지 않고 당당하게 '놀 수' 있었다. 그곳에서 서로 돌아가면서 상호부조를 함으로써 사람이나 물자가 '있다는 것'에 대한 즐거움과 넉넉함을 동시에 느끼는 순간이 생겨났다. 최근에는 결혼식은 제주시에 있는 식장에서 끝내거나 제삿집에는 아주 가까운 사람들만 가기도 한다. 또, 제사에 필요한 돼지고기나 소고기, 떡 같은 재료는 손쉽게 살 수 있게 되었다. 생활이 어렵고 궁지에 몰린 것 같다는 말은 마을에서 거의 듣지 못했다. 마을 사람들이 부조(축의금이나 부의금)로 현금을 주기도 하여, 그 현금을 가지고 필요한 준비를 하는 일도 가능해졌다.

그런 상황에서, 마을에서 자주 보이는 잔치와는 다른 방식의 잔치가 있었다. 그것은 1997년 11월에 있었던, 내가 사는 상동 E씨(1933년생)의 아들 잔치였다. 마을에서 잔치는 대개 3일간 열린다. 첫째 날은 '돼지 잡는 날', 둘째 날은 '손님들이 먹는 날', 그리고 셋째 날은 '신랑신부가 오는 날'이다. E씨의 자녀는 6명이었다. 남편은 약 20년 전에 일본에 건너간 채로 도쿄에서 돌아오지 않았다. E씨는 혼자서 밭일을 하고 시댁 제사도 하면서 자녀들을 키웠다. 자식들은 모두 마을을 떠나 서울과 제주시에 살고 있다. 이번은 아들 3명 중 막내아들 잔치였다. 장남과 차남은 마을에서 잔치를 했지만, 막내아들 잔치는 결혼식부터 피로연까지 서울에 있는 식장에서 끝냈다. 처음에 E씨는 돈도 들고 하니 더 이상 마을에서는 아무것도 하지 않겠다고 했었다.

하지만 결국 '그렇게 하면 사람들에게 미안하다'고 하여, 잔치를 하루만 하기로 했다. 그것도 신랑도 신부도 없는 잔치였다. 그래도 아들의 결혼을 마을 전체는 아니더라도 친한 사람들에게 알리고, 평상시에는 손이 많이 가 엄두를 못 냈지만, 식사 정도라도 대접하지 않으면 '모두가 섭섭해 한다'는 것이 E씨의 판단이었다. 그것은 어떤 형태로든 이곳에서의 힘든 생활을 극복해 온 동료들과 함께 '자식 키우기'라는 '아주 중요한 일'과 지금까지 자신이 해 온 일에 대해 일단락 짓는 것을 서로 축하하는 회합인 것이다.

당일 아침, E씨의 시댁과 E씨 쪽의 친척 남자들, 그리고 이웃집 남자들 몇 명이서 돼지 한 마리를 도축하러 바다에 갔다. 바다에서 작업하는 이유는 피가 바다로 흘러가고 버린 부분은(거의 없지만) 물고기의 식량이 되기 때문이라고 했다. 그날은 친척은 아니지만 E씨 옆집에 사는 F씨와 E씨의 막내딸이 중심이 되어 음식을 준비하였다. 음식은 삶은 돼지고기, 돼지 뼈와 내장 등을 '몸(모자반)'이라는 해초와 함께 끓인 '몸국', 쌀밥, 그리고 김치였다. 잔치라고 하기에는 무척 간소한 상차림으로 잔칫상에 꼭 갖춰야만 하는 음식을 장만했다는 느낌이었다. 낮에는 특별히 할 일이 없는 남자들이 집 주변이나 집 안에 들어와 어슬렁거리다가 삶은 돼지고기를 안주 삼아 바로 술을 마시기 시작했다. 그때서야 비로소 오늘 무슨 일이 있구나 하는 분위기가 살아났다. 그런 떠들썩함을 보고 잔치가 있다는 것을 알게 된 사람도 있다. E씨 집에 손님들이 모여들기 시작한 것은 여자들이 하루의 일을 끝낸 저녁때였다.

모인 사람들은 대략 마을 전체의 60% 정도로, 상동 근처를 중심으로 한 친숙한 얼굴들이었다. 대부분 몇 명씩 모여서 왔다. 대체적으로 그날 행동을 같이 한 사람이거나 같은 밭에 갔던 사람, 바다에 같이 갔던 사람, 일을 가지 않았던 사람끼리 삼삼오오 모여서 온다. 물론 부조도 잊지 않는다. 그날 행원리의 부조금은 남자 2만원, 여자 1만원이 최저였다. 그 액수보다 더 내는 것은 서로간의 친분을 나타내는 척도이기도 하다. 그날은 특별히 잔치준비를 도와줄 사람이 필요하지 않았기 때문에, 수고한 대가로 건네는 '답례품'은 준비하지 않았다. 모인 사람들은 남자나 여자나 식사만 하고 부조금을 건네고는 이야기를 나누다 돌아갔다.

이처럼, 식사만 한 형식의 잔치는 이 마을에서는 드문 일이다. 잔치를 준비하는데 관련된 사람 수가 최저한도라는 의미에서 보면, 도시에서 연회장을 빌려서 할 잔치를 마을에서 했다는 것과 같다. 자식들이 마을을 떠나 도시에서 생활하게 되고, 과소화라는 현실 속에서 식사만 한 형식은 마을에서 열리는 잔치의 방향성을 모색해보는 하나의 시도였다고 할 수 있다.

이 마을에서 우세한 것은 가능한 한 바쁘지 않은 시기를 골라 3일간 하는 잔치와 3일장이나 5일장으로 치르는 장례. 돈이 되는 일은 아니지만, 그러한 일이 있을 때 참석하는 것을 사람들은 본인의 일과 병행해 가면서 현명하게 대처한다. 그것은 어떤 일을 했으니까 얼마라는 계산과는 다른 셈법이라고 해도 좋을 것이다. 상호부조가 있을 때 단순히 '의무이기 때문에' 또는 '친척이라서', '친목이라서' 라는 이유를 대면서 움직이는 것은 아니다. 상호부조의 관계는 마을의 생활세계를 구성하는 공동체에 대한 참여를 보여주는 것이다. 그러나 사람들은 단지 관습에 따르는 것만이 아니라, 상호부조의 참여를 자신의 생활을 꾸려가는 데에도 활용한다. 예를 들면, 일에 대한 정보, 고민 상담, 울분 토로, 일용품이나 식량 확보, 다른 마을의 근황, TV에서 보고 들은 것을 얘기하면서 의견을 나누고 옳고 그름을 따지는 장으로 활용한다. 이러한 관계는 관습 참가라는 언뜻 보기에 구조화되어 있는 행위를 개개인의 형편에 맞추어 즉흥적으로 활용한다. 그리고 모임 그 자체도 자신을 둘러싼 상황에 대한 판단을 공유하는 장이 되기도 한다. 이러한 완전히 계산할 수 없는 상호교환을 하면서 유연한 관계를 형성하는 사람들의 모습을 다양한 상호부조의 모습에서 엿볼 수 있었다.

제2절 모임(상호부조)과 유대 관계

1. 잔칫집

내가 마을에 체재하고 있던 시기에는 많을 때는 한 달에 다섯 번 정도의 잔치가 있었다. 장례는 많아야 한 달에 두 번 정도였다. 그러나 한 달에 잔치나 장례식이 여러 번 있으면 그와 관련된 일로 꽤 시간을 뺏기는 것은 사실이다. 뿐만 아니라 부조도 자주 해야 한다. 이제 제사인 경우에는 아주 가까운 사람들만 모이고 있다. 따라서 여기서는 마을에서 많은 사람들이 모이는 잔칫집과 상갓집의 모습을 살펴보겠다.

통례적으로 잔치는 3일간 열린다. 잔칫날은 미리 정해져 있기 때문에 마을 사람들도 마음의 준비를 할 수 있다. 첫째 날은 바다에 가서 돼지를 도축한다. 이 일은 잔치가 있는 '동네'에 사는 남자들의 의무다. 특히 젊은 남자와 능숙하게 도축을 할 수 있는 남자는 반드시 가야 한다. 이 작업이 끝나면 잔칫집으로 돌아와 돼지고기를 요리한다. 장작에 불을 지피고 드럼통에 물을 끓여 머리·배 부위의 고기·다리·내장을 넣고 삶는다. 이 일에는 힘이 필요하다. 틈틈이 막 삶은 돼지의 간과 내장을 안주 삼아 술판을 벌인다. 지나가던 남자들도 아무렇지 않게 동석하여 술을 마신다. 천막이 필요할 경우, 천막을 치는 것도 남자의 일이다. 그렇다고 잔칫집에 모인 남자 전원이 단지 일만 하는 것은 아니다. 일하는 사람 옆에서 일하는 방법에 대해 참견을 하거나 묵묵히 보고 있기도 한다. 그런 식으로 그날의 할 일이 끝나면 각자 본인의 일을 하러 집으로 가거나, 같이 어울려 다른 사람 집에 가기도 한다. 아니면 그대로 잔칫집에 남아 어슬 렁거린다.

여자들은 음식 준비와 답례품 분배를 한다. 답례품은 첫째 날부터 매일, 여자들에게 그날 일에 대한 대가로 지급해야 한다. 그래서 그다지 할 일이 없는 사람이나 가족 중에 누군가가 잔칫집에서 정한 물품을 동네에서 좀 더 큰 읍내로 나가는 차가 있을 때 사러 나간다. 품목은 세제·간장·식용유·설탕·인스턴트커피 등, 일상적으로 사용되는 물건이 인기가 있다. 특별한 일이 없는 한, 같은 동네 여자들은 3일 중 한 번은 반드시 얼굴을 내밀기 때문에, 답례품은 각 가정마다 돌아간다. 어린 아기가 있는 사람, 초상집과 그 집에 간 사람, 최근 몸이 안 좋아 몸을 '정양'하고 있는 사람, 다른 곳의 관혼상제 의례와 겹친 사람, 그리고 먼 곳에 돈을 벌러 간 사람은 얼굴을 비추지 못해도 어쩔 수 없는 일로 받아들인다.

상에 올라오는 메뉴는 기본이 정해져 있기 때문에 음식 준비는 거의 모든 집들이 비슷하다(5장 말미 사진 5-1). 음식 별로 담당이 정해져 있으며, 수돗가에는 그릇을 씻을 대야며 식기세제가 준비된다. 야채를 썰고 밥을 짓는다. 국을 끓이고 삶은 돼지고기를 썬다. 감자와 갈치를 튀기고 김치를 잘라 그릇에 담는다. 나물도 그릇에 담는다. 이런 메뉴들은 꼭 준비해야 하는 것으로, 각각의 요리를 하는 주변에는 몇 명씩 항상 대기해 있다(5장 말미 사진 5-2). 설거지와 야채 썰기, 튀김은 젊은 여자들이 담당한다. 밥하기, 국 끓이기, 고기 삶기 그리고 반찬 만들기는 웃어른들의 일이다. 누가 무엇을 할 것인지는 미리 정해지는 것이 아니라, 상황에 맞추어 나눠진다. 손님들에게 음식을 나르는 일은 신랑신부의 친구들이 하는 것으로 정해져 있다.

동네 여자들이 잔칫집에 꼬박 붙어 있는 것은 아니다. 누구네 집 잔치인가에 따라, 그 집의 친척이 어느 정도고, 집 주인의 친목 사람들이 몇 명인지 정도는 검토가 되기 때문에 어느 정도 있어야 하는지 판단할 수 있다. 그래서 일을 마친 다음에 오거나, 아니면 도중에 눈치껏 빠져 나간다. 다만, 하루 온종일 남의 밭에 돈 벌러 가거나 바다에 가지는 않는다. 그렇게 하는 것은 비상식적이다. 잔치가 있다는 사실을 명심하고, 저녁 가장 바쁠 무렵에 얼굴을 내미는 행동 정도는 한다. 잔치가 있을 때에는 돈을 벌러 갈 수는 없지만, 그렇다고 그날 손해를 본 것은 아니다. 잔칫집에 가면 갔다는 그 자체로 무언가를 얻는다.

가장 손쉬운 예가 답례품이다. 이를테면 한 시간이라도 좋다. 고기를 그릇에 담아주는 곳에서 고기를 집어먹으면서 세상 돌아가는 이야기를 하거나, 그 옆에서 고기를 가지러 온 사람에게 '몇 개 필요한가?'라고 말을 하는 일이라도 상관없다. 여하튼 잔칫집에 가면 꼭 답례품을 받고 돌아온다. 도움은 못되었지만, 나는 왕래하는 사람이 적은 시간에 설거지나 음식 나르는 일을 조금 거들었다. 그런데도 동네 여자들은 "노리코, 꼭 답례품을 받아가야 해. 자네도 여기서 살잖아. 일용품이어서 쓸모 있을 거야"라는 말을 자주 했다. 그리고 그녀들은 잔칫집에서 만든 음식을 자기네 집 반찬으로 사용하기 위해 낮과 저녁에 집에 가져간다. 잔칫집은 마을 전체의 부엌이 된다. 다만, 아무 말도 하지 않고 가져가지는 않는다. "우리 아이 먹을 만큼 갖고 간다", "아방(남편)이 집에 있는데 조금 담아줘"라는 식으로 그 자리에 있는 사람들에게 양해를 구한다.

잔칫집에 가서 앉아 있을 뿐, 아무 일도 하지 않는 사람들은 80세 전후의 할머니들이다. 큰일이 있는 집에서는 노인이 사는 집에 한 상 준비하여 가져다주는 것이 일반적이다. 그래도 노인들은 식사를 하거나 얘기를 하기 위해서, 그리고 잔치 모습을 보기 위해 찾아온다. 하지만, 손님들이 식사하는 곳이 아니라, 음식 준비를 하고 있는 부엌이나 창고에 가서 식사를 한다. 또한 노인들이라고 해서 도착한 순간 바로 식사가 준비되는 것은 아니다. 마을 양반집의 가장 나이가 많은 노인으로 발언력이 센 90

세 할머니가 고기를 나누어주는 곳에 앉아서 한 일은 고기를 썰거나 담아
주는 일을 하고 있던 여자와 이야기를 나누는 것이었다.

　　할머니, 옛날에는 어떻게 했는지 모르지만, 우린 물질 가는 대신에
　　여기 와서 열심히 일을 하고 있는데, 아무것도 하지 않은 할머니가 고기
　　까지 잡수시고, 부러워 죽겠어요.

　　무슨 말이야. 난, 옛날에 '속곳'[12] 하나만 입고도 열팔[13]이나 잠수했어.
　　자네들보다도 훨씬 열심히 일했지. 그러니까 이 정도 먹을 자격이 있는
　　거야. 저기, 이 기름기 있는 부분은 늙은이들은 안 먹어. 살코기로 줘.

　서로에게 하고 싶은 말이 끝나자, 그때부터 화제는 옛날에 했던 물질
이야기, 그리고 이번 잔칫집에서 도축한 돼지의 수와 돼지고기의 맛으로
바뀌었다. 그것은 서로의 경력을 아는 사람끼리 나누는 마음 편한 이야기
면서, 주위에 자극을 주는 말이기도 하다. 그리고 남편이 나이가 들어 몸
져 누워있는 집에 사는 할머니가 들어오자마자, '여기, 반찬 좀 준비해주
지 않겠는가'라는 말과 동시에, '할아버지가 계시니까 많이 가지고 가게.
부드러운 부위로 싸줘'라는 목소리가 터져 나왔다. 그 할머니가 돌아간
후, 그 집 할아버지 건강 상태가 화제가 되었다. 이런 식으로 다양한 사연
들이 이야깃거리가 되고, 자신의 처지에 대한 상담이나 밭농사 등으로 대
화가 이어진다. 또 마을에서 멀리 떨어진 섬 남부지역에서 시집 온 젊은
여자들이 우연히 야채 써는 곳으로 모여들자 이번에는 남부지역의 생활

---

12 1970년대 중반 무렵 일본에서 고무잠수복이 들어오기까지 물질할 때 입었던 무
　　명천으로 만든 수영복. 속곳 시대에는 겨울철에 너무 추워 30분도 물속에 있을
　　수가 없었다고 한다.
13 한 팔은 1m 30cm 정도.

이 화제가 되었다.

　이곳에 와서 놀란 건, 붉바리로 국을 끓인다는 거였어요. 그런 생선은
우리가 사는 곳에선 먹지도 않아요.
　대부분 이곳 사람들은 매일 밭에 가거나 바다에 가야 하잖아요. 우리
는 귤 수확기 이외에는 한가하게 지내는데, 항상 바쁘게 사니 뭔가 안정
감이 없는 것 같지 않나요?

　교통수단의 증가와 사람들의 왕래 범위가 넓어지면서 과거에는 그리
왕래가 많지 않았던 마을의 여성들이 결혼을 계기로 거주하게 되었다. 제
주 남부지역에서는 감귤 재배로 1980년대에는 생활에 꽤 여유가 생기기
시작했다. 그런 이유로 일반적인 식재료에 드는 비용도 행원리와 차이가
생겨났다. 제주 내에서도 특히 토지 조건이 척박했던 동북 지역에 위치한
행원리의 생활은 다른 지역보다도 힘들었다. 그래서 의식주에 현금을 사
용하는 경제적 여유가 생겨난 것은 1980년대에 들어서였다. 이처럼 같은
섬에 사는 사람들이지만, 지역에 따라 생활감각은 차이가 있다. 잔칫집은
여간해서는 모이기 어려운 사람들이 평소에는 드러내지 않는 푸념을 쏟
아내는 곳이기도 하다. 이러한 대화가 보여주듯이, 마을의 생활세계 속에
서 공동성을 형성해가는 과정에는 다양한 이질성이 끼어든다. 그것은 세
대 차이나 시대감각의 차이, 생활 습관의 차이와 같은 것이다. 즉, 공동성
그 자체가 항상 다채로운 차이와 위화감을 엮어가면서 생성되고 있다고
말할 수 있다.

2. 상갓집

상갓집인 경우에는 기간·역할 분담·식사 내용 면에서 잔치와 다른 점이 있다(5장 말미 사진 5-3). 그렇지만 큰일에 대한 마을 사람들의 관여 면에서는 그렇게 차이는 없는 것처럼 보였다. 다만, 죽음은 갑작스러운 일인 만큼 장례식 준비를 미리 할 수 있는 것은 아니다. 이 점이 결혼식과 크게 다르다고 할 수 있다. 장례 기간은 마을의 풍수지리사나 스님에게 망자의 생년월일을 들고 가서 '좋은 날'을 받아온다. 그렇기 때문에 하관식까지의 기간이 3일이나 5일간으로 차이가 있다. 누군가 돌아가시면 남편과 부인집안의 남자들이 망자의 몸을 씻기고 새로운 복옷으로 갈아입혀 관을 짠다. 이것이 남자들의 일이다. 동네 남자들이 하는 일은 잔치 때와 같다. 음식을 장만하는 일은 여자들의 일이라는 데는 차이가 없다. 다만, 어느 정도 규모의 장례식인가에 따라 얼마만큼 관여할 것인가를 알 수 있기 때문에 초상이 난 시점에서 개별적으로 상갓집에 찾아간다. 친척 남자들은 누구에게 연락을 할 것인가, 돈이 얼마나 있는가, 차는 누가 갖고 있는가 라는 등의 운행에 대해 의논한다. 그리고 그 자리에 모인 사람들끼리 누가, 며칠 동안 올 수 있는지 각자의 사정을 헤아린다. 그러면서 망자의 이야기나 자신이 겪었던 장례식 얘기를 나눈다.

내가 살던 상동의 F씨는 남편이나 본인 쪽의 친척들이 적었다. 그래서 시어머니가 돌아가셨을 때는 시어머니 집안과 관련이 있는 사람들, 부부의 친목, 그리고 이웃 사람들이 준비를 맡게 되었다. 그런데 F씨와 친한 여자들은 생계를 떠맡은 잠수들이 많았고, 마침 '구쟁기 바당(소라를 채취하는 바다)'에 가는 날이라서 첫날 저녁에 음식을 만들 일손이 걱정이었다. 그래서 나도 대기하게 되었다. 그런데 다행인지 불행인지 파도가 거칠어져 물질은 중지되었고, 잠녀들은 오전부터 속속 모여들기 시작했다. 그녀들은 음식을 만들기 전에, 준비되어 있던 고기와 과일을 계속 먹으면서

이야기를 나누었다. 화제는 소라였다.[14]

최근 잠수들 중에 집에서 고무잠수복을 입고 오는 사람이 있어서, 그것을 입지 말라는 지시가 어촌계장으로부터 내려왔다. 그런데, 그 지시가 납득이 가지 않는다는 의견이 나온 것이다. 일반적으로 '잠수(해녀)의 집'이라고 불리는 탈의장 겸 짐을 놓아두는 작은 건물이 있는 바닷가까지 가서 그곳에서 옷을 갈아입는다. 바다에 들어가는 시간은 조수간만의 상태에 따라 매일 변한다. 그러나 잠수들은 오랜 감으로 날씨 상태를 알고 있으며 입수지시를 내리는 사람은 어촌계장이다. 지시가 있을 때까지 바닷가로 가서 옷을 갈아입고 대기한다. 따라서 바닷가에 가면 먼저 옷을 갈아입기 쉬운 장소를 찾아 그곳에서 기다린다. 그런데, 고무잠수복을 입고 온 사람은 바닷물과 맞닿은 곳에서 대기할 수 있다. 그것은 신호와 동시에 입수하여 상군보다도 먼저 소라를 채취하기 위한 고육책이었다. 상군 잠수들은 젊고 힘이 있어 척척 헤엄쳐 나가면서 바로 소라를 채취할 수 있지만, 그 뒤를 따르는 중군·하군 잠녀들은 필사적으로 소라가 있는 곳을 찾아야만 한다.[15]

---

14 죽음의 준비는 미리 할 수 있는 게 아니기 때문에 장례식 때는 결혼식 때 보다 준비하는 반찬 종류도 줄어든다. F씨네 장례 때에도 아주 간단하게 쌀밥, 국. 삶은 돼지고기에 김치가 전부였다. 또 결혼식과 크게 다른 것은 하관 전날에는 상가의 사돈의 6촌까지 해당하는 여자들이 팥죽을 끓여 가져오는 것이다. 이것은 섬 남쪽 하예동에 살았을 때도 마찬가지였다. 두 마을에 모두 그 이유를 여쭤봤더니 다음과 같은 답변이 돌아왔다.

  돌아가신 분을 생각하면서 다들 밥이 잘 넘어가지 않을 테니까 죽을 쑤어 오는 거야.
  새벽부터 죽을 쑤기 때문에 온 동네 부엌 굴뚝에서 연기가 나잖아. 그 연기를 타고 영혼이 하늘로 올라간다고 들었어.

  조문객에게 대접하는 식사도 '옛날은 죽이었지만, 점점 호사스러워졌다'는 것이다.

15 잠수를 상군·중군·하군으로 나누는 기준을 마을 여자들에게 물었더니 상군은 '많이 잡는 사람', '열팔 이상 잠수할 수 있는 사람', '잘하는 사람' 등의 대답이 있었다. 하군은 하루 종일 물질을 못하는 사람이나 얕은 물가에서만 잡는 사람이

행원리에서는 소라로 얻는 수익에 대한 기대가 크다(5장 말미 사진 5-4). 2000평 밭에서 마늘을 1년에 걸쳐 경작하여 400만 원 버는데 비해, 상군 잠수는 1일 소라 100kg을 채취하여 75만 원의 수익을 올리는 것이 현실이다. 더욱이 전복을 채취하면 1일 100만 원을 벌 때도 있다. 40대 전후, 50대 중반 정도의 상군 잠수들이 젊음과 힘, 기술로 재빨리 헤엄쳐 가서 앞에 있는 소라를 채취해버리면 60대 전후의 많은 중군·하군 잠수들이 채취할 것이 없다는 말은 종종 있었다. 그래서 하군 잠수 중 누군가가 생각해 낸 방법이 집에서 고무옷을 입고 오는 것이었다. '우리 모두의 바다잖아', '나이 든 사람들도 생각해 줘야지', '상군은 충분히 많이 벌었잖아. 그렇게 벌어서 뭐에 쓸 건데', '채취할 수 있는 사람들이 채취하는 것이니까 뒤에서 이러쿵저러쿵 말해도 소용없지'라며 상군·중군·하군 잠녀들이 둘러앉아 하고 싶은 말들을 하였다. 그리고 몰래 소라를 집에 가져가서 제사나 큰일이 있을 때 사용하는 것이 '문제'라며 어촌계에서 떠돌고 있는 소문으로 화제가 바뀌었다.

잠수들은 이렇게 일상의 의견과 불만, 의문들을 토로한 후에 일손이 채워졌다는 것을 알고서는 F씨와 가장 친한 사람들만 남겨두고 일단 자리를 떠났다. 잠수들은 특별히 물질이라는 일에 대한 회의를 정기적으로 열

고, 그 외에는 중군이라는 대답은 거의 같았다. 제주도 잠수에 대해 몇 가지 글을 쓴 소설가 한림화씨는 잠수들에게 청취조사를 하여 '자신의 생을 스스로 겨우 움직이기 시작했을 무렵이면 하군, 그것이 조금씩 익숙해지면 중군, 기량이 생기면 상군'(한림화, 1996:135)이라고 구분하면서, 고무잠수복이 들어오기 전에 속곳을 입고 물질하던 시대에는 추워서 불을 피우면 윗자리는 상군이 앉았고 발언권을 가지고 있다(한림화, 1993:23)고 했다.
내가 마을 어촌계장에게 구분에 대해 물어 보았다. 그러자 '한 달에 200만 원이상 버는 잠수가 상군이고 하군은 하루 2, 3만 원 정도밖에 잡지 못하는 사람'이라고 했다. 수입에 의한 상중하 구분은 수산공동조합의 하위조직인 어촌계에서 어획고를 파악하기 위한 것으로 마을별로 기준이 다르다(김영돈, 1986:174-75; 안미정, 1997:47). 왜 '군'이라는 말이 붙는지는 확실치 않다.

지 않는다. 하지만 이런 장소에서 나눈 말들은 동석한 사람 간에 공유된다. 그리고는 다음 번 '물때'가 돌아오면, 그 자리에 함께 있었던 사람들 중에 누군가가 대표로 어촌계장에게 공유된 의견을 전달한다. 다시 말해, 음식을 준비하기 위해 모인 잔칫집이나 상갓집이 회의장이 되기도 한다. 이것은 밭에서 일하는 사람끼리 나누는 대화이기도 하다.

상호부조의 현장은 단순히 마을이나 동네에 대한 의무와 관련된 것은 아니다. 그곳에서 사람들은 고락을 함께 나누고, 자신들이 생활하는 현실을 서로 확인하고, 식사를 준비하고, 평상시의 울분을 해소하고, 그리고 생활용품을 받아간다. 그것은 반드시 '돈벌이'로 이어지는 것이 아닌 '노동' 본연의 모습이다. '돈벌이'와 상관없이 삶을 영위하는 데 관련된 행위라면 '일'로 간주되고, 임금과 연결된 '노동'은 그 일부에 지나지 않는다.

이러한 상호부조의 관계를 지탱하는 생활의 자세에 대해 F씨네 상갓집에 왔던 할머니가 말해 주었다. 그녀는 83세였다. 할머니는 별로 손님이 없던 낮 무렵에 F씨에게 '별 문제 없는가?'라고 말을 건네며 들어왔다. 그리고 주변의 돌아가는 상황을 살피고는 파를 다듬는 일을 찾아내더니, 사람이 적은 곳으로 가서 돌아가신 분과 같은 집안사람인 75세의 할머니와 함께 파를 다듬기 시작했다. 83세 할머니는 망자의 집안사람이 아니라 같은 동네에 사는 사람이었다. 나는 그 할머니 옆에 가서 일본에 있는 그녀의 조카에 대해 이야기를 했다.

그때 그녀는, "왜 이 일을 하고 있는지 알겠나. 이 일은 대단한 일은 아니야. 나 같은 늙은이들은 그냥 앉아 있어도 되지만, 지금 내가 여기에서 거들면 내가 죽었을 때 마을 사람들이 똑같이 해 주기 때문이야. 그런 것이지"라고 설명해 주었다. 그것은 얼핏 '자신을 위해서'라는 폐쇄적이며 내향적인 자세처럼 보이지만, 누구와도 약속된 것이 아닌 만큼 사후의 일은 불확실한 것이다. 하지만 실제로 그녀는 상호부조를 유지하는 데 중요한 역할을 하고 있다. 이처럼 개인 단위로, 항목별로 계산 할 수 없는 즉

홍적이거나 계속성을 갖는 다양한 관계가 지금 이 곳에서 생활하는 사람들이 서로의 형편을 고려하면서 관대하고 즉흥적인 관계를 만들어내고 있다.

다만 지금까지 기술해 놓고 보니 아무래도 여자들이 일하는 장면이 많이 소개되어 '제주도 여자들은 부지런히 일하고 남자들은 놀기만 한다'라는 화제로 되돌아간 듯 보이지만, 그렇지 않다. 여기서 다시 그 '일하다'라는 의미를, 사람들의 생활과정에서 재차 살펴보겠다.

제3절 역할 분담의 비규정성

마을사람들의 생활모습을 보면, 정말로 여자들은 부지런히 움직인다. 감귤 밭이 펼쳐진 섬 남부지역의 생활상을 들어보면, 남자든 여자든 여름철에는 거의 밭에 가지 않는다고 한다. 감귤 수확기인 11월 말 무렵부터 2월 초까지가 바쁜 시기일 정도이다. 1960년대 후반부터 묘목 심기가 시작된 감귤재배는 1980년대가 되자 점점 수익이 늘어, '감귤나무 한 그루 있으면 자식을 대학까지 시킬 수 있다'라는 말을 만들어냈다. 행원리 사람들은 마늘 양산을 하게 된 최근까지, 가을철의 마늘 수확이 끝나면 남쪽지역의 감귤 밭으로 돈을 벌러 떠난다. 같은 섬 안에서도 생활의 여유에는 차이가 있다. 그런데도 제주도라면 어디에서나 남자보다 여자가 부지런히 일한다는 상투적인 말은 건재하다. 그 말의 실상을 역사적으로 살펴보자.

1. 바다에서 하는 일

과거, 이른바 식민지 시기에 '남자는 고래의 먹이', '남자는 바다 쓰레기'라는 말이 있었다고 K씨가 알려 주었다. 섬 안에 머물러서만은 생활을 꾸려나가기가 힘들었던 제주에서, 우선 밖으로 나간 장소가 바다였다. 그 영역을 넓혀준 것은 일본 식민지 지배하에서의 근대 어업의 침탈이었다. 마을의 많은 남자들이 잠수 인솔자로, 운반선의 뱃사람으로, 그리고 발동선의 어부로 바다로 나갔다가 사고나 거친 파도를 만나 희생되었다. 그 다음으로 향한 곳이 일본이었다. 과거에는 부자라고 하면 '발동선 선주거나 토지를 갖고 있는 사람'이었다고 한다. 현금을 벌기 위해서 남자들은 섬 밖으로 나가는 길밖에 없었다. 여자들 중에는 섬 밖으로 물질을 나가 돈을 벌거나, 일본으로 돈벌이를 떠나기도 했지만, 마을에도 바다는 있었다. 상품화된 해산물을 채취하는 것은 현금을 버는 방법이 되었다. 토지·가축·가옥·사람에게 세금이 부과되어 마을 바다에서 물질을 하는데도 식민지 정부가 관리·통제하기 위해 설치했던 해녀조합에 조합비를 내야만 했다. 섬에서 돈을 벌기 위해 할 수 있는 일은 본인 소유의 발동선을 가지고 조업을 하여 어획물을 팔거나, 비옥한 토지를 많이 사서 수확량을 늘리는 것뿐이었다.

제주도에서는 결혼을 하면 부모슬하를 떠나 독립하여 생활하게 된다. '잠수들 중에 돈을 모아 땅을 사지 않는 사람은 없었어. 결혼하기 위해서는 땅 한 뙈기라도 없으면 안 되었지'라는 말처럼, 그렇게라도 하지 않으면 생활 기반을 쌓는 것이 힘들었다. 이미 식민지 지배 속에서 육지도 바다도 일본정부가 통제하고 관리하면서 치밀하게 세제가 부과되었다. 돈을 번다고 해서 생활이 더 여유가 생기지는 않았다. 식민지 지배라는 구조화의 힘은 돈을 벌기 위해 모든 방법을 동원하여 모든 사람이 움직이도록 생활체제를 정비할 것을 강요했다. 일을 잘 할 수 있는 남자라면 섬 밖으로 떠났다. 당시 어떤 집에 형제가 있었는데, 형이 계속 집에만 머물러 있었다는 이야기를 I씨가 해 주었다.

일할 만한 사람들은 모두 밖으로 떠났는데, 왜 그 집만 한참 일할 나이의 아들이 집에만 있는가 하고 당연히 궁금해 했지. 그러자 그 집 아들은 머리는 좋지만 몸이 약해서 나가지 못하는 것 같다는 소문이 돌았지.

여자들 역시 조금이라도 여건이 되면 섬을 떠나 돈을 벌러 갔다. 노인과 아이들은 손주나 어린 동생들을 돌보고, 장년층의 부모들은 밭일을 하였다.

식민지 시기부터 가까운 곳에서 돈을 벌 수 있는 일은 물질이었다. 그것은 여자들의 일이었다. 마을에 바다가 있어서 물질을 할 수 있었다. 그래서 8살이나 9살이 되면 여자 아이들은 바다나 물이 고여 있는 곳에서 수영을 익혀, 10대가 되면 눈동냥으로 해산물 채취를 시작하였다. 현재 30대 후반의 여자들까지는 '우리들은 물질 밖에 배운 것이 없다'고 입버릇처럼 말한다. '여자에게 학문은 필요없다'는 남존여비 사상도 한 몫을 하여, 이 연령대의 여자들 중에 고등학교를 졸업한 사람이 행원리에는 없다. 일본 식민지 시기부터 1980년대가 될 때까지 바다에서 일할 수밖에 없었던 것이 마을 여자들의 현실이었다. 그런 까닭에, 행원리처럼 바다 조건이 좋았던 마을일수록 가족의 생계를 여자가 짊어졌다고 할 수 있다. 해방 후에는 객지벌이 현장이 육지로 한정되었지만, 육지에 비해 바다에서 얻는 수익이 많다는 사실은 현재까지 계속되고 있다.

잠수작업(물질)을 한다고 해도 그 내용은 시장경제에 규정되어 왔다. 식민지 시기부터 1960년대까지 소라·전복과 함께 잠수작업의 주요 상품은 해초(감태와 미역)였다. 제약 원료로 쓰였던 감태는 해방 후 일본군 철수와 함께 상품가치를 잃게 된다. 그리고 식품과 군용 식량으로써 채취 대상이었던 미역은 양식이 시작되어 잠수들의 손이 그만큼 필요하지 않게 되었다. 1965년 한일협정 이후 대일 수출이 시작되면서 톳과 우뭇가사리의 수요가 증가하였다. 그리고 1980년 무렵부터 관광산업의 발전과 일본 수요가 늘어나면서 전복·소라에 대한 채취 요구가 강해졌다. 이처럼 잠수작업이라고 해도 바다 깊은 곳까지 잠수하는 작업만이 아니다. 여하튼 바다에 가서 뭔가 채취하여 돌아오는 것이 잠수들의 일이었다.

"잠수라고 해서 다 같은 게 아니야"라고 얘기한 사람은 행원리에 사는

X씨(1920년생)였다. 그녀는 일제강점기에 돈을 벌기 위해 도쿄 동남 지역에 있는 하치조지마로 건너가 우뭇가사리를 채취한 경험이 있다.

대개 물질은 맞는 사람과 그렇지 않은 사람이 있어. 난 맞지 않아서 몇 번이나 힘이 들어 그만두려고 생각했었지만 어쩔 수가 없었지. 그것밖에 배운 것이 없었으니까. 미역 철이 되면 매일 작업을 해야 했고, 그 무거운 것을 큰 코지(곶)[16]에서 짊어지고 걸어야 했지. 난 깊은 곳까지 갈 수가 없어서 얕은 곳에서 채취했어.

P씨는 결혼 전에 딱 한 번 육지로 물질을 간 적이 있다. '모두 육지로 나가기에 구경이라도 해보자는 생각에서'였다. 아버지가 인솔자였고 그 배에 그녀도 승선하였다. 하지만 물질 솜씨가 시간이 지나도 늘지 않자 한 번하고 그만두었다. P씨나 X씨처럼 '물질'에 능숙하지 않은 사람도 미역 철에는 오랫동안 깊은 바다에 잠수하지 않아도 얕은 곳에서 채취할 수 있었다. 이러한 모습은 지금도 톳이나 우뭇가사리 철에 볼 수 있다. 행원리 어촌계에 등록되어 있는 사람은 약 180명으로, 현재, 소라나 전복 철에 바다에서 일하는 사람은 약 130명이다(5장 말미 사진 5-5). 톳이나 우뭇가사리 철이 되면, 이제는 더 이상 소라나 전복 철에 물질을 못하는 사람이나 할머니들은 톳이나 우뭇가사리 철이 되면 바람이 센 날, 혹은 정해진 채취 날 일찍부터 바다에 간다(5장 말미 사진 5-6). 그때 그녀들의 신분은 '잠수'는 아니다. 그런 식으로 매일 조금씩 채취하고 저장하면서, 얕은 바다에서 수확한 것들과 합쳐 뒷거래로 팔면 할머니들의 생활비에 꽤 보탬이 된다. 그것도 '물질'이라고 할 수 있을 것이다.

최근에는 P씨나 X씨처럼 물질을 잘 못하는 사람은 감귤 밭이나 당근

---

16 행원리 바다에 크게 튀어나와 있는 바위 곶.

밭 수확 작업을 우선시하게 되었다. 과거에는 현금을 벌기 위한 수단이 잠수 작업 이외에는 선택의 여지가 없었다. 식민지 시기 이후, 격변하는 정세 속에서 어떻게든 생활을 재건해 나가야만 했다. 한창 일할 나이의 많은 남자들이 전쟁과 동란으로 목숨을 잃었다. 생활비를 벌기 위해 계약 없는 조건에도 섬 밖으로, 특히 일본으로 건너갔다. 그러한 가운데 가까운 마을 바다나, 계약을 하고 간 육지 바다에서 잠수들이 번 돈은 가족의 생활비, 교육비, 제사나 추석·명절 비용, 본인의 결혼 비용이 되었다. 닥치는 대로 일을 하면서 모은 돈으로 기반이 없는 생활을 꾸려나갔다. 그러다가 '생활에 여유가 생겼다'고 하는 1980년대 후반이 되자 비로소 여자들은 일자리를 선택할 수 있게 되었다. P씨나 X씨와 같은 사람들은 바다에 가지 않아도 되었으므로 상당히 좋아진 것이다.

사람들은 그렇게 하면서 삶을 유지해 왔다. 그리고 지금도 바다에서 벌어들이는 수입 규모를 기대하는 마을의 생활로 본다면, 지켜야 할 것은 '해산물'을 채취할 수 있는 바다인 것이다. '잠수'들은 지리를 반영해 어장을 눈으로 어림잡아 나누고, 이름을 붙여서 작업 지도를 만들어 왔다. 입수할 때는 조를 짜서 서로의 동태를 살피기는 하지만, 물속에서의 작업은 개인 작업으로 그날의 몸 상태와 작업분량을 의논하면서 잠수 시간의 길이와 깊이를 판단한다. 그래서 기계적인 남획은 할 수 없다. 그 모든 것을 '물질'의 '기술'이라고 할 수 있다. 그러던 것이 소라나 전복에 상품 가치가 집중되고 그 환금성이 높아지면서 사람들은 더욱 돈벌이에 내몰리게 되었다. 하지만, 바다에서의 작업에는 언제나 죽음이 따라 다닌다. 나이가 들어가면서 몸에 대한 부담이 마음에 걸린다.

현재 행원리의 잠수들 중에서 1, 2위를 다투는 뛰어난 상군잠수 I씨가 있다. 그녀는 1938년 오사카에서 태어나 4살 때 귀향하였다. 그녀는 "오사카의 사칸초(左官町)가 내가 태어난 고향이야"라고 한다. 오랜만에 이야기를 나누었을 때 그녀는 "요즘도 바다에 들어가지만 뭔가 달라. 힘이 없어. 요전까지는 물건이 눈에 들어오면 '잡을 수 있어!'라는 생각이 들면서 바로 몸이 움직였어. 그랬던 것이 요즘에는 어떻게 된 것인지 달라졌어. 물건이 보여도 '잡을 수 있을까, 아무래도 무리겠지'라는 생각을 하게 되는 거야. 왜 그러는 건지……"라는 말을 들려주었다. 물론 I씨처럼 밭일보다 바다에서 하는 일이 자기와 맞다고 하는 사람들도 있다. 그러나 잠녀들이 몸에 무리를 해가면서도 물속에 들어가려고 하는 이유는 환금성이 높기 때문이다. 이처럼 '제주도 여자들은 부지런하다'는 설명만으로는 보이지 않는 현실이 있다. 왜냐하면 그녀들의 '노동'은 화폐환산에 따라 구조화되었기 때문이다. 잠수들의 은퇴가 고령화되는 현실도 있다. 이런 것들은 대항하기 힘들게 사람들의 생활세계를 규정해 온 단면이기도 하다. 그러나 그런 속에서도 사람들은 해초를 채취할 때만 잠수가 되거나, 물속에서의 신체감각에 신경을 쓰거나 하면서 자기에게 맞는 일을 선택하며 구조화에 대한 대응책을 강구해 왔던 것이다.

2. 농사일

그렇다면, 밭농사가 편한 일이었을까. 본인 소유의 밭인 경우에는 경운기가 도입됨에 따라 멀리 떨어진 밭에 갈 때에도 걸어가지 않아도 되었고, 시간이나 일하는 모습을 감독하는 사람도 없다. 하지만, 본인 밭만으로는 수입이 안정되지 않았기 때문에 남의 밭에 가게 된다. P씨와 함께 몇 번 당근 밭에 가 보았다. 다른 곳의 당근 작업을 하려면 인부를 모집하는 이웃사람에게 부탁해 두거나 하면서, 항상 그 네트워크에 관련되도록 신경을 쓸 필요가 있다. 일단 그 네트워크에 들어가면, 일하러 간 곳이나 동행한 사람들 간의 정보를 통해 다음 일을 찾을 수 있다. 다만, 고용주한 사람의 일을 하면 마음대로 쉴 수가 없다. 그리고 일을 잘하는 지 못하는 지 비교를 당하게 된다. 같이 일을 갔던 동네 삼춘(아주머니)은 내가 일하는 옆에서 '너무 열심히 일해도 안 돼. 다음 날 힘드니까. 눈치껏 쉬면서 해'라고 가르쳐 주었다. 내가 보고 경험한 바로는 밭농사도 먼지를 뒤집어 써야 하고 생각대로 쉴 수도 없는 힘든 일이었다.

P씨는 매일처럼 남의 밭에 돈을 벌러 갔다. '잠수'들도 마찬가지로 바다에 가지 않는 날에 집에만 있는 모습을 그다지 보지 못했다. 나는 P씨에게 "그렇게 매일 밭에 가지 않으면 생활하기가 힘든가요?"라고 물어보았다. 그러자 그녀는 "놀기만 하면 심심하기도 하고 다음에 일할 때 몸이 힘들어"라고 했다. 그만큼 계속 일을 해 왔다는 뜻이기도 하다. 사람들은 여러 차례 생활 기반을 잃어버렸다. 내일에 대한 보장이 없는 만큼 돈을 벌 수 있는 기회와 장소만 있다면 무조건 그곳으로 달려간다. 그것은 사람들을 '돈벌이'로 내몰아 온 화폐환산의 세계가 사람들의 몸에 새겨놓은 근대 노동자로서의 자세이다. "부지런히 일한다"라는 말은, 그렇게 할 수 밖에 없었던 이유는 무엇이었을까를 묻는 말이다. 그러나 그렇다고 해서 사람들이 오로지 한눈팔지 않고 '돈벌이'를 위해서만 일하는 것은 아니다. 마을에서는 집에만 있으면 확실히 무료하다. 밭이나 바다로 나가 동료들과 세상 살아가는 이야기를 하는 것이 즐겁고, 그 속에서 일이나 집안일에 관해 여러 가지 정보가 나돈다.

이렇게 되면 점점 더 남자들이 등장할 차례가 없어진다. 남자의 일이 적은 것은 분명하다. 내가 K씨에게 "남자들도 당근 밭에 가면 어떨까요"라고 물어보자 그는 "그렇게 웅크려서 하는 일은 남자 몸이 뻣뻣해서 힘들어"라고 대답했다. 일리가 있는 말이다. 그는 옛날의 생활상을 말해 주면서 남자로서 자신이 해 온 일도 들려주었다. 돌 쌓기, 소를 이용한 밭 갈기, 밭이나 바다의 수확물과 퇴비로 쓰이는 해초 운반 등, 이른바 '육체노동'이었다. 그러던 것이 경운기 도입으로 부담이 상당히 줄어들었지만, 남자들은 점점 할 일이 없어졌다. 그리고 감귤, 당근, 마늘 등의 양산화로 잠수작업을 대신해서 할 수 있는 여자들의 일이 늘어났다.

1988년 이후, 일본에서 돌아온 남자들 중에는 마을에 있어도 할 일이 없다고 말하는 사람도 몇 명 있다. K씨의 장남도 그 무렵에 오사카에 있는 K씨 아시(종제)의 인쇄공장에 있었다. 결혼하고서 밭일은 하고 있었지만 할 수 있는 다른 일은 없는지 이것저것 찾아다녔다. 하지만, 시간에 쫓겨 넉넉히 여유 있게 쉴 수 없는 일이 맞지 않아 마을로 돌아왔다. 동식물과 함께 하는 것을 좋아한 그는 취미로 닭을 키웠다. 그러다 보니 숫자가 늘어 밭농사와 함께 유기농법 양계장을 시작했다. 40세인 그는 마을에서 농업을 하는 사람 중에는 가장 젊은 세대다.

요즘 K씨가 평소에 하는 일은 큰 아들네 집 지키기와 손자 돌보기, 가끔 의뢰가 들어오는 돌 쌓기, 그리고 본인 소유의 밭에서 일을 하는 정도이지만, 이것은 모두 필요한 일이다. 그리고 이런저런 사정으로 남편이 없는 여자들은 특히 톳과 우뭇가사리 채취 시에는 운반할 남자 일손이 필요하여 이웃에 사는 남자들에게 부탁한다. K씨는 그럴 때에도 큰 활약을 한다. 마을에서의 생활은 밭이든 바다든 그때마다 그 현장에서 필요한 역할을 담당하는 사람들이 모였을 때, 비로소 서로 보충하면서 성립된다. 누가 돈을 많이 벌었으니 센 사람이다, 우리보다 위에 있다라는 말은 별개의 것이다. 공동성을 형성하는 데 정해진 방식은 없다. 사람들 간의 관계가 다채롭고 제한이 없기 때문이다. 마을의 생활도 근대화의 여파를 받아 밭농사도 양산화되어 간다. 그렇지만 K씨 가족처럼 마을의 젊은이들은 거의 밖으로 나가고 있다. 그런 까닭에 가족의 노동만으로는 도저히 꾸려나갈 수가 없고, 설상가상으로 과소화·고령화라는 현실에 직면해 있다. 그러한 상황 속에서 마을에서는 수눌음과 제라는 공동작업에 관한 전통의 재구성이 나타났다. 이에 대해서는 7장에서 살펴보겠다.

제4절 생활을 영위한다는 의미

　사람들의 생활과정에서 임노동은 떼어놓을 수가 없다. 조금이라도 환금성이 높은 일자리를 찾아 가는 사람들의 모습이 그 사실을 몸소 보여주고 있는 것이다. 마을에 있으면 어찌하든 먹고 살아 갈 수는 있는 것 같다. 그러나 몇 번씩이나 생활기반을 파괴당한 사람들에게는 지금 이순간의 생활유지가 반드시 내일의 생활보장으로 이어지지 않는다는 불안이 남아있다. 그 때문에 사람들은 기회가 되면 '돈벌이'를 위해 떠난다.

　식민지 시기 이후 사람들은 현금을 벌어야만 유지되는 '생활'에 규제받아 왔다. 그렇다고 사람들이 단순히 화폐로 환산되는 세계에 참가하기 위해서 부지런히 '일하고 있는' 것만은 아니다. 생활여정을 보면 안정된 '돈벌이'와 생활이 직결되지 않았다. 시대의 흐름에 따라 무엇을 바다에서 채취하고, 무엇을 밭에서 경작할 것인가는 바뀌었다. 가격은 시장경제에 좌우되어 소라의 가격이 배가 된 적도 있었지만, 그것은 하나의 모험담에 지나지 않는다. 사람들에게는 일시적인 큰 돈벌이로 개개인의 생활세계 확충이라는 기반을 쌓을 여유는 없었던 것이다. 그래서 사람들의 생활은 식민지 시기 이후의 구조화에 규정되면서도 현실생활에서는 화폐경제의 세계와는 일원화되지 않는 생활세계의 모습이 있다. 그 생활세계는 사람들의 '노동'에 대해 다양한 의미부여, 임노동에 대한 임기응변적 참여, 그리고 공동체 참여를 통한 개개인들의 활용 및 유용, 곤란에 대응하는 공동의 대처였다.

한 사람이 '돈벌이'를 하기 위해서는 그 사람을 둘러싼 다양한 사람들과의 관계가 있었다. 어떠한 시대상황이든 누구든 '돈벌이'로 나설 수 있는 사람들은 밖으로 떠났다. 하지만 생활의 기반이 구축되는, 다시 말해 '생활에 여유가 생겼다'고 할 수 있을 때까지 상당한 시간이 걸렸다. 그런 상황에서는 사람들에게 '일한다'는 것은 개인의 행동이 아닐뿐더러 그 보상 또한 행동한 개인 단독의 것으로 간주되지는 않았다. 하물며, 한 사람 한 사람의 인간이 태어나고 자라고, 느끼고 괴로워하고, 방황하고 결단을 내리고, 그리고 죽어가는, 이러한 삶의 영위는 개개인의 행동으로 끝나는 것이 아니라, 다양한 사람들과의 관계가 형성된다. 화폐환산이라는 세계는 그렇게 영위되는 생을 모두 회수할 수는 없다. '일한다'는 것은 '돈을 버는'것만을 의미하는 것은 아니다. 그것은 다음 생활의 보장이며, 함께 생활을 영위하는 사람들의 삶과의 연계이다. 거기에 근대 노동관과는 다른, 또 하나의 노동관이 있다.

그런 점에서 보면, 고락을 함께 나누는 상호부조에서 나타나는 다양한 관계와 형태는 '돈벌이'와는 결부되지 않지만, 생활을 유지해 가는 과정 속에서는 '일하기'의 하나이다. 상호부조는 화폐환산이라는 하나의 기준으로 이득과 손실을 가늠할 수 없는 '활동'이며, 그 속에서 펼쳐지는 현재의 삶을 이어주는 '일하기'인 것이다. 과거에는 임노동의 참가와 공동체 참가는 구분되어 논의되어왔다. 하지만 일상생활에서는 양자가 서로 조화를 이루면서 생활세계가 생성되는 것이 현실이다. 이러한 사실은 김매기 노동 시 지불하는 대가를 큰일이 났을 때 상호부조로 대처하거나, 참가를 벌금이라는 화폐로 대체하거나, 개인의 식량·일용품의 조달과 울분을 시원하게 해결하는 장으로 삼았다는 모습에서도 엿볼 수 있다. 이러한 일상의 구체적인 실천 속에서, 화폐 경제 세계에 규정되지 않는 즉흥성을 때로는 개인이, 때로는 집단이 창조하면서 가변적인 생활세계가 생성되고 있다. 이와 같은 생활실천 과정에서, 그 시대 그 현장의 순간을 사는 개개인이 현실에 대처하는 힘을 공유해 왔다고 할 수 있을 것이다.

사진 5-1

주: 잔칫집에서 준비한 음식. 사진은 쌀밥, 성게 국(성게와 미역을 넣고 끓인 국), 배추김
치, 돼지고기, 순대, 감자튀김, 오징어와 소라 회, 톳 무침, 멸치 볶음, 돼지고기 볶
음, 갈치젓.
이날 일본에서 사는 사람이 피로연에 참석했기 때문에 회를 찍어 먹는 간장과 고추
냉이(와사비)는 일본산이었다.

사진 5-2

주: 잔칫집 음식 준비. 사진은 야
채 썰기.

주: 성게 국을 만드는 장소.

사진 5-3

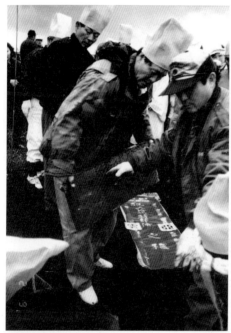

주: 하관식 날. 남자들은 광중을
   판다. 지면의 홍대에는 망자
   의 본관(조상의 출생지)과 성
   명이 적혀 있고 그 밑에 관
   이 있다. 남자들이 쓰고 있는
   것은 두건. 망자와 가까운 가
   족이나 친척 순으로 쓴다. 사
   진은 남자용.

주: 하관 후에 광중을 메워 봉분을 갖추고 그 위에 잔디를 심는다.
   마지막에 주위에 돌담을 쌓는다.

사진 5-4

주: 구쟁기(소라)를 채취한 잠수와 그것을 운반하는 남자들. 중앙의 잠수가 채취한
    구쟁기는 약 100kg.

사진 5-5

주: 잠수들은 고무잠수복, 큰눈(물안경), 오리발, 장갑, 연철(허리에 차는 납덩어리)
    로 몸을 감싼다. 손에는 망사리(그물)가 달린 테왁(부력 도구로 현재는 발포 스
    티로폼제), 골갱이(길고 가느다란 낫, 바위 틈의 패류나 문어 채취 도구), 빗창
    (전복 채취 도구)을 소지한다.

사진 5-6

주: 얕은 바다에서 우뭇가사리 채취 작업을 하는 할머니들,
앞에 있는 할머니의 허리에 달린 구덕(바구니)에는 반찬
용 미역이 들어있다.

제6장 생활공동원리의 창조성

이 장에서는 사람들이 생활을 하면서 창조하는 섬세한 실천 속에서 생성변전하는 공동 관행에 초점을 두겠다. 이것은 마을의 과소화와 고령화라는 현실에서 과거의 축적된 경험에 현재의 상황을 조명하여 임기응변적으로 대응을 선택하는 생활논리의 현실을 개혁하는 힘이라고 할 수 있다. 또한 사람들이 생활세계를 개혁하고 재편해 가는 모습을 마을에서의 구체적인 실천의 역사적 과정을 통해 관찰하도록 하겠다.

제1절 생활과정과 마을

제주 마을의 공동관행을 '제'라고 한다. '제'는 한국 농촌의 재정 기반이나 물질적 협력을 지탱하는 전통적 촌락조직인 '계'를 제주 방언으로 표현한 것으로 보인다. 종래의 촌락연구에서는 공동 관행을 '봉건사회가 남긴 제도' 혹은 '근대화 과정에서 해체 중'인 것으로 간주하였다(蓮見, 1990; 北原, 1983).

행원리에서는 1960년대 이후 한국의 급격한 근대화 과정에서, 환금작물인 마늘을 도입하여 자본주의 시장경제에 참가하였다. 그런데 이러한 마을의 농업 생산양식의 변동 속에서 공동관행인 제는 '옛 모습 그대로' 남아있거나 일부는 소멸하기도 하고, 혹은 '마늘 심는 제'라는 명칭으로 새롭게 만들어지기도 했다. 따라서 본 장에서는 '제'라는 생활원리를 사라져가는 전통적인 사회 조직으로서 다루는 것이 아니라, 근대화라는 거시적인 사회 변화에 대한 마을사람들의 주체적 대응과정으로 파악하도록 하겠다.

마을의 공동관행을 논하는 하나의 견해로 '마을해체'론을 제창하기도 한다. 이 입장을 일본 패전 후, 자본주의의 급속한 전개가 촌락 공동체를 동요시켜 농가계층의 분화·분해를 심화시켰다는 측면에 주목하여 촌락사회의 변동과정을 파악한다. 후쿠타케 타다시(福武直, 1976)를 필두로 한 촌락구조론은 이전 연구에서 촌락을 '초역사적' 존재로 보고 '형태적'으로 파악한 것과는 달리, 촌락 내부의 제도와 조직이라는 구조연계를 역사적·

발전적으로 규명하여 촌락사회 연구에 크게 공헌하였다.

그렇지만 촌락구조론적 입장에서의 마을은 역사적 발전단계의 단서로 규정되고, 도시화·공업화로 '고뇌하는' 농민상에 의거하여 '봉쇄적'인 촌락공동체의 '규제로부터의 농민해방'의 길을 모색한다. 그런 면에서 내부조직으로 자리잡은 공동관행은 근대화 과정의 잔존물로, 결국 질서 붕괴, 또는 지배의 말단기능으로 변질하게 된다. 근대국가 형성과 자본주의 전개와 함께 촌락사회는 말단조직으로 질서화·제도화 되어간다.

그러나 이처럼 마을이 외부조건에 따라 규정된다는 구조적 측면만을 강조하면 의외로 놓치게 되는 측면이 있다. 그것은 마을이 외부조건에 규정되면서도 완전히 제도화 되는 것이 아니라, 생활상의 제 문제에 대해 주민들이 상황에 따라 대응을 선택하며 생성해 온 마을의 창조적 측면이다. 다만, 창조적 측면은 '자본의 논리'와 '생활의 논리'를 단순히 이분화하여 후자를 취하려는 것은 아니다. 생활의 질과 내용에 여러 가지 거시적인 수준의 모순이 내포되어 있기 때문이다. 이러한 생활 세계에 일정한 상대적 자율성을 인정함으로써 새롭게 시야에 들어오는 측면을 파악할수 있다는 점을 검증하도록 하겠다. 왜냐하면 역사적·사회적 변동 속에서 주민들은 대응책도 마련하지 않고, 오로지 생활 변화의 물결에 몸을 맡기는 것은 아니기 때문이다.

종래의 촌락사회 연구사 중에는 정치적·사회적인 영향을 받으면서도 사람들이 그에 대한 대응을 선택하며 기존의 생활양식을 바꾸어가는 과정에 착안한 예가 있다. 이는 아루가 기자에몬(有賀喜左衛門, 1968, 1971a, 1971b)을 선두로 한 입장으로, 본 논문에서는 선택론이라고 하겠다.

이 입장은 생활과정에서 외부 조건에 대응하며 재편성되어가는 사회과정에서 출현하는 마을을 규정한다. 나카노 다카시(中野卓)는 그것을 다음과 같이 표현하였다. '지금 현존하는 마을은 이전의 마을이 아직까지 '살아있는' 것이 아니라, 지금의 마을이 살아있는 것에 지나지 않는다'(中野,

1966:258). 즉, 마을을 전근대사회가 남긴 제도로 파악하는 것이 아니라, 지금 그곳에서 생활하는 사람들의 세계에 초점을 맞출 필요가 있다. 그리고 '마을 해체'에 관한 논의에서 나카노는, 어떤 형태든 농촌현상으로 파악하려면 마을해체는 잇달아 일어나는 마을의 모습이며, 중요한 것은 마을이라는 말을 바꿔 쓰는 것이 아니라 '해체와 재편성이 동시적으로 진행되는 과정, 다시 말해 양자가 단지 평행하게 흘러가는 것이 아니라, 하나의 현실 속에서 병존·상호규제하면서 진행되는 이러한 두 개의 과정에 대한 분석'이라고 지적했다.

이 시각은 아루가 기자에몬이 제2차 세계대전 전의 촌락연구에서 지적한 마을의 상대적인 '자율성'을 계승하고 있다. 하나의 공동관행의 제 형태는 '그것을 규정하는 내외조건에 의해 상호전환의 가능성을 갖고 있기 때문에, 단면적인 변화를 따져 발전 단계의 계열에 배열하는 것은 큰 잘못'이다(有賀, 1968:77). 제 형태는 동시에 병존할 수도 있다. 그러한 과정에서 개인은 외부로 규정되는 것이 아니라, 생활을 위해 일단 조건을 수용하면서 대응을 선택하고 자신들의 상황에 맞게 개선하는 힘을 갖는다.

그리고 이것은 조선에서 오래 전부터 볼 수 있는 공동노동의 관행을 주어진 상황에 따른 농업생산의 제 조건 속에서 필연적으로 성립된 노동형태라고 지적한 경제학자 강정택과도 연결된다(강정택, 1941:17). 본래 마을이란 확고한 경계를 유지하면서 존속되어 온 결속력이 강한 공동체는 아니다. 마을에는 가족과 동족, 친구와 이웃, 조합 등 많은 관계와 집단이 누적되어 있다. 그렇게 다양하게 연결된 마을의 개개인들이 그때 그곳의 현실에 대응하고 선택하는 생활과정에서 마을이라는 생활세계가 생성되는 것이다.

본 논문은 생활과정으로 마을을 파악하는 선택론의 입장을 따른다. 이번 조사과정에서 '제란 무엇인가'라는 질문에 대해 사람들은 잠시 대답을 고민하거나 또는 바로 답을 해 주기도 했다. 이렇게 해서 듣게 된 다양한 이야기는 일원적으로 정해진 개념과 연결되지 않는다. 기존의 기술은 이와 같은 다양한 '제'의 본질을 '재물에 의한 경제적 협력 방식'이라는 '계'의 정식에 적용하여 분석·분류하고 체계화시켰다. 따라서 각각의 '제'는 정식을 어떻게 응용하고 있는가라는 방향에서 해석되고, 정식과의 정합성이 측정된다. '구태의연'한 방식을 따르면 '과거의 반복'으로 간주되고, 정식화하기 어려우면 '붕괴의 위기'나 '유사한 것'으로 취급된다. 모든 사람들은 일원적인 '계'의 의미구조를 공유하고 그에 따라 행동하는 것이 된다.

　그러나 선택론에서는 다양한 의미로 이야기되는 '제'를 정식과 대조하여 정통, 이단으로 구별하는 것이 아니라, 그대로 수용하는 데서 출발한다. 다양하게 발생하는 상황에 대해, 사람들이 항상 논리 정연하게 대응할 준비가 되어있는 것은 아니다. 그런 까닭에 사람들은 그 당시 주어진 상황의 필요성에 따라 이전의 '제'의 형식을 답습하거나, 해체하거나 재편한다. 사람들은 축적된 과거의 경험에 현재의 상황을 비추어보면서 대응을 선택하고 개선한다. 이렇게 하여 조직된 '제'가 보여주는 중요한 점은 얼마만큼 '계'의 정식이 존중되고 지켜졌는가가 아니라, 사람들이 어떤 상황에서 어떠한 생활 공동의 실천을 해 왔는가 하는 것이다. 다양하게 결성된 '제'는 그럴 수밖에 없었던 현실을 조명하고, 그에 대처하는 사람들의 공동성의 재편원리의 창조성을 드러낸다. 그런데 기존의 기술은 이와 같은 측면을 외면해 왔다. 따라서 먼저, '계'가 어떠한 분석·분류의 대상이었는지를 개관해 보겠다.

제2절 계를 둘러싼 다양한 담론

1. 계에 대한 이해의 정통화

제주도에 관해 여러 항목으로 나뉜 민족지를 처음으로 정리한 사람은 당시 경성제국대학 학생이었던 문화인류학자 이즈미 세이치였다. 1936년부터 37년까지 많은 마을을 조사한 그는 협력 방식으로 '수눌음'과 '계'가 있다고 기술하면서 다음과 같이 소개하였다. '제주의 수눌음은 농사와 그 이외의 경제적 요구에 따라 자연촌락의 두 가족 이상의 수시적인 노동 교환·협력으로, 그 결합은 항시적·조직적인 것은 아니다. 계는 유교적 합리성에 준하는 재물에 의한 협력 방식으로, 계를 조직하기 위해서는 계원들의 출자가 필요하며 출자 범위에서 회원들은 평등한 권리를 갖는다'(泉, 1966:156). 그리고 계는 한반도에서 유래되었으며, 한반도에서는 수눌음을 품앗이라고 부른다고 지적하였다. 그의 지적처럼 계와 '품앗이'는 제주도에만 보이는 것이 아니다. 지금까지의 한반도 농촌 사회 연구사에 '전통적 이익집단'으로 표현된 많은 기술들이 남아 있다(李覺鐘, 923; 猿谷善一, 1928; 善生永助, 942; Vincent, 1971; 崔在錫, 1975; 伊藤亞人, 1977ab).

연구사에는 수눌음과 계에 대한 정의가 거의 답습되고 있다. 답습된 정의에서는 수눌음을 '노동의 상호교환', 계를 '협동 투자'방식으로 보고, 그 방식을 과거와의 연속선상에서 파악해 그 내부 구조를 분석한다.

그러나 본 논문에서는 다양한 제와 수눌음을 그러한 정의의 연장선상에 놓고 분류하는 것이 아니라, 이와 같은 생활공동원리를 사람들이 여러 시대적 상황 속에서 유연하게 조직하고 바꾸고 활용해 가는 생활과정에 착안한 선택론의 입장에서 살펴보겠다.

여기서 선택론의 시각에서 제주도의 계를 연구하고 있는 사회학자 김석준의 지적(김석준, 1995)을 소개하겠다. 그는 다양한 모습을 보여주는 계가 지금도 결성된다는 사실을 평가하면서 두 가지를 지적하였다. 하나는 '질적 조사'의 필요성이고, 다른 하나는 '농촌의 계에 부여하는 존재 의미를 정태적이 아닌 동태적인 관점에서 재검토해 보자'는 것이다(김석준, 1995:134).

이러한 시각을 바탕으로 김석준은, 제주도 S리에 대한 조사 보고서에서 주민들의 이촌에 따른 제 회원이 감소하는 상황에 대한 대응 전략으로 '7인 친목회' 결성에 주목하였다. 1950년대 후반부터 시작된 이촌 경향은 70년대에 가속화되었다. 7인 친목회는 대개 20명으로 조직되는 '쌀제'의 대안으로 자리잡는다. 쌀제는 쌀이 대량으로 필요한 시기에 제 회원들이 일정량씩 추렴하는 것이다.

S리에서는 이촌으로 인해 제 회원들이 감소하자 제를 조직하지 않게 되었다. 그런 가운데 7인 친목회를 꾸린 사람들은 친목이라는 명칭을 사용하면서도 쌀제의 기능도 취하였다. 그리고 이자를 불려 공동 경작지를 구입하여 순번으로 경작하는 생활 보장 대책도 마련하기 시작했다.

김석준이 이 보고서에서 제와 수눌음을 구별하고 제의 재편과정에 주목한 점은 본 논문과 다르다. 하지만, 여기서 중요한 것은 7인 친목회의 존재를 마을 사람들이 형성한 생활의 변동에 대한 대응책으로 파악했다는 점이다. 사람들의 일상은 도시화와 표리관계에 있는 과소화와 단일 양산을 요구하는 자본주의적 생산양식 속에서 진행된다. 효율과 이윤을 우선하는 현실에서 사람들은 제라는 모임의 장에서 전통적인 상호부조의 공동체와 근대적인 기업가적 공동체를 혼합시키면서 자기류의 생활 리듬을 만들어간다. 이것은 '시대의 흐름을 따르지 못한다', '시대에 뒤쳐졌다'라는 말 등, '쓸데없는 간섭'으로만 치부되던 현실을 살아가는 사람들이 본인과 관련된 역사와 사회의 지혜와 지식을 융통하고 공유하면서 형성해 온 생활의 방어술인 것이다.[1]

계에 관한 환경적 시좌는 스즈키 에이타로(鈴木榮太郎)가 계와 코(講, 강)의 기술에서 소개한 다음과 같은 지적과도 연결된다. 일본 농촌사회학의 선구자인 스즈키는 식민지 시기에 조선으로 건너와 농촌 조사를 실시하여 그 자료를 바탕으로 '조선의 계와 품앗이'라는 논문을 전후에 발표하였다. 그 논문에서 그는 다음과 같이 추론하고 있다. 계와 코는 '협력에 참가하는 사람의 힘을 모두 대등하게 인정하는 것을 합리라고 이해하는 신앙 위에 있는 것'이며, 출자와 분배의 평등이라는 '당연한 원칙이 당연시 되지 않았던 사회 환경에서 계와 코가 집요하게 존재해 온 이유가 있다고 생각된다'(鈴木, 1958:24). 다시 말해, 계가 조직되는 사정을 고려할 필요성이 대두되는 것이다. 이러한 시좌에서 알 수 있는 것은 역사적·사회적인 조건과 마을 사람들의 일상생활과의 연동 안에서 계의 생성과 변동과정을 파악하는 자세의 중요성이다.

---

1 이것은 콩고민주공화국의 반다족의 화전농경을 조사한 스기무라 카즈히코(杉村和彦)가 주목했던 '혼작'기술과 통한다고 할 수 있다. 한 농경지에 동시에 혹은 단기간에 몇 가지의 다른 작물을 재배하는 '혼작'기술은, 한 작물만을 계속적으로 경작하는 '단작'을 추진해 온 서양의 농업 발전사에서는 '뒤처진 기술·미개한 기술'로 무시되어 왔다. 혼작은 농업의 근대화=기계화·화학화, 그리고 시장경제와 적합하지 않기 때문이다. 그러나 특정한 수확기를 기다리지 않으며 식량을 비축하지 않는 반다족에게 혼작은 다양성·안정성의 가치와 생명 그 자체의 재생산을 기초에 둔 생활 합리성을 가장 중요하게 강조한 것이다. 그런 점에서 스기무라는 '혼작'농경을, 생명을 다루는 농업에 불가결한 '생'의 가치체계가 결여된 근대 농업에 대한 비판을 내재하고 있는 것으로 평가한다.

2. 식민지 지배와 계

계에 관한 연구 축적의 결과, 계의 종류를 분류하고 각각의 기능에 대해 기술하고, '전통적인 계 조직'의 재구성을 뒷받침하는 일은 가능할 것이다. 그러나 다양하게 분류·분석되는 계를 모든 사람들이 오래 전부터 면면히 지키고 전승해 온 전통적인 조직이라고 할 수 있을까.

한국 촌락 사회사와 이민사를 기술한 경제학자 고승제는 마을의 생활 원리에 식민지 지배가 개입되었다는 점을 협동 관행의 변천사에서 지적하고 있다(고승제, 1988:20-3). 계가 사람들의 생활과 여러 가지로 관련된 것은 16세기 중반으로 보인다. 당시, 생업과 오락을 '계'라는 이름으로 협동 운영해 오던 것을 향리와 재향 양반들이 각 마을의 말단 지배수단으로 이용하려 했던 것이다. 그 결과 수리사업·마을제·관혼상제·노인들의 상호부조를 담당했다. 그러다가 18세기 후반 인구 유출이 시작되면서 공조 조합으로써 군포계[2]가 형성되었다.

식민지하의 조선총독부는 계가 조선 각지에서 자치 활동을 지원하고 사람들의 생활과 다양하게 관련되어 있다는 점에서, 계를 지배 통제력의 강화조치로 '선도이용'하려고 시도하였다. 그러한 전조를 한일병합 이전인 1908년 부동산조사회 법전조사국의 조사 보고를 토대로 1911년에 편집·간행된 '관습조사보고서'에서 알 수 있다. 총독부는 처음에는 계를 '해로운 것'으로 보았다. 하지만, 연구성과 결과를 토대로 계를 '보호'하고 이용하는 방향으로 전환하였다. 총독부의 촉탁을 받은 이각종은 1923년 '조선 민정자료 계에 관한 조사'를 출판하였다. 출판물에서 그는 계를 공공사업·부조·산업·오락·금융으로 다섯 종류로 분류하였으며, 이것은 이후 계에 관한 조사·연구로 답습된다.

---

2 군포는 16세부터 60세의 성인 남자가 군역을 면제받는 대신 부담했던 베를 말함. 17세기 이후, 조선의 특산물이었던 베는 쌀·화폐와 함께 납세품의 하나였다.

당시 조선총독부는 1917년 마을의 상위 차원인 면제面制를 시행하였고 각 마을의 재산은 각 면의 행정기관으로 이속되어, 면은 감독감시의 임무를 맡게 되었다. 또한, 각 마을 단위로 통치 기능의 대표격인 동계洞契를 설치할 것을 명하고, 후에 금융조합의 말단조직인 식산계령殖産契令을 공포하였다. 이로 인해 그때까지 조세납부 단위였던 마을이 개인별로 바뀌게 된 것이다. 그리고 '우계牛契'와 '농업개량계'와 같은 계들이 행정의 지도보호하에 조직되었다. 즉, 식민지 이후의 계의 형태는 국가가 개개인의 생활의 내실까지 관리·통제하는 망을 설치하여 식산·징세·동원력을 확보하고 식민지 시장경제로 사람들을 포섭하는 지배 과정이라고 할 수 있다. 이렇게 해서 계는 식민지 지배의 필요에 의해 '마을의 전통'으로 고정화된 측면을 띠고 있는 것이다.

그러나 조선인들은 이와 같은 식민지 지배 권력에 번롱되지만은 않았다. 한국의 가족과 농촌사회를 오랫동안 연구해 온 사회학자 최재석은 해방 전 산업과 금융에 관련된 계는 증가했지만, 계원들은 오히려 감소하였다는 사실을 지적하였다(최재석, 1979:290-91). 당시의 생활을 추론해 보면, 현금을 모을 여유가 없었다는 점은 엿볼 수 있을 것이다. 그리고 민중 생활에서 화폐는 필요한 물자의 자급자족적 교환의 매개수단에 그쳤다고 지적했다. 이렇듯 사람들은 힘든 생활을 극복하는 과정에서 시장경제세계와 얽히지 않는 관계를 생성한다. 이것은 경제학자 니이노 유타카(新納豊)가 지적한, 일제에 의해 형성된 식민지경제권과 상호규정적인 관계를 계속 유지하면서 교착하는 민족경제권이라는 개념과도 통한다(新納, 1983:95-106). 민족경제권에서는 화폐는 거의 매개 수단의 역할에 그칠 뿐, 사람들은 자신의 생존에 필요한 물자를 '자급자족'적으로 상호교환 하면서 식민지경제권과는 다른 관계를 형성하고 있었던 것이다. 니이노는 능동적 존재로서의 식민지 민중이, 사태에 계속적으로 대응하고 자기 생존을 위해 영위하는 다양한 경제활동 과정에서 식민지 이전의 '민중경제'를 일부 계승·개편·분해하면서 독자적인 민중적 생활권을 형성하였다고 지적하였다. 이것은 통계나 분류표에서 놓쳐 버리는 즉흥성·유연성을 지적한 것으로, 최근 '인포멀 섹터(informal sector)'로 논의되는 제3세계의 '생활경제'와 중첩된다.

제3절 제의 결성

사람들이 말하는 제와 수눌음에는 마을의 삶의 현재와 과거가 혼재되어 있다. 이것은 시계열적으로 이야기될 수가 없기 때문에, 이야기는 질문과 대답 과정에서 제와 수눌음이라는 말에 따라 자유자재로 반복되고 확장된다. 여기서는 이야기를 연구사 과정에서 정식화된 제나 수눌음에 일치하도록 의미를 부여하지 않는다. 실제로 청자와 화자 간의 상호작용을 통해 생성되는 이야기는 혼란과 불일치, 그리고 재정의를 해야 하는 상황을 초래한다. 그런 과정에서 정리된 이야기는 화자의 생활경험에 기반한 것이다. 그런 의미에서 이야기 자체를 통해, 사람들이 매번 주어진 현실을 어떻게 파악하고 대처해 왔는지를 추론해 가겠다.

1. 마을의 생활과 제

식민지배, 해방, 4·3사건, 한국전쟁이라는 격변 속에서 사람들은 일상 생활을 영위해 왔다. 이제 여기서, 식민지 시기 이후의 행원리의 생활에 대응하는 제의 본질을 조선사회의 자본주의 성립과정과 생활문화의 복잡한 관계 속에서 살펴보겠다. 해방 후 1960년대까지, 해산물이나 농산물의 판매 경로는 마련되어 있었지만, 그렇다고 사람들의 생활이 안정되었던 것은 아니었다. 식민지 시기인 1932년, 이웃마을 세화리에서 일본인 관헌과 상인들의 착취에 대항하여 일어난 제주해녀 항일투쟁이 보여주는 것

처럼, 부당한 시장거래와 그 후 발생한 4·3사건·한국전쟁의 혼란 속에서
사람들은 생존의 극한 상황을 헤쳐 나왔다. 그 과정에서 하루하루의 생활
을 공동으로 유지할 수 있도록 제가 조직되었다. 이 기간은 제의 정체기
였다.

이때 조직된 '그물제'라는 것이 있다. 당시 밭작물의 수확을 기대할 수
없었던 행원리에서는 멸치가 식료·비료·환금상품으로 사람들에게 현금을
가져다주었다.

> 행원리엔 그물제가 세 개 있었어. 제 하나에 남자가 40명 정도였지.
> 이것도 제야. 행원리 사람이라면 하나의 접에는 가입했지. 마음이 맞는
> 사람끼리, 테우[3]에 4, 5명씩 타서 멸치를 끌어 올렸지. 장마철엔 좋았지.
> 당송이라는 감시자가 있었어. 많이 잡히지 않은 날엔 제원만 나눠 가졌
> 고 양이 많을 땐 상인에게 팔았어(K씨·1931년생·남).

> 그물제는 여자는 하지 않았어. 난 남편이 없었지만 '오늘 누구누구네
> 그물이다'하면 친척이나 가까운 사람 배라면 바다로 나갔지. 많이 잡힐
> 땐 내게도 줬으니까. 그것을 보리밭에 비료로 사용하면 좋았거든. 아,
> 지금은 쌀이지만 우리들은 계속해서 보리나 좁쌀을 먹었어. 아무리 먹어
> 도 배는 부르지 않았지만. 그런데 멜(멸치)은 신기할 정도로 많이 잡혔지.
> 그 당시에는 마을 전체가 멜 냄새로 진동했지(Y씨·66세·여).

'제'는 회원만으로 구성되는 세계는 아니다. 그물제가 펼쳐지는 날에는
주위 사람들도 배당을 기대하여 같이 따라 나선다. 그렇게 제에 관심을

---

3 제주도의 독자적인 뗏목으로 파도와 바람에 따라 돛 상태를 조절하면서 키를 다
룬다. 일본 근대어업이 침투하여 발동선으로 바뀌기 전까지 근해 어업에 이용되
었다.

갖고 관찰하면서 주위 사람들이 받는 배당은 물질만이 아니다. 사람들은 제를 조직함으로써 생성되는 공동의 확실성을 경험으로 실감한다. 그것은 생활이 윤택해진 시대에도 '힘들 때는 서로 돕자'라는 마음을 갖게 하는 원천이 된다. 즉, 그물제는 사람들이 현금을 벌고 상품경제로의 참가를 촉진함과 동시에 생활의 평준화와 본인 스스로 생활 보장을 가능케 하는 생활공동세계를 재구축하였다.

그러나 후자의 측면이 강한 비경제적 제는 역사적·사회적 변동 속에서 일단 소멸된다. 그물제는 멸치의 남획으로 어획량이 감소한 1950년대에 사라졌다. 그리고 전자의 요소가 단독으로 분출된 조직이 국가차원에서 제도화되었다. 그중 하나가 60년대 이후에 등장한 수산협동조합의 말단 조직인 '어촌계'였다. 이러한 사실은 사람들의 생활이 국가와 자본 속에서 영위되는 현실을 보여주고 있다. 하지만 사람들은 제도화된 계의 규정된 측면을 받아들이면서도 일상생활에서는 그것만으로 규정될 수 없는 생활 실천을 해왔다.

오늘날 마을에서 볼 수 있는 유연한 제 중 하나가 장례식 도구와 관련된 '화단접(상여접)'이다. 이에 대해 현재의 접장인 A씨(남·1933년생)에게 물어보았다. 행원리에 '상여접'은 '윗동네', '아랫동네'라는 구분에 따라 두 개가 있다. A씨가 가입된 상여접의 명칭은 '상동 협친회'다.

A씨의 할아버지 때부터 시작되었다는 이 접은 46명으로 출발하였다. 상동 각 가구가 모두 가입하였다. 그때 돈을 모아 관을 운반할 재료를 사서 상여를 만들고 명부도 작성하였는데, 현재 회원은 22명이다. 대여비용을 모아서 부족한 물건을 보충하거나 수리를 하기 때문에 지금은 개인이 돈을 낼 필요는 없다. 대대로 계승되었으며, 음력 12월 15일에는 접 회원들이 모임을 갖고 식사를 하면서 그 해의 수익·자금 사용처를 논의하고 접장을 교체한다. 대여시의 요금은 상여 2만원, 관을 메기 위한 틀인 '상장'이 1만 5천원, 천막은 대형 1만 5천원·소형 1만원으로 상복이나 두건

도 대여한다. 그런데 최근에는 상복이나 두건을 이용하는 사람이 줄었다고 한다.

> 최근에는 돈만 주면 바로 준비할 수 있잖아. 상갓집에서 필요한 음식도 가게에 전화만 하면 바로 배달해 줘. 돼지고기로 말할 것 같으면, 옛날엔 1마리면 행원리 350가구가 어떻게든 나누어 먹었지. 그런데 지금은 4마리, 5마리나 도축한다니까(A씨).

그렇지만 '상여접'은 아직도 남아 있다. 그 이유로는 상장이 장례식에 꼭 필요하다는 점, 사람들이 마을의 장례식에 참가하는 일은 '상식'이며 장례식 준비가 상장을 조직하는 데서 시작되는 만큼 마을 사람들이 죽음을 함께 애도하는 연결고리라는 점을 지적할 수 있다.

하지만, 돈이 모든 것을 해결하게 되면서 사라진 접도 있다. 그것이 '산담접(돌담 쌓는 접)'이다. 제주에서는 묘지나 집을 지을 때 주위에 돌담을 쌓는다. 그럴 경우, 돌을 구입하거나 석수를 고용하는 데에 상당한 비용이 들기 때문에 이웃이나 뜻이 맞는 사람끼리 접을 만들었다. 그런데 이 접도 돈에 여유가 생기기 시작하면서 조직되지 않게 되었다. 또, 접 회원들의 부모가 이미 돌아가셨다는 점, 콘크리트 벽이나 시멘트 벽이 증가하여 집 주위에 돌담을 쌓지 않게 된 점도 소멸의 이유로 지적된다.

석공 일을 해 본 경험이 있는 사람이 60세 전후인 A씨와 K씨 등이다. K씨는 한국전쟁 때 군 생활을 마치고 1959년 마을로 돌아온 후 석수들을 모아 제를 꾸렸다. 5명이 '협심회'를 만들었고 후에 7명이 '육친회'를 재결성하여 석공 집단으로 제주도 각지를 돌아다녔다. 그 당시는 육체노동을 담당할 세대의 남자들이 거듭되는 전쟁에 끌려가 일손이 부족했다.

> 석공 일은 현장 하나당 5명에 얼마라고 계산해 줘. 능숙하지 못한

사람은 잘하는 사람에게 배우면서 돈을 모으는 거야. 그렇게 해서 여행도 다녀왔어. 모은 돈은 분배하지 않아. TV제나 지붕제라고 하여 어느 만큼 돈이 모일 때마다 한 집씩 TV를 사주거나 지붕을 슬레이트로 바꾸어 주었지. 20년 전에는 마늘 농사도 많지 않았고 돈을 벌기가 힘들었어. 모두 이리저리 돈을 꾸러 다녔지. 은행에서 빌릴 수 있는 돈도 없었고 농협이나 수협도 충분하지 않았을 때 그렇게 하면서 돈을 모았던 거야(K씨).

그 이전에는 '제라는 것은 만들지 않았어. 돈이 없었으니까'라는 생활에서, '회니 제니 하면서 여러 가지가 만들어진 것은 아마 60년대에 들어서지……. 그 당시 행원리에 냉장고가 두 개 있었어. 제사 전날, 고기를 들고 가서 보관해 달라고 부탁을 했지'라는 상황으로 바뀐 것이다. 그런데 60년대 이전에도 제는 있었다. 그렇다고 위의 이야기가 틀린 것은 아니다. 위의 이야기에서는 생활 유지를 공동으로 조달하였던 비경제적 제의 일면과 현금 환산이 이미 가능해진 또 하나의 제의 측면이 동일한 제라는 말로 쓰인다.

그러나 이것이 비경제적 제의 해체를 의미하는 것은 아니다. 60년대 이후 국내 자본주의 시장경제의 정비와 함께 개개인의 현금 수입이 증가하여, TV나 집 개축 등 소비재를 구입할 여유가 생기는 과정에서 등장한 새로운 제를 말하고 있는 것이다. 확실히, TV제나 지붕제의 등장은 사람들이 일상생활에서도 현금을 협동 투자하여 개별이익을 추구하는 측면을 보여주고 있다. 그러나 여기에서 지적할 것은 '제'가 자본주의의 경제화가 되었다는 것이 아니라, 시장경제하에서 생활하는 사람들이 현실에 공동으로 대처하는 방책으로 제를 생성하였다는 점이다. 왜냐하면, 농협·수협·은행과 같은 제도는 생활이 몹시 힘들었던 시절에는 아직 정비되지 않았기 때문이다. 그런 까닭에 사람들은 제도화에 의존한 것이 아니라, 상황마다의 목표와 관계를 서로 이해하면서 그 시대의 생활 변화에 함께 대처하고 그 경험을 공유하였다. 이와 같은 공동성의 재편원리를 나타내는 것이 제다.

60년대 이후, 국내의 재정기반이 정비되었다고는 하지만, 사람들이 제도를 바로 이용할 기회를 가지고 있었다고 할 수는 없다. 행원리의 '주요상품'이 된 마늘 양산에 기대하게 된 것은 70년대에 들어서였다. 70년대는 농촌의 근대화를 표방한 '새마을운동'이 추진된 시기로, 마을에 전기와 수도가 설치되고 생산진흥·기계화가 제창되었다. 그런데 마을 사람들이 직접 느낀 바에 따르면, 운반과 경작에 중요한 경운기를 마을에서 구입하기 시작한 것은 80년 무렵이었다고 한다. 그리고 당시 20대였던 사람들은 일자리를 찾아 도시로 떠났다. 그들의 부모세대가 농업과 함께 도내 돈벌이와 개량된 잠수복으로 수확을 증대해 가면서 어업 활동을 하였다. 그렇게 모은 현금으로 제를 결성하고 공동으로 소비재를 구입하게 된 것이다. 1960년·70년대는 제의 재생기이다.

80년대가 되면, 해산물의 대일 수출이 비약적으로 증가하고 전복과 소라의 양식과 수출이 촉진된다. 봄에는 농협으로부터 마늘 수매가격을 받고, 가을에는 바다에서, 겨울에는 밀감이나 당근 밭에서 돈을 벌게 되면서 생활수입에도 리듬이 생겼다. 이 무렵, 가지고 있는 현금을 늘릴 목적으로 마을에서는 금金제라고 하는 '다노모시(賴母子)'가 유행하였다. 다노모시에 대해 마을 사람들은 "옛날 일본에서 들어온 거야", "그건 도시 사람들이 하는 거야"라고 하였다. 운영 방식은 제 회원 중에 한 사람을 '오야(親, 계주)'로 정해, 오야가 일정액을 회원들로부터 회수하고 회원들이 순서에 따라 사용한다. 하지만, 오야가 돈을 들고 도망가고 몇 개의 '다노모시'가 깨지면서 사라지게 되었다. 그리고 식기나 반지 등 소소한 물품 구입을 위해 제를 만들기도 하였다. 마을 사람들이 한창 일할 나이였던 80년·90년대는 제의 활성기이다.

그렇게 90년대도 중반이 지나면서 사람들은 자신들이 나이가 들었다는 현실을 깨닫게 된다. 60세가 지난 Q씨와 비슷한 연령대의 여자들은 "은행에서 돈을 빌리고 싶어도 우리처럼 나이 많은 사람들에게 누가 쉽게 돈을 빌려주겠나"라고 했다. 하지만 그녀들은 지금도 현역에서 잠수작업을 한다. "채취할 수 있을 때 한 푼이라도 벌어 두어야 해"라고 하는 Q씨는 '만약을 대비해서'라며, 지금 2개의 친목에 가입하고 있다. 그러한 사람들의 생활세계를 지탱해 온 것이 제였다고 할 수 있을 것이다.

그런데 L씨(여·33세)가, "뭐든 제를 만들 수가 있어. 돈은 한 사람이 갖고 있으면 써버리기 쉽잖아. 함께 모으면 물건도 살 수 있어"라고 말한 것처럼, 물건을 구입하거나 의례나 생활유지의 명목으로 결성된 제는, 공동 투자와 공동융자라는 화폐경제로의 참가 수단으로 설명되어 왔다. 관혼상제 비용이나 그에 따른 교제비용, 교육비, 다음 해의 밭작물 구입비 등 충분한 금액을 실제 필요로 하는 측면은 분명히 적다. 하지만 그것만이 아니다. 제는 단순히 화폐경제에 참가하는 도구만은 아니다.

이것은 "제는 생활이 어려울 때 서로 돕기 위해 만드는 거야"(P씨·1931년생·여)라는 말에도 잘 드러나 있다. 제를 만드는 과정에서 하나의 공동성을 상상하고 공유해 온 것이다. 제에 참석하는 개개인은 각자의 생활에 대한 불안이나 기대를 서로 이야기하고 자신들 앞에 있는 현실을 공유한다. 나이가 들면서 약해지는 자신의 힘과 생활 유지에 대한 불안, 일의 확장 가능성, 자녀의 독립, 죽음에 대한 준비 등 개개인이 껴안고 있는 사정들이 공유되면 제는 즉시 결성된다.

2. 제와 수눌음의 병존

마을의 작업 방식을 표현하는 말로 수눌음이 있다. '노동의 상호교환'이라는 의미로 정식화된 품앗이를 제주 방언으로 표현한 말이다. 현재 '수눌음은 없다'고 하는 사람과 '있다'고 하는 사람이 있다. 각자의 생활방식과 사고방식에 따라 파악하는 방법이 여러 가지이다. 단지, '수눌음=일손을 빌리다'라는 말을 할 때, 생활의 다양한 장면을 포함하는가, 아니면 농사일에 한정하는가라는 점에 차이가 있다. 마을의 생활에서 관혼상제와 관련된 일이 있을 때는 많든 적든 마을 사람들이 현장에 얼굴을 내밀고 조금이나마 일손을 돕는 것이 마을의 '상식'이었다. 그리고 '산담접'이 사라진 것처럼 집을 개축할 필요가 적어지면 집짓기와 관련된 수눌음은 보이지 않는다. 수눌음에 대한 질문에는 농사일과 관련이 있다는 대답이 많았다.

> 수눌음, 어울림. 이 마을에서도 지금도 하는 사람은 있어. 어울림의 완전한 제주 사투리가 수눌음이야. 최근, 농사가 산업농으로 바뀌어 많이 하는 사람은 2, 3만평, 더하는 사람은 몇 만평이나 해. 그러니까 원시적 농업이 아니라 기업농이지. 즉, 돈도 더 많이 출자하고 얼마나 많이 벌어들일까 하는 기업농이 된 거야. 수눌음, 어울림이라는 것은 옛날 어머니가 농사일 할 때, 할머니가 농사일 할 때, 지금보다도 힘든 시절, 그때는 인정도 많았어. 우리 집에서 남의 집 일을 해 주면 다음에 그 집에서 우리 집 일을 해 주는 거야. 그런 협동. 지금도 그렇게 하고 있어. 마늘을 심을 때 하지. 마늘을 심는 날 하루 저 집에서 가서 도와주면 이번에는 저 집 사람들이 와서 하루 해 주는 거야. 수눌음을 하면서도 돈을 주고 고용하기도 해. 마늘 심을 때 혼자 하는 것보다 심심하지 않고 인생 정보도 얻을 수 있지(R씨·1954년생·남).

이 이야기에는 서로가 수확 자체를 할 수 있을까에 대한 걱정이 가득했을 과거의 수눌음과, 어느 정도 수확을 예상하고 그에 맞는 화폐 환산을 염두에 둔 지금의 수눌음이 들어있다. 오늘날의 수눌음에는 현금을 매개로 하지 않는 것, 일시적인 일손부족을 1일 고용으로 보충하는 것, 그리고 이어서 살펴볼 '마늘 심는 제'라는 것이 혼재되어 있다. 또한 수눌음의 시대적 변천이 담겨 있으며, 현재가 과거를 조명하고 있다. 그와 함께, 수눌음을 말할 때 많이 등장하는 하는 것이 상호부조로서의 '인정'이며, 공동 작업을 할 때 '혼자 하는 것보다 심심하지 않고 인생 정보도 얻을 수 있다'는 공감의 세계이다.

마을에서 최초로 양산 가능했던 환금작물인 마늘의 경작 확장을 누구나가 생각한다. 하지만, 마늘 구입·일손 확보·임금 계산·출하 준비·밭에서의 식사 준비 등을 본인이 해야 하기 때문에 상당한 부담이 된다. 게다가 수확이 확실히 약속된 것이 아닌 까닭에 나이가 든 사람들에게는 그 부담이 더 심하다. 그래서 최대한 재산이 줄지 않도록, 바쁜 시기에 일손을 확보하여 어떻게든 농사일을 마무리하고 어느 정도 수입을 얻기 위해 걱정하는 사람들이 공동으로 현실에 대응하는 방법으로 '마늘 심는 제'를 결성했다.

그러나 이 '마늘 심는 제'는 '협동'이라는 명목 하에 누구나 회원이 될 수 있는 것이 아니다. 마늘은 손으로 심기 때문에 혼자서 몇 차례 나누어 심는 것보다, 많은 사람이 한꺼번에 심는 편이 마늘 성장에 차이가 심하지 않아 수확이 좋은 것은 확실하다. 경험·연령·심는 시기·밭의 수·임금 등을 고려하여 회원의 가입여부를 결정한다. 이것은 '마을의 전통'으로 고수되어 온 것은 아니며, 그렇다고 갑자기 생겨난 것도 아니다.

'마늘 심는 제'가 만들어지기 전에는 '보리밭 김메기 제'가 있었다. 마늘이 양산 단계에 있었던 때도 아니었고 농약이 사용되지 않았던 시절이라 잡초를 자주 제거하는 일이 수확을 위한 필수 작업이었다. 그러다가 누구나가 농약을 사용하게 되고 마늘이 대량 생산화 되자, 몇 만 평이나 되는 마늘 밭을 경작하는 사람이 나타나기 시작했다. 남의 밭에만 가도 임금을 받을 수 있게 되었다. 그래서 자신의 밭이나 자신의 힘 등 여러 가지를 고려하면서 주위의 동향을 살피게 되었고, 가끔 모인 자리에서 비숫한 상황에 처한 사람들이 대화를 하다가 '마늘 심는 제'가 만들어졌다. 그리고 그 자리는 최근의 농사 동향이나 교제에서 불가결한 관혼상제와 관련된 정보를 얻는 자리가 되거나, 딸이나 아들의 결혼과 취직을 상담하는 곳이 되기도 한다. 그렇게 하면서 사람들은 일상의 울분을 털어내고 자신의 경험을 서로 나누고 농담하고 논쟁하면서 현실과 마주한다.

Z씨가 회원으로 있는 제는, 3년 전인 1991년에 시작되었다. '마늘 심는 제'의 운영방식은 회원들이 순번을 정해서 각 회원의 밭에 가서 마늘을 심는 것이 기본이지만, 돈 지불 방식에는 약간씩 차이가 있는 것 같다. 회원에 따라 밭의 소유수가 다르다. 가령, 밭이 1개 있는 사람부터 5개나 가지고 있는 사람이 있다고 하자. 지금은 밭에서 하루 일하면 여자는 최저 2만 원을 받으며, 보통 밭 하나를 마무리하는 데 하루 걸린다. 회원들은 자신 소유의 밭 수에 인부 수만큼 곱한 금액을 지출한다. 밭이 1개일 때는 1밭×5명×2만＝10만 원, 밭이 5개인 회원은 5밭×5명×2만＝50만 원이 된다. 이에 해당하는 현금을 은행에 예치하고 쓸 일이 생길 때까지 이자를 불려나간다. 사용처는 사람마다 달라, 교육비·집 개축비용·관혼상제 비용·여행비용 등이다. 그리고 그룹에 따라서는 첫 날은 돈을 지출하지 않고 이틀이 되면 반나절로 계산하여 그 자리에서 현금을 주는 경우도 있다. 다시 말해, 지불 금액·돈을 거두는 방법·이득 분배에 규칙은 없고 계원의 형편에 따라 바꿀 수가 있다. 여기서 중요한 것은 '마늘 심기'라는 농사일을 공동으로 해결한다는 점이다.

> 시작은 비 오는 날 화투를 하기 위해 모인 사람끼리 '잠깐, 우리 마늘 심는 제를 만들어 볼까?', '해 볼까?', '어울림이지만 돈은 어떻게 하지?' 하다가 생긴 거야. 옛날엔 보리밭에 김을 메는 제나 좁쌀제가 있었어. 20년 전에는 1일 200원. 내가 17살이었을 땐, 7명서 한 사람당 30원이었지. 맨손으로 작업하고 농약도 없었기 때문에 일도 많았어. 월 2회 정

도 했지. 동지 무렵부터 하기 때문에 눈도 내렸고 불을 쬐면서 일을 했어. 손에 천을 감고서. 그때를 생각하면 지금은 정말 편하지(Z씨·1945년생·여).

이 말속에는 '제를 한다'와 '어울림=수눌음한다'는 것이 개별적인 것이 아니라 서로 연결되어 있다.

현재, 행원리에서 농업에 주력하는 사람은 50~60대다. 날씨와 시장경제 동향에 좌우되면서 환금작물의 양산을 시도해 왔다. 기계 도입이 어려운 토지 조건, 자금과 일손 확보 등 어느 농촌에서나 지적되는 사정이 이 마을에도 있다. 그러한 현실적인 생활은 수눌음을 단순히 무임금의 '노동력 상호교환'이라고 한정하지 않는다. 누구나가 크고 작음의 차이는 있지만 '기업농'이 되는 과정에서, 계속적 양산이 요구되는 화폐환산이 이미 끝난 세상을 사는 사람들은 즉흥적으로 자신만의 현실 공략전술을 만들어냈다. 즉, 수눌음을 하지 않고 사람을 고용하면 지불해야 하는 임금을 공동으로 저축하여 조금이라도 이자를 많이 늘리려고 한다. 이것이 '협동 투자'인 제다.

이렇게, '노동력 확보'형의 수눌음과 '협동 투자'형의 제라는 두 개의 생활공동원리의 병존을 통해, 사람들은 공동성을 재인식하면서 화폐경제에 참가하게 된다. 따라서 '마늘 심는 제'를 경제효과 면에서만 한정지어 파악할 수는 없다. 제를 결성한다는 것은 얼핏 전통적인 것처럼 보이지만, 실제 그 내실은 비연속적으로 재구성되어 왔다. 몇 번의 전쟁을 겪으면서 사람들은 피폐한 생활로 고통 받으며 인력을 박탈당했다. 그렇다고 국가 주도의 농촌진흥책이나 가족·친족의 원조에만 의존할 수 없었다. 노동력 확보와 생활 부흥이라는 현실 대응 과정에서, 노동력 확보형의 수눌음과 협동 투자형의 제라고 하는 두 개의 생활공동원리는 공존하였다. '마늘 심는 제'가 하나의 예다. 사람들이 다양한 제를 만든다는 것, 그것은 그럴 수밖에 없었던 현실을 드러내는 것이다. 하지만, 사람들은 현실은 받아들이면서 능률과 양산이라는 화폐경제의 논리에 직결되지 않는 여러 가지 제를 결성하였다. 마을 사람들은 전통적인 제를 현실 상황에 맞추어 개선·해체·재편하면서 현실 세계를 공동으로 구축해 왔던 것이다.

제4절 생활실천상의 처세술

일상생활 속에서 만들어지는 제와 수눌음은 항상 변화하면서 생성되고 있다. 따라서 '그물제'나 '산담제'를 근대화 과정에서 해체된 것이라든가, '상여제'를 그 잔존이라고 일률적으로 해석한다면 현실 속에서 유연하게 대처하면서 살아온 사람들의 '현명한 선택'은 보이지 않는다.

왜냐하면 수눌음과 제라는 전통적인 규제를 존중하고 지키면서, 사람들이 그에 맞춰 공동작업의 수배·운영을 하는 것이 아니기 때문이다. 사람들이 과거와 지금의 생활공동원리를 수눌음이나 제라는 동일한 말로 표현하는 것은 분명하다. 그런데 실제 사정은 변하고 있다. 그때그때마다 사람들이 상황에 대응하며 생활의 축적을 지탱해 온 생활공동원리를 선택하는 과정이 수눌음이 되거나 제가 되거나 쌍방이 병존하기도 한다. 이 과정에서는 생활공동원리 자체도 과거의 경험의 축적 속에서 재편성된다. 따라서 하나의 제를, 이전의 제나 다른 제와 비교하여 정통이라거나 이단이라고 할 수가 없는 것이다. 즉, '무엇이든 제가 된다'는 것뿐이다.

지금까지 살펴 본 것은 자본에 따른 제도화와 합리화에 의해 해체되고 변질된다는 시각에서는 간과된 공동성의 생성 및 재편성 과정이다. 그것은 공동성을 상상·재인식하는 노동력 확보형의 수눌음과 협동 투자형의 제라는 두 가지 생활공동원리의 병존·개선이었다. 사람들은 도시화·공업화와 연동하는 마을의 고령화·과소화라는 곤란한 현실 속에 살고 있다. 하지만 거기에는, 개개인이 서로 처해있는 상황을 관찰하면서 함께 현실에 대처하는 힘이 생성되고 있다. 이 장에서는 이러한 생활 조직의 창조성에 주목하고 그 가능성을 고찰하는 시도를 해 보았다.

제7장 타향에서의 생활과 공동성

제1절 일본에서 조직된 친목회

1. 재일제주인의 모임

지금 일본에는 한국 제주도 출신자의 친목회가 마을 단위로 여럿 조직
되어 있다.[1] 1년을 통해 신년회, 야유회, 망년회[2] 등을 열고 모이는 모습
을 어떻게 인식할 수 있을까. 현대사회는 일본이라는 땅으로 다양한 지역
사람들이 국경을 넘어 활발히 이동하고 있다. 제주사람들의 친목회는 국
제이동이라는 현실에서 보면 구체적 존재이며, 접근하기 쉽다. 최근 시야
가 넓어지고 있는 재일조선인에 관한 연구에서 재일친목회는 '재일조선인
의 다양성'을 보여줌과 동시에 '제주인의 특수성'을 예증하는 것으로 다루
어지기 쉽다.[3]

---

1 오사카에서 나는 대평리·하모리·법환리·행원리·조천리·시흥리·삼양리·고내리
  의 제주도 마을 친목회와 그 회원들을 만났다.
2 재일행원리친목회인 경우 신년회나 망년회는 연말연시에 이쿠노구 주변에서 모
  여 회식과 총회를 겸하여 열린다. 야유회는 봄에 꽃구경을 가는 경우가 많다. 오
  사카조(城)공원은 매년 제주도 출신 사람들이 모여 꽃구경을 하는 곳이다.
3 1997년 11월 제주도에 있는 제주대학교에서 제주학회와 제민일보 주최로 제13
  차 전국학술발표대회가 개최되었다. 그날 주제는 '제주인, 제주문화, 그리고 일
  본'이었다. 한국 측에서는 문화인류학자 이문웅이 '재일제주인 사회의 사회조직'
  에 대해, 일본 측에서는 사회학자 飯田剛史가 '재일제주도 출신자의 양국 간 네
  트워크 전개'에 대한 보고가 있었다.

이 장에서는 일본에 거주하는 제주도 행원리 출신 사람들이 만든 친목회에 초점을 두겠다. 하지만 친목회를 살펴봄에 있어서 사람들에게 행원리라는 마을이 절대적인 존재라는 점을 말하려는 것은 아니다. 제주에서 일본으로 건너와 생활하면서 사람들은 여러 가지 상황에 직면하게 된다. 확실히 제주도는 육지와는 다른 역사와 문화를 가지고 있다. 그러나 제주 사람이라고 하여 일본에서 육지 출신자들과 명확하게 다른 생활 영역을 형성하고 있는 것은 아니다. '일본에 거주한다'는 현실에서 생기는 어려움은 제주도출신자든 육지출신자든 마찬가지다. 예를 들면, 제도적이고 일상적인 민족차별은 제주도와 육지라는 구분과는 상관없이 사람을 구속한다. 그러한 일상 속에서 마을과의 관계를 우선할 때, 친목회라는 모임이 성립하는 것이며 거기에는 같은 마을 출신이 아닌 사람도 포함된다.

따라서 재일제주인들의 친목회를 현재의 조직이나 활동에만 주목하거나, '섬 사회가 갖는 강인한 공동성'이라는 말로 종합해 버리면 제주에서 도일한 사람들이 다양한 변동 속에서 친목회를 만들어 온 역사적인 역동성이 보이지 않게 된다. 친목회라는 모임은 과거로부터 면면히 이어져 온 고정화된 집합체가 아니다. 식민지배로 인해 도일하기에 이른 사람들, 그리고 그 자손들이 일본에 거주하면서 겪게 되는 다양한 현실적 곤란에 대처하면서 서로 만나는 모임 중 하나이다.

이 장에서는 이 모임을 디아스포라적 내셔널리즘을 상정하는 하나의 독립된 문화로 간주하는 것이 아니라, 모임에 참가하는 사람들의 구체적인 일상에 다가서서 항상 재편되는 생활실천의 프로세스로 파악하겠다. 역사적 구조화 속에서 사람들은 다양한 현실에 직면하고, 여러 가지 대응을 하면서 즉흥적으로 생기는 실천에 의해 시행착오를 겪는다. 이 장에서는 지금까지 그리고 현재를 살아가는 사람들의 실천을 미리 특정한 틀에 넣어 분석하는 것이 아니라, 구조화의 힘과 그 속에서 살아가는 사람들이 창조해 내는 즉흥성과의 싸움에 주목하겠다. 일본에서 탄생한 제주사람들의 친목회는 식민지 지배 이후의 구조화의 힘에 대치하고 사람들이 자기 나름의 생활 기반을 일본에서 창조해 가는 삶의 방식이며, 도일하여 살아가는 현실과 공동으로 대응하는 결절점이라는 데 그 의미를 둘 수 있겠다.

2. 일본에 있는 다양한 친목회

현재 재일조선인이 출신지역별 친목회가 어느 정도의 단위(리·면·도 등)에서 얼마만한 규모인지, 이에 관한 상세한 조사나 보고는 보이지 않는다. 내가 지금까지 조사한 바에 따르면 제주도 이외, 다시 말해 육지 사람들인 경우에는 도 단위의 친목회가 3개 있다. 경상남도 도민회·경상북도 도민회·충청도 도민회다.[4] 경상남도 도민회인 경우, 일본에 하나만 있는 것이 아니라 도도부현(都道府縣) 단위의 지부가 있다. 나는 효고현 경상남도 도민회 회장을 만날 수 있었는데, 그는 리나 면 단위의 친목회는 모른다고 하였다. 그리고 효고현 경상남도 도민회에서는 신년회나 하나미(花見) 모임을 갖지만, 재일 1세의 참가가 대부분으로 후계를 어떻게 할 것인가가 문제라고 하였다. 이 친목회의 상세한 현황이나 다른 도도부현과의 관계, 결성 경위, 그리고 제주도 이외의 친목회에 관한 것은 앞으로의 조사 연구 과제이다.

제주도차원의 친목회가 조직된 것은 1960년대부터다. 간사이(關西)에서 최초로 결성된 친목회는 1960년 재일제주경제인협회이다. 그 후 1963년 재일제주도민회, 1966년 재일제주도친목회, 1967년 재일제주청년회가 조직되었다. 그러다가 1994년 4개의 친목회를 통합한 간사이제주도민협

---

4 경상남도 도민회 회원은 내가 직접 만났다. 경상북도 도민회·충청도 도민회에 대해서는 3장에서 언급하였다. 1997년 제주도에서 개최되었던 제13차 전국학술대회 '제주인, 제주 문화, 그리고 일본'에서 飯田剛史가 보고하였다.

회가 결성된다. 이러한 단체들은 결성 후, 한국전쟁 이후의 한국의 부흥·경제 발전에 다양한 지원을 하였다. 단체 참가자도 주로 일본에서 어느 정도의 경제적 여유를 가진 사람들이었다. 이러한 도 차원의 친목회는 '제주도에 대한 지원'이라는 목적을 갖고 의식적으로 결성된 새로운 조직이다.

그런데 지금까지의 친목회에 관한 연구는 도차원이 아니라 리차원의 친목회를 대상으로 해 왔다(탐라연구회, 1991; 고선휘, 1993, 1996). 고선휘의 지적처럼 리차원의 친목회는 고향마을을 떠나 타향의 도시에서 생활을 시작한 사람들이 상호부조의 필요에서 만든 것이다(고선휘, 1996:127-28). 이 장에서도 그러한 사람들의 생활과정에서 나타나는 친목회의 본질을 파악해 보고자 한다.

일본에 거주하는 사람들이 만든 모든 친목회가 동일한 형성과정을 거치거나, 다음 세대로 계승되거나, 활동을 하고 있는 것은 아니다. 그러면 여기서 '재일본행원리친목회'상황을 살펴보기 전에, '재일본대평리인 친목회'에 대해 개관해 보겠다. 이하의 기술은 지금까지 내가 각각의 친목회 사람들과 만나 이야기하는 가운데 얻은 정보를 바탕으로 한 것이다. 그러므로 각 친목회의 상세한 역사나 현상을 빠짐없이 안다고는 할 수 없다. 이를테면 회원 명부를 보는 것조차 회원들 간 시비가 일거나, 내게 한 이야기를 문자화하는 것을 거부하는 사람도 있었다. 문자화는 사람들과 내가 서로 이야기하고 만나는 과정에서 그때마다 결정된 것으로, 그러한 사정을 감안하고 각각의 친목회 상황을 살펴보았으면 한다.

제2절 친목회의 생성과 변용

1. 재일본대평리인친목회

재일본대평리인친목회 이야기를 해 준 사람은 초대회장의 아들(67세)로, 그가 제주도 대평리에 2개월 정도 예정으로 돌아왔을 때였다. 대평리의 원로 U씨의 소개로 초대회장 아들과 만나 해방 당시의 친목회 상황을 들었다.

해방 전 대평리 사람들이 도일한 곳은 오사카보다 쓰시마 방면이 많았다. 이미 3장에서 기술한 바와 같이, 물질을 하기 위해 많은 잠수와 인솔자인 남자들이 쓰시마로 갔기 때문이다. 해방 전 오사카에 갔던 U씨도 당시에는 대평리 사람들 간의 모임은 없었다고 했다. 재일본대평리인친목회 결성은 해방 후였다.

해방 후 대평리에서 20명에 가까운 사람들이 집단으로 도일하였다. 1948년에 발생한 4·3사건이 계기였다. 이들은 자신들의 의지와는 상관없이 대평리의 생활이 곤란해졌기 때문에 전년도인 1947년, 현실을 벗어나는 탈출구로 일본을 선택했다. 해방되기 전에 일본에 건너가 살고 있던 대평리 사람 중 오사카에 정착한 두 가족이 있었다. 해방 후, 20명에 가까운 사람들은 먼저 오사카로 건너간 두 가족 중 도장업을 하는 사람에게 일을 배웠다.

오사카에서 생활을 시작한 사람들은 그 해 1947년 친목회를 결성하고 회칙도 작성하였다. 그 후에도 도일한 사람들이 참가하여 많을 때에는 회원이 40~50가족이나 되었다. 그리고 이웃 마을 하모리(1981년 이후 서귀포시 하모동) 사람이 3명 있었다. 대평리와 하모리는 도보로 5분 정도의 거리에 있고 현재 약 50세까지의 사람들은 결혼을 계기로 양쪽 마을에 친척이 있는 사람이 많다. 지금은 하모리 사람들은 가입하지 않으며 별도의 친목회를 조직하여 대평리의 재일친목회에 참석하는 일은 없다.

재일본대평리인친목회는 총회를 1월과 6월 2회 실시하고 봄에는 운동회, 연말에는 망년회를 개최한다. 임원회의는 매월 1회 실시한다. 임원구성은 회장 1명, 부회장 1명, 총무 1명, 조직 2명, 재무 2명, 간사 약간명, 고문 및 상담 약간 명으로 구성되어 있다. 현재는 23가족, 약 150명의 회원이 있다. 입회금과 회비는 바뀌며 1997년 현재까지 회비는 한 달에 5,000엔이다. 회원들의 관혼상제와 관련해서는 금일봉을 하는 것으로 정해져 있다.

재일친목회의 고향 대평리를 위한 기부는 1968년부터 시작되었다. 전기공사에 필요한 기부와 공사를 담당하여 '제주에서 처음으로' 각 가정에 전기계량기를 달게 되었다. 그 후 1969년 대평리분교의 교실 증축 비용, 1975년 학교 부지 확장 비용, 1976년 대평리와 하모리간 하천 다리공사 비용을 기부하였다. '고향을 위해' 재일본대평리인친목회는 많은 기부를 해 왔지만, 지금 친목회의 계승이 문제가 되고 있다.

나는 초대회장 아들의 조카를 소개받아 오사카시 이쿠노구에서 1997년 10월에 열린 임원회의에 참석하였다. 나와 같은 '일본인 여자'가 대평리에 갔다는 사실 자체를 임원들은 신기하게 보았다. 내가 제주도에 가게 된 경위를 설명하면서 이야기가 시작되었다.

그날은 망년회 장소 검토와 친목회 계승에 대해 다양한 의견들이 쏟아졌다. 회장자격을 60세 이상으로 하는 연령제한을 비롯하여 나이순으로 해 왔던 계승방식의 변경, 친목회에 2세가 참가하지 않는 것에 대한 논의가 그날의 안건이었다. 제주도에서 만난 초대회장 아들은 물론 그날 참석한 임원들 대부분이 '1세의 역사를 모르는' 2세가 많다는 얘기를 했다. 주고받는 말에 힘이 들어갔다. 그 옆에서 듣고 있는 내게 초대회장 아들의 조카가 "큰 소리로 말하고 있지만 싸우는 건 아니야. 모두 너무 진지해서 그래, 어때요?"라고 말을 건넸다. 내가 "무척 힘이 느껴지네요"라고 하자 조카는 "그렇게 하지 않았다면 우리들은 살아남지 못했을 거야"라고 대답했다.

재일본대평리인친목회 사람들은 일본생활의 어려움을 극복하면서 고향에 기부하는 친목회 활동을 계속 이어왔다. 회원 중 한 사람이 "고향의 힘든 생활을 알고 있으며, 우리들도 그것 때문에 떠나왔기 때문이지"라며 이유를 말해주었다. 앞으로 어떻게 될지는 모르겠지만 재일본대평리친목회는 일본에서의 생활과 고향의 생활을 중첩시키면서 지금까지 그 과정을 만들어왔다.

2. 재일본행원리친목회

·친목회 결성과 재편

도일한 행원리 사람들의 모임은 3장에서 거론한 것처럼 해방 전인 1920년 오사카에서 결성되었다.

행원리를 떠나 타향인 도시에서 생활하게 된 사람들이 오로지 돈벌이에만 전념했다고는 할 수 없다. 고향마을에서 치러왔던 일상적 의례인 제사, 나이가 들면서 생기는 결혼식이나 장례식은 생활 속에 늘 따라다닌다. 그런 당연한 일에도 도시에서는 여러모로 돈이 필요하다. 그러나 '민족차별임금'을 받으면서 일하는 사람들에게 금전적인 여유는 없다. 그래서 힘을 발휘하는 것이 동향사람들이 건네주는 출자금이었다. 친목회 사람들은 관혼상제나 제사 등의 연락을 받거나 지인을 통해 알게 되면 돈을 가지고 그 집으로 찾아간다. 이렇게 일이 있을 때마다 동향사람들의 힘이 결집되어 도시에서의 돈벌이 생활이 이루어졌다.

제주도 북서지역 한림 출신인 O씨는 오사카에서 행원리 출신인 남편 D씨를 만나 결혼했다. 결혼식 날 행원리 사람들이 많이 참석하였다. 집을 빌릴 때는 남편 측 W집안사람의 도움을 받았다. 평소 행원리 사람이라고 하여 빈번하게 왕래가 있던 것은 아니었다. 현재 친목회원인 T씨는 이 모임은 1937년, 38년경에 '향우회'라는 명칭으로 바뀌었다고 했다.

1945년 일본 패전과 함께 해방이 되자 사람들은 생활 현장을 선택해야만 했다. 귀향하는 사람, 오사카에 남는 사람, 다른 지역으로 이동하는 사람 등 어수선했다. 이렇게 새로운 국면에 접어들게 되자 친목회는 일단 사라진다. 그 후 오사카에 있던 6, 7명이 다시 '재일본행원리친목회'라는 이름으로 모임을 결성하였다. 그런데 1949년 GHQ와 일본정부가 내놓은 '단체 등 규정령'의 영향으로 한때 해산된다. 그렇지만, 그로 인해 바로 사람들의 유대가 끊어진 것은 아니다. 그 무렵 해방 전부터 인쇄일에 많이 종사해 왔던 행원리 사람들은 인쇄업의 쇠퇴로 고통받고 있었다. 그때 동향 사람 중에 옷감판매를 하는 사람이 있었고 '옷감은 움직이기만 하면 돈이 된다'는 말도 있어서 그들에게 일하는 요령을 배우면서 양복 원단 판매와 프레스일로 옮길 수 있었다.

사람들의 왕래도 단절된 것은 아니었다. '해방'이 되었다고 해서, 그때까지 쌓아온 생활이나 생각이 바로 바뀌는 것은 아니다. 오사카에서 남편 고향인 행원리에 온 O씨는 오사카에서 오래 살아 농업을 해 본적도 없었고 마을 사람들과도 처음 만났다. 그녀는 "너무나 생활이 힘들어서 오사카에 되돌아갈까도 생각했다"고 했다.

실제로 1945년 8월 15일이 지났지만, 일본군은 미군과의 '결전의 땅'이라고 했던 제주도에 주둔하면서 미군이 들어온 10월 후반까지 퇴각하지 않았다. 그 후 미군정하의 남조선단독선거에 반대하는 4·3사건이 발생하였다. 마을의 생활을 지원하기 위해, 곤란한 생활에서 벗어나기 위해, 4·3의 영향 때문에 일본으로 떠나는 사람들이 속출하였다. '일본행'이라는 선택지는 식민지 지배하에서 좋든 싫든 마을의 생활 속으로 차츰 흘러들었다. 식민지 지배로 마을의 생활이 피폐해지면서 일본은 '가기만 하면 어떻게든 되는 곳'이라는 이미지를 갖게 되었다. 마을 여자들에게는 바다가 있었다. 물질과 양육이라는 일이 있었다. 남자에게는 아이를 돌보는 일은 있었지만 바다나 밭에서 새로운 작업을 시작할 밑천을 벌 일자리가 없었다. 도시에 가면 이미 기반은 되어있다. 해방 전부터 도시라는 목적지 중 한 곳이 일본이었다. 사람들은 '마을에서 어려우면 일단 일본에서 뭔가 해볼까'하는 생각을 평소부터 하고 있었다. 특별하게 어느 공장에 들어가서 얼마를 벌고 얼마만큼 살다 올 것인가라는 계획에 따른 판단은 아니었다.

그러나 일본 정부는 해방 후 법적인 절차를 거치지 않고 도일한 사람들을 '불법'적 존재인 '밀항'자로 취급하였다. 이에 대해 4·3을 계기로 도일한 T씨는 다음과 같이 말했다. "식민지 시대부터 일본과의 왕래는 계속되었고 해방은 그 과정에 있는 것뿐이야. 만일 해방 후에 곧바로 일본이 재일교포를 고향에 되돌려 보냈거나 일본 거주를 위한 확실한 보장을 해주었다면 '밀항'이라는 과정은 없었을지도 몰라. 그런데 이러한 역사를 무시한 채 왜 '밀항'이라는 행동만을 거론하며 단지 나쁜 일을 했다는 '불법'적인 존재로 별도로 취급하는 건지 모르겠어." 이처럼 일본 정부의 대응과 도항자의 생각에는 지금도 거리가 있다.

재일본행원리친목회원 중에서 1959년 북의 귀국운동 시기에 약 40가족이 바다를 건넜다. 그때 그다지 활발하게 활동하지는 않았지만, 당시의 그런 영향을 받아 제주도 마을별 재일친목회 사이에서도 북이냐 남이냐는 대립이 격화되었다. 그래서 민족통일을 위한 지역단위의 모임을 해산하자는 목소리도 있었고 해방 후 결성된 재일본행원리친목회 깃발이 소각된 일도 있었다.

그 후에도 제사나 경조사를 찾아보면서 왕래는 했지만 규칙을 개정하고 현재와 같은 운영을 하도록 친목회를 재생한 사람은 T씨였다. 1980년의 일이었다. T씨는 "마을 일, 우리 아이와 손자들을 생각하니 이래서는 안 되겠다는 생각이 들었다"면서 12년 간 회장을 맡아 친목회를 통괄하며 이끌어 왔다.

·재일본행원리친목회 개요

친목회는 조직적으로 운영되며 현재 회장 1명, 부회장 5명(이 중 1명이 회계, 1명이 총무를 겸임), 총무 5명, 회계감독 1명, 명예고문 1명, 고문 5명으로 모두 남자이다. 회장 임기는 2년으로 재선 가능하고 10년 이상 회장을 역임한 경우 명예고문이 된다. 명예고문은 임원회의 임원도 된다.

회원은 명부상 48개의 구분이 있다. 설명을 하자면 가령 Y′씨 가족인 경우 아버지인 Y′씨가 구분의 필두이며 아들은 세대를 따로 하여도 가족으로 본다. 그래서 세대별로 보면 1997년 현재 100세대다. 딸은 세대가 다르면 가족으로 기재되지는 않지만 모임에 참석하는 경우도 있다. 회비는 한 가족당 월 1,000엔으로 필요에 따라 모금에 협력을 한다. 마을에 대한 기부도 그렇게 이루어진다. 회원의 경조사에는 부조금 1구좌 1만 엔이다. 1995년 1월 한신아와지 대지진이 일어났을 때는 피해를 입은 회원들을 위해 성금을 거두었다. 회원은 약 200명으로 이 중 20~35세 남녀 40명이 청년회를 조직하였다.

·행원리를 위한 기부

친목회 활동 중 하나가 행원리에 대한 기부이다. 1995년 3월 9일 행원리에서 '행원리민회관' 준공기념식이 열렸다. 일본의 행원리친목회에서 2명의 대표가 참석하였다. 60대 후반인 Y′씨는 해방 전 일본에서 태어나

5살 때 마을에서 살다가 다시 일본으로 떠났다. 다른 한 사람은 P′씨로 그에게는 이 날이 30년만의 귀향이었다.

이 회관을 신축할 때 마을 외 친목회 중에서 기부가 가장 많았던 모임은 재일본행원리친목회[5]였다. 그때까지 그들 친목회 회원들은 행원리에 두 번 기부를 했다. 첫 번째는 1968년 제주도 일주도로 건설을 위한 자금으로 유지들이 60만 엔, 두 번째는 마을 안과 주변도로 포장을 위해 친목회가 50만 엔을 기부했다. 그리고 이번 세 번째는 지난 2회분의 금액을 훨씬 상회하는 것이었다. 그것은 기부를 의뢰하는 편지만 보낸 것이 아니라 마을 대표 4명이 일본까지 찾아와 요청했기 때문이다. 친목회 임원들은 1년에 걸쳐 기부금을 모았다. 각 가구의 기부금액은 1만 엔에서 130만 엔까지 폭이 있었고 합계 약 900만 엔을 모았다. 이 금액은 표 7-1-1과 7-1-2에서 알 수 있듯이 전 공사비 2억 1,100만 원 중 기부금이 1억 1,500만 원으로 약 3분의 2를 차지하였다(준공식 사진 7장 말미 7-1).

표 7-1-1 행원리사무소 신축경비(1995년 3월 9일 준공)

	단위: 원
총 공사비	211,000,000
복지회관보조금: 군	30,000,000
경로당 보조금: 군	22,000,000
행원리 자부담	25,000,000
어촌계 부담금	30,000,000
회사금	115,000,000

주: 1. '군'은 북제주군청.
　　2. '기부금 115,000,000원' 중 '108,810,000원'은 마을 외 친목회.

---

[5] 1960년대 이후, 서울과 부산 등에서도 행원리친목회가 결성되었다. 리민회관 신축비용 기부는 재서울친목회 900만 원, 재부산친목회 640만 원, 재울산친목회 100만 원, 재제주시 친목회 2,045만 원이었다.

표 7-1-2 행원리사무소 신축경비(마을 외 친목회 기부금)

	단위: 원
재 일본친목회	71,960,000
재 서울친목회	9,000,000
재 부산친목회	6,400,000
재 울산친목회	1,000,000
재 제주시친목회	20,450,000
기부금 총액	108,810,000

주: 당시 환금율은 1엔=8원.

마을 사람들에게 다액의 기부는 '일본에 사는 사람이기에 가능한 특별한' 행위로 비춰진다. 그런데 그런 시선으로 보면 재일친목회 사람들의 재일조선인으로 살아가는 측면은 보기 어려워진다. 즉, 일본에 거주하는 사람들이 생활에 필요한 주거확보와 취직에서 차별을 받거나, 사회보장제도에서 배제 당하는 사실은 생각할 수도 없다. 재일본행원리친목회의 많은 사람들이 양복옷감 판매와 프레스일에 종사하고 있다. 그 밖에도 도금, 구두 등 많은 재일조선인들이 종사하는 자영업으로 생계를 꾸리고 있다.[6] '종신고용, 복리후생 충실'이라는 일본의 공무원이나 기업 세계에 취업할 수 있는 문은 닫혀 있지만, 일본 경제의 기반이 되어온 재일조선인의 취업 형태를 보았을 때 '기부'는 그렇게 쉽게 할 수 있는 것은 아니다.

마을에 사는 사람들과 일본 도시에서 생활하는 사람들이 생활에 대해 느끼는 거리감은 생활이력이 쌓이면서 점점 벌어져만 간다. 그러나 그 양자를 이어주는 길은 다양하게 출현한다. 선두에 서서 친목회를 이끌어 왔던 60대 이상의 사람들에게 마을은 몸소 체험한 고향이며 가족이나 친척

---

6 재일본행원리친목회 회원들의 직업은 현재 48가구 중 36가구가 파악되었다. 이 중에 양복 소매업 2, 옷감판매 5, 프레스 12가족으로 전체의 약 반에 해당된다. 나머지는 택시회사 근무 5, 부동산 2, 철공 2, 구두 2, 플라스틱가공 2, 도금공 1, 음식점(야키니쿠) 1, 묘석 판매 1, 치과의사 1가구이다.

이 있는 곳이다. 식민지 이후 사람들의 생활에 비집고 들어온 '일본행'은 일본에 사는 가족이나 친척을 찾아가거나 마을과 왕래를 하는 사람들 사이에서 현재까지 계속되고 있다. 이런 움직임 속에서 마을과 도시의 소식들이 양쪽 모두에게 전달되었다.

·연례 행사

내가 처음으로 이 친목회 사람들과 만난 것은 1995년 3월이었다. 나는 그 해 7월에 일본으로 돌아간 후, 리민회관 준공식에서 만났던 Y′씨에게 연락을 취하여 오사카에서 만났다. 그때 함께 만날 수 있었던 사람이 Y′씨와 같이 행원리에 왔던 P′씨 그리고 U′씨였다. U′씨는 10년 전에 일본으로 건너와 오사카에 살고 있었다. 친목회 역사를 가르쳐달라고 부탁하여 오랫동안 회장을 맡았던 T씨를 만날 수 있었던 것은 1996년 4월 14일 야유회에 초대를 받은 날이었다.

야유회 장소는 오사카조공원이었다. 아침 10시에 가보니 많은 사람들이 있었다. 그곳은 재일본행원리친목회만이 하나미(花見, 벚꽃 등의 꽃을 감상하면서 봄이 오는 것을 축하하는 습관, 벚꽃연회)를 온 것이 아니라 대한민국 민단이 주최한 야유회 장소이기도 했다. 민단이 주최하는 하나미는 제주 사람들이 각 마을 별로 나뉘어 즐기고 있었다. 행원리친목회 행사는 민단 주최와는 별도로 열렸다.

이날 행원리친목회의 하나미 행사에 참석한 사람은 약 120명이며 총회를 겸한 자리였다. 작년에 결정된 신년도 임원보고에는 참가자 전원이 동의했다. 약 4시간 정도 고기를 구워 먹고 인사와 게임을 한 후 임원들만 남아 회의를 했다.

나는 1996년 봄에 참가했던 친목회 야유회 이후, 1997년 1월 12일에 개최된 신년회에도 가게 되었다. 그날 참가자는 남자 19명, 여자 15명으로 34명이었다. 그날은 청년회에 해당하는 젊은 사람들이 참가하지 않는 것이 논점이었다. 친목회를 이끌어 온 해방 전에 태어난 사람들은 현재 고문으로서 건재하다. 하지만 내가 임원회원들과 몇 번 만나서 이야기 하거나 모임에 참가하면서 느끼고 들은 바로는 친목회의 실제 운영은 해방 후 일본에서 태어난 자녀세대 6, 7명이 담당하고 있었다.

자신의 출신지와 관련된 마을이름을 붙인 친목회의 계승 문제는 재일본대평리인친목회에서도 그랬던 것처럼, 재일본행원리친목회만의 문제는 아니다. 행원리에서 태어나 일본으로 건너간 사람들보다도 마을의 생활을 잘 모르는 일본출신자들이 증가하고 있는 것이 현실이다. 그런데 현시점에서 행원리친목회 운영은 일본에서 태어난 일본출신자들에게 계승되어 팀워크가 아주 잘 발휘되는 것 같다. 이러한 움직임은 어떻게 해서 생겨난 것일까? 그것은 '일본에서 살아간다'는 현실에 대한 일본출신자의 대응에 따른 것이라고 나는 생각한다.

그것의 구체적인 예가 다음에 언급할 '8인회'다. '8인회'는 일본에서 태어난 2세들이 즉흥적으로 만든 모임으로 서귀포 시내에 있는 리의 친목회원도 참가하고 있다. 이 모임의 존재는 재일본행원리친목회 사람들과 몇 차례 만나 모임이나 개개인의 역사에 대해 질문하는 과정에서 우연히 알게 되었다. 이외에도 아직도 이와 같은 즉흥적인 실천이 있는지도 모르겠지만, 여기서는 내가 알게 된 모임부터 고찰하겠다.

제3절 재일본행원리친목회 내의 8인회

내가 하나미 행사에 참석하여 처음으로 많은 친목회 사람들과 만난 날, 행원리출신자들이 내게 한 말은 "대단하네요", "음식은 입에 맞던가요"였다. 나를 통해 그들은 고향마을을 회상하려는 것 같았다. 하지만 일본에서 태어난 회원들 중에는 마을 자체를 본 적이 없는 사람들이 많다. C′씨는 "난 아직 가 보지도 못했어"라고 했다. 그리고 친목회 회칙이나 명부를 보게 되었을 때 A′씨로부터 "왠지 우리 마을에 가보고 싶은 마음이 생긴다"라는 말을 들었다. 이런 소리들은 당연히 외부인인 나라는 존재에 의한 것이기도 하다. 그리고 행원리출신자들과 일본출신자들의 내게 하는 말의 차이는 각자의 마을에 대한 견해의 차이라고 해도 될 것이다.

일본에서 태어나고 살아 온 임원들은 그날 오후 그들만 있는 자리에 나를 동석시켜 주었다. 거기서 그들은 친목회와는 별도로 '8인회'라는 모임을 하고 있다는 사실을 말해 주었다. 5년 전, 50대 전후의 사람들이 모여 결성한 '8인회'는 매월 5,000엔 회비를 내고 월 1회 회식을 하는 모임으로 지금까지 한 번 여행을 다녀왔다고 한다. 어떻게 이 모임에 가입하게 되었느냐는 질문에 C′씨는 '친구니까'라고 했다. 3명이 20년 지기 친구이고, 10년 전에 1명이 가입하는 식으로 8명이 되었다고 한다. '같은 마을 출신이다'라는 말은 없었다. 같은 세대 사람 중에는 친목회에 얼굴을 내밀지 않는 사람이 있는 것이 현실이다. 그런데 '8인회'에 서귀포 사람이 1명 있다. 그 사람의 부인이 행원리 출신으로 그런 연계를 통해 행원리 사람들과 만나게 되었고 행원리가 '마음에 들었다'고 했다. 지금은 그 사람도 친목회의 중요한 회원이 되었다.

　그날 모임에서 가장 뜨거운 화제는 제사방식이었다. 친목회 모임이라고 해서 친목회 이야기만 하는 것은 아니다. 친목회 장소를 젊은이들에게 친근감을 줄 수 있는 호프집으로 하면 어떨까 하는 얘기를 나누다가 "역시 시대적 감각인지, 우리와 보는 눈이 달라", "앞으로 제사는 어떻게 될지 모르겠네"라고 화제가 흘러간 것이다. 제사방식에 대한 논의는 크게 2가지로 나뉘었다. 간소화에 대한 찬성파와 반대파였다. 그날의 대화는 다음과 같다.

　　　찬성파: ＝ 간소화하는 게 좋아. 한국도 그렇게 하고 있잖아. 일본에서도 그렇게 하면 되는 거야. 제사 방식 정도는 따로 배우지 않아도 보고 기억할 수 있는 거라고.
　　　　　　 ＝ 제사 음식이라고 해도 지금은 떡이 아니라 빵을 올리잖아.
　　　　　　 ＝ 우리들은 여기(일본)서 살고 있잖은가. 자식이라고 해도 앞으로 할 것 같은가.
　　　반대파: ＝ 나는 마을도 몰라. 그러니 일본에 살면서 간소화해 버리면 일본인이 되어 버려. 일본에 살기 때문에 옛날 방식으로 해야 하는 게 당연해.
　　　　　　 ＝ 간소화해서는 안 돼. 시간을 점점 자기 형편에 맞추다 보면 아무것도 되지 않아. 간소화 시킬 바에야 하지 않는 게 나아. 옛날 방식에는 나름대로의 의미가 있는 거야. 자신의 형편에 신을 맞추려 해서는 안돼. 제사 방법을 가르쳐야 해. 눈으로만 보고 아는 것과는 달라.

　이것은 그 자리에서 결론을 도출하기 위한 화제는 아니다. 또한 찬성파를 '일본으로의 동화', 반대파를 '전통의 유지'로 간주하려는 것도 아니다. 이런 이야기를 나누는 양쪽의 사람을 '일본출신 대 제주출신', '민족의식이 없는 측 대 철저한 측'이라는 분절로 분류할 수 있는 것은 아니다. 오히려 이러한 분절은 개개인 속에서 착종錯綜되어 있다. 일본출신이지만 제사 간소화에는 반대하면서도 자녀는 일본 학교에 통명으로 보내는 사람. 마을에도 수차례 다녀오고 친목회 일에도 열심이지만 제사의 간소화에 찬성하는 사람. 그리고 이 자리에서는 일단 어느 한쪽을 선택해 놓고도 다음 순간에 입장을 바꾸는 사람도 있다. 따라서 이러한 발언들을 발언자의 속성에 속박하는 것이 아니라 발언이 등장하는 사회적 문맥에서 파악할 필요가 있다.

다시 말해, 이 대화 자체가 재일조선인들이 일상생활에서 직면하는 현실과 그에 대한 대처방법을 토론하는 것이다. 그 자리에 모인 사람들은 모두 평소에 통명을 사용한다. 자신의 출신지를 숨기는 통명이라는 존재가 보여주는 것처럼 재일조선인이라는 것을 은폐해야 하는 일본 사회에서 일상에서 생겨나는 일들을 속 시원하게 말할 수 있는 장소는 제한되어 있다. 이러한 상황에서 친목회는 평소부터 그들이 안고 있던 고민이나 생각을 말하기 쉬운 자리다. 그런데 그 자리는 친목회라는 명칭은 같더라도 고향에서 도시로 떠나온 사람들이 '같은 마을 출신자끼리' 모이는 공동성과는 비연속적인 것이 된다.

그 자리에서 나눈 대화는 '행원리 출신자'라로서 한 것이 아니라, 일본에 거주하는 상황에 의해 제시된 것이다. 제사 자체는 부정하지 않는다. 일본 사회 속에서 '재일조선인'이라는 사실은 일상의 세세한 국면에서 자신의 존재에 대한 부정으로 이어졌다. 게다가 본국의 정치적 대립이 파고들어 왔다. 그러한 상황에서 사람들은 행원리에서 가지고 온 조상을 섬기는 제사의 연결고리를 모색하고 있다. 그것은 자신이 태어난 근거를 지탱하여 존재의 연결고리를 결합시켜 가는 작업이라고 할 수 있을 것이다.

그리고 '8인회'에서 나눈 대화는 자신들의 상황에 맞는 방식으로 제사를 계승함으로써, 얼핏 과거와의 연속성을 보이면서도 내실을 개편하는 길을 모색하는 창조의 현장이다. 마을단위의 친목회는 일면 폭이 좁은 모임이기는 하다. 그러나 일본에서 재일조선인이라는 것과 본국의 정치적 대립이라는 존재의 불안정함에서 보면 '마을'과의 유대는 한때의 쉼터이며 자신의 삶의 현장에서 다채롭고 분방한 언어의 발로가 가능해진다. 그렇다고 회원들이 '마을을 위해서'를 근본 의의로 생각해 하나가 되는 것은 아니다. 그에 대한 생각도 일원적이지 않다.

이 점에 대해 그 후의 임원회 회원들과 재회하는 자리에서 얘기를 나눴다. 마을에서 태어난 T씨와 I′씨는 "우리들은 고향을 생각해서 같은 행원리 사람끼리 서로 협력해 왔습니다. 고향마을을 생각하는 마음이 곧 이 친목회의 단결로 이어집니다"라고 말했다. 일본에서 태어난 A′씨는 "솔직히 난 행원리에 대해 아무 것도 몰라. 원래 알지 못했으니까. 그러면서 왜 모임에 오냐 하면 쓸쓸하니까. 여기 와서 이렇게 떠들고 얘기하면 즐겁거든"이라고 설명했다. 그 말을 들은 T씨는 "어이 무슨 말을 하는 거야"하면서 다시 앞에서 하던 말을 계속 하려 했다. 그때 내 옆에 있던 C′씨가 다음과 같은 말을 했다. "우리들은 전에는 선배들처럼 열심히 하지 않았어. 그런데 왜 이렇게 되었는지 계기를 말해 줄까? 어느 날이었지. 누군가의 장례식 날, 이런 얘기를 했지. 우리 장례식이나 결혼식 때 마을사람이 오지 않으면 슬프겠지, 라고."

제주에 마을은 실재하지만 일과 가족, 국적 등 다양한 사정으로 편하게 가지 못하는 현실이 있다. 해방 후 50년이 지난 지금도 재일조선인을 압박하고 있는 교묘한 차별과 배제 시스템이 있다. 그런 상황에서 사람들은 친목회가 해온 역할을 이어가면서 친목회의 존재 자체를 자신들의 '고향'을 의미하는 모임으로 계속 변질시켜 나가고 있다. '8인회'의 존재는 그런 점을 보여주는 것이라고 할 수 있다. 재일본행원리친목회를 운영하는 사

람들은 현재 이 모임을 독자적으로 해석하면서 자신들을 둘러싸고 있는
상황에 대처하는 힘을 만들어내고 있다.

제4절 유지되는 공동성 - 친목의 의미

일본에서 결성된 친목회는 고향마을에서 도시로 떠나 온 사람들이 타향 생활을 극복하기 위한 중요한 공동실천의 성과이다. 하지만 그 모습은 과거와 연속상에 있는 것은 아니다. 거기에는 해방 후, 일본정부로부터 재일조선인 취급을 받으며 교묘한 차별과 배제 시스템을 강요하는 생활 현실과 본국 분단이 있다. 친목회 자체가 다양한 조건에 농락당했다. 그런 상황에서 해방 전부터 도일은 계속 되었고 그 과정에서 친목회를 구성하는 회원들의 도일 시기와 경위가 다양해진다. 마을을 떠났지만 좀처럼 귀향할 수 없는 사람들은 도일한 사람들의 이야기 속에서 마을의 모습, 친척들의 상황, 자신과 관련된 재산·묘지·제사의 관리 상태를 알게 된다. 그리고 이런 화제거리 주변에는 마을을 실감하는 사람과 '마을을 모르는' 사람이 있다.

그럼, '마을을 모르는' 사람들이 왜 친목회에 가입하는 것일까. C′씨의 말처럼 자신들의 출신지와 관련된다고 해서 즉시 '같은 마을 사람'으로 친목회를 갖게 되는 것은 아니다. 일본에 거주하는 그/그녀들의 일상은 재일행원리 사람으로서보다 재일조선인으로서의 대응이 요구된다. 일본 사회에서의 삶을 곤란하게 하는 차별과 억압의 시스템은 식민지 지배 이후 형태를 바꾸면서 사람들의 생활을 구속하였다. 뿐만 아니라 본국의 본단 상황은 자신의 존재와 항상 관련된다. 이와 같은 현실에 놓인 사람들이 '행원리 사람' 간의 친목회를 갖는다는 것을 '재일조선인의 다양성'이나 '제주도 사람의 특수성'으로 파악한다면, 사람들이 처해 있는 상황에 대한 규정성이 빠져 버린다. 사람들이 '마을'이라는 작은 단위로 모임을 갖는 것은 실로 그 상황 규정성과 불가분의 관계가 있기 때문이라고 할 수 있다.

그렇다고 해서 친목회가 과거로부터 면면히 이어져 온 집합체로 고정화되지는 않았다. 왜냐하면 친목회 회원들 각자의 도일 시기, 경위, 출생지 등이 각각 다르기 때문이다. 그리고 '8인회' 회원 구성에서 나타나고 있는 것처럼 동료의식은 유연하다. 다시 말해, 모임에 참가하는 자체에 의미가 있는 것이다. 공동성은 생활 속에서 운영주체에 따라 언제든지 변질 가능하다. 가장 최근에 친목회의 '마을을 모른다던' 사람을 만났을 때, 그는 "딱 한 번만 가 볼까 생각하고 있습니다. 어떤 곳인지 말입니다"라고 말했다. 그는 자신의 존재를 규정하는 것을 찾아 다시 한 번 자신의 생과 마주하는 길을 모색하고 있다. 그 시도가 곧바로 상황을 타개하거나, 결집하여 투쟁하는 활동으로 이어지기는 어렵다. 하지만 그것은 중층적으로 억누르는 억압의 현실에서 존재를 확립하려는 힘에 얽히지 않으면서, 나름대로의 생의 본질을 찾는 실천으로 이어진다. 친목회는 그러한 인간의 동요, 방황, 갈등을 일단 담보하는 만남의 장소이자 모임 자체가 존재에 대해 여유로움을 가져다주는 생의 매듭이라고 할 수 있을 것이다.

사진 7-1

주: 행원리사무소 준공식.

주: 재일본행원리친목회가 기부한 금액이 뒤에 적혀 있다.
　　사진에는 친목회 명칭이 '재일본행원향우회'로 되어 있다.

마치며

본 논문에서는 일본의 식민지 지배 이후 제주도 사람들이 창조해 온 일상의 생활실천을 통해 구조화라는 거시적인 사회변화에 대한 개인의 주체적 대응의 가능성을 고찰해 보았다. 본 논문의 시좌는 사회의 구조화와 개인의 주체화라는 두 개의 힘이 교착하고 서로 얽히는 가운데 항상 생성 변전하는 생활세계였다.

제주도를 기술하는 종래의 시점은 2장에서 살펴본 것처럼 제주도 사회를 일원적으로 파악해 '제주도의 독자'적인 '문화'와 '전통'의 실체가 있다는 듯이 서술하였다. 하지만, 1장에서 고찰한 것처럼 이러한 실체론은 대상에 대해 일원적인 본질의 실재를 선험적으로 설정하여 민족·문화·성별의 차이·지위 등 인간 분절을 실체화하는 서구 근대의 독특한 사고양식이었다. 실체론의 입장에서는 비일관적이며 다양하며 흔들리는 모습은, 다른 것으로 취사取捨되어 버린다. 이에 대해 문화의 조작성과 유동성을 지적한 것이 탈구축론이다. 탈구축론은 자타를 구분하는 경계를 실체화하는 것에 회의를 품고 사물의 현상을 일원화하는 사고양식을 대상화하는 계기가 되었다. 하지만 한편으로는, 모든 사물의 현상에 실체화를 인정하지 않았기 때문에 현실과 유리되는 위험성을 안고 있었다.

최근 탈구축론의 확산과 연동하듯 종래의 피억압자·피차별자로 일원화되었던 재일조선인상을 되돌아보고 제주도 출신자의 친목회의 존재를 통해 문화의 창조성·다양성을 지적하는 연구가 시작되고 있다. 본 논문의 기술에 있어서도 다양성을 시야에 두는 일은 중요하다고 생각한다. 그러나 이런 접근은 한국과의 관련성을 상정한 후의 내셔널한 '문화의 다양성'을 지적한 것으로, 그 부분으로 채용된 '제주도문화'를 실체화한 것은 변함이 없다. 그리고 이 접근에는 탈구축론과도 이어지는 다양성 평가의 문제점이 있다.

3장에서 살펴본 것처럼 재일조선인이라는 민족은 자연적으로 출현한 존재는 아니었다. 일본 식민지하에서 조선의 전국 각지의 사람들이 일본으로 건너갔다. 그리고 해방 후에도 일본에 거주하는 사람들에 대한 일본 사회의 강고한 배제와 차별의 메커니즘이 사람들을 '재일조선인'으로 결집시키는 상황을 연출하였다. 다시 말해, 본래부터 출신지역의 다양성에도 불구하고 식민지화라는 구조화 속에서 '재일조선인'이라는 일원적인 민족성이 생성된 것이다. 일본 사회의 제도적이며 일상적인 민족차별은 제주도출신이라는 지역 구분과 관계없이 사람들을 구속한다. 제주도에서 건너가 일본에서 생활하는 사람들은 재일조선인으로서 대응할 필요가 있었다는 말이다.

이처럼 사회에 따라 개인의 행동과 판단을 구조화하는 현실은 무시할 수 없다. 2장에서 본 것처럼 '제주도문화'라는, 제주도 전체를 하나의 문화적 주체로 구성한 것도 일본의 식민지 지배라는 역사적 구조화에 따른 것이다. 그래서 본 논문에서는 미리 '제주도적'이라는 것을 상정하지 않고 역사적인 역동성 속에서 살아가는 사람들이 제주도라는 땅에서 어떠한 생활세계를 창조했는가라는 점에 착안하였다.

그런 만큼 본 논문은 한국이나 일본에서 이루어졌던 제주도에 관한 연구에서 그다지 거론되지 않았던 일본의 식민지 시기를 기점으로 하고 있다. 식민 지배·냉전이라는 역사적 구조화도 제주도 사람들의 생활세계의 단면이다. 하지만 이러한 상황에 직면하면서도 사람들은 생활의 가능성을 확대하기 위해, 즉흥적이며 창조적인 일상의 실천을 전개해 왔다. 5장 이후에서는 제주도 행원리에서의 필드워크를 바탕으로 가변적인 생활세계가 생성되는 과정을 중심으로 사람들이 미세한 생활실천을 형성하는 모습을 구체적으로 기술하였다.

5장에서는 도일자를 배출한 고향마을의 일상 생활세계를 임노동 참가와 공동체 참가라는 측면에서, 구조화와 사람들이 창조한 즉흥성의 관련을 고찰하였다. '제주도 여자는 부지런하다'라는 고정화된 말은 제주도의 지역성을 반영한 일(노동)이 식민지 시기 이후 구조화된 과정을 시야에 넣지 않은 것이었다. 임노동이라는 새로운 시스템이 유입되어 사람들은 불문곡직하고 참가할 수밖에 없었다. 그러한 현실에서 사람들은 생활을 유지해 가기 위해 '노동'의 다양한 의미부여를 창조해 왔다. 그것은 임기응변적인 임노동의 참가나 임노동을 계기로 만들어진 관계 속에서 상호부조로의 전용, 그리고 관혼상제와 관련된 현장을 사람들이 일과 이웃간의 정보수집이나 식량 조달의 장으로 활용하거나 전유하는 것이다.

6장에서는 노동확보형의 '수눌음'과 협동투자형의 '제'라는 두 가지 생활공동원리를 기술하였고, 이 두 가지의 공동관행이 혼성·개편되면서 생활의 공동성이 생성·재편되는 과정을 파악했다. 기존에는 이러한 생활공동원리를 제주도의 독특하면서도 고정불변적인 '전통'이며, 자본의 제도화와 합리화로 해체·변질되었다고 이해하는 것이 주류였다. 그러나 식민지 시기 이후의 화폐경제가 생활세계에 침투되면서 사람들은 변화에 대응하며 다종다양한 수눌음과 제를 창조하였다. 이때 사람들은 두 가지의 공동원리를 확실히 구분하여 사용하는 것이 아니라 혼성·변용한다. 이 공동원리는 화폐경제에 참가하는 도구이면서도 한편으로는 공동으로 생활하는 개개인이 서로 직면해 있는 사태를 고찰하면서 함께 곤란한 현실에 대처해 가는 힘을 생성하는 원천이기도 했다.

7장에서는 제주도 마을에서 일본 도시로 이동하여, 일본에 거주하는 사람들이 결성한 친목회에 중점을 두었다. 본 장에서는 친목회를 과거로부터 면면히 이어져온 집합체로 파악하지 않았다. 친목회라는 모임의 생성을, 일본에 거주하는 사람들이 자신을 짓누르는 현실적 어려움에 대처하기 위해 서로 모이고 상황에 따라 자유자재로 재편하면서 운영되었다는 점에서 파악했다. 식민지 시기에 같은 마을 사람들끼리도 서로의 도일 사실을 몰랐다가 타향인 도시에서 재회하면서 상호부조의 필요성을 계기로 친목회를 결성하게 되었다. 현재, 해방 후에도 계속 다양한 시기에 도일한 사람들을 흡수하면서, 그리고 같은 행원리 출신이 아닌 사람들도 회원으로 받아들이면서 재편되고 있다. 지금은 고향 마을을 모르는 재일 2세, 3세가 친목회를 맡고 있지만, '동향'이라는 이유로 그 자리에서 바로 모임이 결성되는 것은 아니다. 모임을 통해 일본 사회 속에서 재일조선인으로서 자신을 둘러싼 현실과 친목회와 유대를 갖는 자신을 이야기하면서 한때를 같이 보낸다. 친목회는 재일 1세와 그 자손들의 세대를 거치면서 생활기반을 지탱해 주는 상호부조 모임에서 모임 자체가 자신의 존재를 서로 연결해 주는 공동성의 성격으로 바뀌고 있다.

이렇게 각 장을 통해 제주도 행원리 사람들이 창조해 온 일상의 미세한 생활실천을 살펴보았다. 일상생활 속에서 다양하게 발생하는 어려움에 대한 판단과 대응의 실천은 개개인의 경험과 지식, 감각과 공명한다. 그런 공명은 일률적이지 않다. 강함과 약함, 깊음과 얕음, 광의와 협소를 내포하면서 사람들이 혼자서, 혹은 결집하여 현실에 대응할 때 그 마음가짐에 울림을 준다.

사람들은 다양한 시대적 상황에 단지 번롱되지만은 않았다. 그때마다 그 상황을 유연하게 파악하고 가까운 유대관계를 현명하게 활용·재편하면서 혼자서, 또는 모임을 결성하면서 생활을 영위해 왔다. 그러한 생활 과정은 결코 질서적인 모습을 보이지는 않았고, 항상 정태적이거나 고정적이지도, 폐쇄적이지도 않았다. 인간을 분절하는 경계 속에 개인을 가두려는 구조화 과정에서 소음과 잡음, 불일치와 불협화음이 생성되는 현실에서 사람들이 쌓아온 애착·자세·판단이 생활을 영위하는 힘이 되고, 다른 사람과의 공명을 생성한 열쇠가 된 것은 아니었을까? 본 논문은 제주도 행원리 사람들의 생활세계를 사례로, 구조화의 힘을 내부에서 변화시켜가는 사람들의 생활과 실천, 그리고 그것을 형성하는 자세와 구조를 기술하는 시도이기도 했다.

이와 같이 생활세계에서 파악하고자 한 시도는 필드에 일정기간 함께 지내면서 그곳 사람들과 관계를 만들어가는 가운데 성립되는 것이다. 일상생활에서 만들어지는 미세한 창조와 실천은 종래의 '제주도문화'라는 일원화된 틀에서는 잡다한 것으로 무시되어 왔다. 그러나 본 논문은 오히려 이런 생활실천에 초점을 맞추어 고찰하였으며, 생활세계의 생성과정에 가까이 접근하여 조금씩 터득한 것이다.

그리고 본 논문의 시좌는 한·일의 근현대사를 어떤 시좌에서 고찰할 것인가라는 문제와도 관련이 있다. 역사적 사건의 기록이나 공문서 등의 역사 기술에는 등장하지 않는 사람들이, 자신들의 경험을 바탕으로 어떻게 살아왔는가라는 점은 문서기록에서는 보이지 않는다. 또한 지금까지는 일본의 식민지 지배와 해방 후의 역사를 국가차원에서 기술하는 것이 우세하였다. 이러한 기술에서는 한국 측은 피억압자로서 일원적으로 묘사되고 개개인의 모습은 파악되기 어렵다. 물론 지금까지의 경과를 보면, 일본의 식민지 지배 이후의 한·일 관계나 제주에 관해서는 한국 국내에서의 4·3사건 은폐라는 여러 가지 문제가 있어 정보 자체를 얻는 것이 힘들기도 했다.

이러한 점들을 고려하여 본 논문에서는 다양한 사람들의 일상에 관한 이야기를 듣는다고 하는 방법에 대한 가능성을 검토하였다. 일상의 생활을 둘러싼 이야기는 사람들이 살아온 시대에 대한 해석과 판단, 그리고 생활 경험을 함축하면서 형성된 것이라고 생각했기 때문이다. 본 논문은 이런 이야기를 통해 극히 평범한 사람들이 한·일의 근현대사에서 어떻게 살아 왔는가를 묘사하는 시도이기도 했다.

　본 논문은 주된 필드였던 행원리에서 내가 구축한 네트워크를 통해 얻은 정보를 바탕으로 기술한 것이다. 그 네트워크는 나와 사람들 사이에 관계가 형성되고 서로 이야기할 수 있는 상황을 통해 마련된 것이다. 여기에 기술된 것이 사람들이 생성한 창조와 실천의 전부라고는 할 수 없다. 그 점이 본 논문의 한계이다. 하지만, 본 논문의 시좌인 생활세계를 통해 기술한 시도는 그런 제약을 감수하고서 기존에 놓치기 쉬웠던 사람들의 미세한 일상생활과 실천을 논의하는 가능성을 탐구한 것이다. 사람들의 실천은 언제나 가변적이며, 일상생활은 완결하는 것도 아니다. 그런 의미에서 본 논문에서 다룬 사람들의 실천이 앞으로 어떤 모습을 띠게 되는가를 고찰하는 일이 한층 논의의 가능성을 넓히는 데 도움이 될 것이다.

참고문헌

姜鋌澤, 1941, 「朝鮮に於ける共同労働の組織とその史的変遷」, 『農業経済研究』, 第一七巻　第四号.

姜尚中, 1988, 「‘日本的オリエンタリズム’の現在−‘国際化’に潜む歪み−」, 『世界』 No. 522, 岩波書店.

_____, 1996, 『オリエンタリズムの彼方へ−近代文化批判』, 岩波書店.

康大元, 1973, 『해녀연구』, 한진문화사.

京城日報, 1932年1月27日付.

金慶海, 1979, 『在日朝鮮人民族教育の原点』, 田畑書店.

_____, 1988, 『在日朝鮮人民族教育用語闘争資料集』, 明石書店.

金慶海·内山一雄·趙博編, 1988, 『在日朝鮮人民族教育擁護闘争資料集ー4·25阪神教育闘争を中心にー』, 明石書店.

金錫俊, 1995, 「제주도 농촌의 계−사회통합의 기제인가, 갈등의 기제인가?」, 申幸澈　編, 『제주사회론』, 한울아카데미.

金成禮, 1998, "Mourning Korean Modernity: Violence and The Memory of the Chejeu Uprising", ＝金成禮, 1998. 伊地知紀子(訳), 「韓国 近代への喪章」, 『現代思想』 vol. 26−7, 青土社.

金賛汀, 1985, 『異邦人は君が代丸に乗って−朝鮮人街猪飼野形成史−』, 岩波書店.

_____, 1997, 『在日コリアン百年史』, 三五館.

金昌民, 1995, 『韓国人類学叢書 6 환금작물과 제주농민문화』, 집문당.

金泰鉉, 1960, 『제주역사지』.

金泰能(梁聖宗訳), 1988, 『済州島略史』, 新幹社.

金泰泳, 1998,「アイデンテイテイ·ポリテイクス越克の＜戦術＞－在日朝鮮人の子ども会活動の事例から－」,『ソシオロジ』第42巻3号.

金栄·梁澄子, 1988,『海を渡つた朝鮮人海女－房総のチャムスを訪ねて－』, 新宿書房.

김영돈, 1986a,「해녀조사연구」,『탐라문화』제5호, 제주대학교 탐라문화연구소.

_____, 1986b,「제주해녀의 민속학적 연구」,『제주도연구』3호, 제주도 연구회.

金栄敦·申幸澈·姜栄峯, 1992,「解放後の済州研究概観」, 耽羅研究会編,『済州島』第5号, 新幹社.

金栄敦·高光敏·韓林花, 1996,『제주의 해녀』, 제주도.

金漢九. 1980,「제주도의 친척조직」,『한국학보』19호.

고광민, 1994,「생업문화 유산」,『제주의 문화유산』, 한국이동통신 제주지사.

高鮮徽, 1993,「在日大阪済法建親会」, 耽羅研究会編,『済州島』第6号, 新幹社.

_____, 1996,『在日済州島出身者の生活過程－関東地方を中心に－』, 新幹社.

高承済, 1988,『한국사회경제사론』, 一志社.

舊左中央国民学校, 1987,『월정·행원 향토지』.

国際シンポジウム「東アジアの冷戦と国家テロリズム」, 日本事務局, 1998,『東アジアの冷戦構造と済州島四·三事件』.

東亜日報, 1932年1月26, 28, 29日付.

문무병, 1993,「제주도 당 신앙 연구」, 제주대학교 대학원 국어국문학과 박사학위논문.

박용후, 1988,『제주방언연구』. 고려대학교 민족문화연구소.

부만근, 1997,『제주지역 주민운동론』, 제주대학교 출판부.

申幸澈(編), 1995,『제주사회론』, 한울아카데미.

_____, 1997,「제주인의 正體性: 濟州와 日本에서의 삶」,『제13차 전국학술대회: ＜済州人, 済州文化, 그리고 日本＞, 제주학회·제민일보.

石宙明, 1968,『제주도수필 제주도의 자연과 인문』, 實晋斎.

水産史編纂委員会, 1968,『한국수산사』, 수산청.

안미정, 1997,「제주해녀의 이미지와 사회적 정체성」, 제주대학교 대학원 석사학위 논문.

유철인, 1995, 「제주사람들의 문화적 정체감」, 申幸澈(編), 『제주사회론』, 한울아카데미.

李光奎, 1983, 「제주연구 현황과 전망−사회학적 측면」, 『제2회 탐라학술회의 제주연구의 현황과 전망』, 제주대학교 탐라문화연구소.

李覚鐘, 1923, 「朝鮮民政資料 契に関する調査」, 『朝鮮』 第100号, 朝鮮総督府.

李月仙, 1995, 「在日朝鮮人の民族教育」, 朴鐘鳴編, 『在日朝鮮人−歴史・現状・展望』, 明石書店.

李映勲, 1989, 「일제하 제주도의 인구이동에 관한 연구」, 고려대학교 대학원 경제학과 석사학위논문.

印貞植, 1943, 『朝鮮農村再編成の研究』, 人文社.

제주도청, 1937, 『済州島勢要覧』.

_____, 1939, 『済州道勢要覧』.

_____, 1993, 『제주도지』.

済州観光協会, 1996, 『済州の道連れ』.

済州史創立事業推進協議会・済州島史研究会, 1997, 『제1회 제주사 정립 학술 심포지움 耽羅연구, 어떻게 할 것인가』.

済民日報, 1994年12月29日付, 「済民日報」 四・三取材班(金重明・朴郷丘・文京洙・文純実訳), 1994・1995・1996・1997, 『済州島四・三事件』 第一巻・第二巻・第三巻・第四巻, 新幹社.

조혜정, 1982, 「제주도 해녀사회 연구」, 한상복 편, 『한국인과 한국문화』, 심설당.

정영혜, 1994, 「開かれた家族に向かって−複合的アイデンティティと自己決定権−」, 『女性学年報』 15.

_____, 1996, 「アイデンティティを越えて」, 井上俊・上野千鶴子・大澤真幸・見田宗介・吉見俊哉編, 『差別と共生の社会学』, 岩波書店.

全錫淡・崔潤奎, 1959, 『19世紀後半期−日帝統治末期の朝鮮社会経済史』, ピョンヤン, 朝鮮労働党出版社.=全錫淡・崔潤奎, 1978, 梶村秀樹・むくげの会(訳), 『朝鮮近代社会経済史』, 龍渓書房.

朝鮮日報, 1932年1月14, 15, 24, 26, 27, 28, 29日/3月5, 14日付.

朝鮮総督府, 1916-17 『官報』第1023～1345号, 韓国学文献研究所, 1985, 『復刻版 朝鮮総督府官報』26巻·27巻, アジア文化社.

_____, 1927, 『朝鮮の水産業』.

_____, 1937a, 「朝鮮」三月号第262号.

_____, 1937b, 「朝鮮」五月号第264号.

_____, 1942, 『朝鮮総督府統計年報 大正15年』.

中央日報, 1932年1月27, 28, 29일자.

崔吉城, 1998, 「朝鮮戦争と韓国社会の変化」, 嶋陸奥彦·朝倉敏夫編, 『変貌する韓国社会––一九七〇～八〇年代の人類学調査の現場から–』, 第一書房.

최재석, 1979, 『제주도의 친척조직』, 一志社.

_____, 1979, 伊藤亜人·嶋陸奥彦(訳), 『韓国農村社会研究』, 学生社.

崔貞茂, 1996, 「トランスナショナル資本主義、国民的想像体と韓国の抵抗演劇」, 『思想』No.859, 「カルチュラル·スタディーズ–新しい文化批判のために–」, 岩波書店.

黄達起, 1992, 「巨文島의 社会組織–임의 집단인 契와 會를 中心으로」, 崔吉城編, 『日帝時代 한 漁村의 文化変容』, 아세아문화사.

韓林花(神谷丹路訳), 1993, 『写真集 済州島 2 海女と漁師の四季』, 国書刊行会.

_____, 1996, 『제주의 해녀』, 제주도.

漢拏日報社, 1996, 『漢拏年鑑』.

현길언·문무병·김석준·유철인 외, 1989, 「살아있는 제주사회를 위하여–진단과 제언」, 『제주사회연구』창간호, 제주사회연구소.

玄容駿, 1985, 『済州島巫俗의 研究』, 第一書房.

韓国民衆史研究会(高崎宗司訳), 1987, 『韓国民衆史【現代編1945－1980】』, 木犀社.

_____(高崎宗司訳), 1989, 『韓国民衆史【近代編1875－1945】』, 木犀社.

有賀喜左衛門, 1968, 「田植と村の生活組織」, 『村の生活組織』, 有賀喜左衛門著作集 V, 未来社.

_____, 1971a, 「村落共同体と家」, 『同族と村落』, 有賀喜左衛門著作集 X巻, 未来社.

_____, 1971b, 「村落の概念について」, 『同族と村落』, 有賀喜左衛門

著作集Ⅹ巻, 未来社.

朝倉敏夫, 1982, 「全羅南道都草島調査予備報告(三)−契について−」, 『明治大学大学院紀要』二〇集.

伊地知紀子, 1993, "日常における＜民族＞の結像へのダイナミズム−＜在日朝鮮人＞女性の生活史から−", 大阪市立大学大学院文学研究科社会学専攻修士学位論文.

_____, 1994, 『在日朝鮮人の名前』, 明石書店.

_____, 1995, 「潜女の歌」, 『耽羅研究会会報』15, 耽羅研究会.

_____, 1996, 「生きられる歴史・紡がれる言葉−済州島と大阪でのフィールドワークから−」, 『人文論叢』 第25号, 大阪市立大学大学院文学研究科.

_____, 1997, 「生活共同原理の可能性−韓国・済州島・杏源里社会の事例から−」, 『ソシオロジ』, 第42巻1号.

飯田剛史, 1995, 「親族会の概要と専用霊園」, 宗教社会学の会編, 『宗教ネットワーク』, 行路社.

稲田菊太郎, 1973・1976, 「済州島潜女集落」, 『阪南論集』9−3・11−3.

稲富進, 1988, 『ムグンファの香り−全国在日朝鮮人教育研究協議会の軌跡と展望』, 耀辞社.

伊藤亜人, 1977a, 「韓国村落社会における契−全羅南道珍道農村の事例−」, 『東京大学東洋文化研究所紀要』 第71冊.

_____, 1977b, 「契システムにみられるch'inhan−saiの分析」, 『民族学研究』41−14.

泉靖一, 1966, 『済州島』, 東京大学出版.

大沼保昭, 1986, 『単一民族社会の神話を越えて』, 東信堂.

大阪朝日新聞付付録朝鮮朝日, 1932年1月17, 26, 27, 28, 29日付.

大阪市社会部調査課, 1928, 「鶴橋中本方面に於ける居住者の生活状況」, 社会部報 告84号.

大阪市役所, 1926, 『大阪市商工時報 第六十号』.

_____, 1926, 『大阪市統計書 第二十五回』.

太田好信, 1998, 『トランスポジションの思想−文化人類学の再想像』, 世界

思想社.

小川伸彦・寺岡慎吾, 1993,「マイノリティー組織のエスニシティー在日光山 金氏親族会調査より」,『社会学評論』44(2).

小田亮, 1996,「ポストモダン人類学の代価」,『国立民族学博物館研究報告』 21巻4号.

小熊英二, 1995,『単一民族神話の起源 — ＜日本人＞の自画像の系譜』, 新曜社.

岡信俠助, 1943,「鰯漁業を中心とする朝鮮水産業の指導体制」,『朝鮮』 6月 号 337号. 朝鮮総督府.

奥山眞知, 1986,「イスラエルのユダヤ移民とエスニック問題」, 重松伸司編, 『現代アジア移民』, 名古屋大学出版.

筧敏生, 1989,「耽羅王権と日本」,『済州島』第二号, 新幹社.

鎌田澤一郎, 1936,「朝鮮人移民問題の重要性」,『朝鮮』2月号, 第237号, 朝鮮 総督府.

川村湊, 1996,『「大東亜民俗学」の虚実』, 講談社.

北原淳, 1983,「村の社会」, 松本通晴編,『地域生活の社会学』, 世界思想社.

北野退蔵, 1943,「朝鮮水産界の諸問題」『朝鮮』6月号 第337号, 朝鮮総督府.

小松裕・金英達・山脇啓造, 1994,『「韓国併合」前の在日朝鮮人』, 明石書店.

倉持和雄, 1994,『現代韓国農業構造の変動』, 御茶の水書房.

栗本英世, 1996,『民族紛争を生きる人々－現代アフリカの国家マイノリティ』, 世界思想社.

酒井直樹, 1996,『死産される日本語・日本人－「日本」の歴史－地政的配置』, 新 曜社.

桜井哲男, 1990,「ソリの研究」, 弘文堂.

猿谷善一, 1928,『朝鮮経済史』, 大鐙閣.

佐藤信行, 1973,「済州島の家族－O村の事例から－」,『東洋文化』53号.

澤村東平, 1941,『朝鮮潜水器漁業沿革史』, 朝鮮繊維協会.

嶋陸奥彦・朝倉敏夫編, 1998,『変貌する韓国社会－一九七〇－八〇年代の人 類学調査の現場から－』, 第一書房.

菅原和孝, 1998,『語る身体の民族誌』, 京都大学学術出版会.

杉原達, 1986, 「在阪朝鮮人の渡航過程−朝鮮・済州島との関連で」, 杉原薫・玉井金五編, 『大阪/大正/スラム−もうひとつの日本近代史−』, 新評論.

＿＿＿, 1998, 『越境する民−近代大阪の朝鮮人史研究』, 新幹社.

杉村和彦, 1987, 「「混作」をめぐる熱帯焼畑農耕民の価値体系−ザイール・バクム人を事例として−」, 『アフリカ研究』 第31号.

杉山晃一, 1990, 「行喪契−契の記録から−」, 『韓国社会の文化人類学』, 弘文堂.

鈴木栄太郎, 1958, 「朝鮮の契とプマシ」, 『民族学研究』, 27−3.

善生永助, 1929, 『生活状態調査(其二)済州道』, 朝鮮総督府.

＿＿＿＿, 1942, 『朝鮮の契』, 朝鮮総督府行政資料.

田畑久夫, 1997, 『民族学者 鳥居龍蔵−東アジア調査の軌跡−』, 古今書院.

高橋公明, 1987, 「中世東アジア海域における海民と交流−済州島を中心として−」, 『名古屋大学文学部研究論集』, 史学三三.

＿＿＿＿, 1992, 「中世の海域世界と済州島」網野善彦編, 『海と列島文化 第4巻, 東シナ海と西海文化』, 小学館.

竹田青嗣, 1983, 『＜在日＞という根拠−李恢成・金石範・金鶴泳』, 国文社.

竹沢泰子, 1994, 『日系アメリカ人のエスニシティー強制収容所と補償運動による変遷』, 東京大学出版会.

田辺繁治編著, 1989, 『人類学的認識の冒険 イデオロギーとプラクティス』, 同文館.

田中宏, 1991, 『在日外国人−法の壁, 心の壁−』, 岩波親書.

田中克彦, 1981, 『ことばと国家』, 岩波書店.

谷富夫, 1993, 「都市国際化と『民族関係』」 中野秀一郎・今津孝次郎編, 『エスニシティの社会学−日本社会の民族的構成−』, 世界思想社.

耽羅研究会(編), 1991, 「在日本高内里親睦会」, 『済州島』 第4号, 新幹社.

冨山一郎, 1990, 『近代日本社会と「沖縄人」−「日本人」になるということ』, 日本経済評論社.

鳥越皓之, 1985, 『家と村の社会学』, 世界思想社.

＿＿＿＿, 1989, 「経験と生活環境主義」 鳥越皓之編, 『環境問題の社会理論−生活環境主義の立場から−』, 御茶ノ水書房.

鳥越憲三郎, 1992, 『古代朝鮮と倭族−神話解読と現地調査−』, 中公新書.

鳥居龍蔵, 1976, 『鳥居龍蔵全集第十二巻』, 朝日新聞社.

鳥山進, 1940, 「済州島の現地報告」, 『朝鮮』 8月号 第303号, 朝鮮総督府.

中井清美, 1989. 『定住外国人と公務就任権−70万人を締め出す論理』, 拓殖書房.

中野卓, 1966, 「『むら』の解体」(共通課題)の論点をめぐってⅡ」, 『村落社会研究』 第二集, 塙書房.

中生勝美, 1997, 「民族研究所の組織と活動−戦争中の日本民族学」, 『民族学研究』 62−1.

中山蕃, 1932, 「済州島の馬に就て」, 『朝鮮』 4月号 第191号. 朝鮮総督府.

新納豊, 1983, 「植民地下の『民族経済』をめぐって−直接耕作農民を中心に」, 朝鮮史研究会編, 『朝鮮史研究会論文集』 20号.

蓮見音彦, 1990, 『苦悩する農村−国の政策と農村社会の変容−』, 有信堂.

朴一, 1993, 「日本のなかのもう一つの外国人労働者問題−オールド・カマーから見た日本の民族問題」奥山眞知・田巻松雄編著, 『20世紀末の諸相−資本・国家・民族と「国際化」』, 八千代出版.

福岡安則・辻山ゆき子, 1991, 『同化と異化のはざまで−在日若者世代のアイデンティティ葛藤』, 新幹社.

福武直, 1976, 「現代日本における村落共同体の存在形態」, 『福武直著作集』 第五巻, 東京大学出版会.

毎日日報, 1932年1月28, 29日 / 3月5, 24日付.

枡田一二, 1976, 『枡田一二地理学論文集』, 弘詢社.

松田素二, 1989a, 「語りの意味から操りの力へ−西ケニアのフィールドワークから」, 田辺繁治編, 『人類学的認識の冒険』. 同文館.

_____, 1989b, 「必然から便宜へ−生活環境主義の認識論」, 鳥越皓之編, 『環境問題の社会理論−生活環境主義の立場から−』, 御茶ノ水書房.

_____, 1996a, 『都市を飼い慣らす−アフリカの都市人類学』, 河出書房新社.

_____, 1996b, 「人類学の危機と戦術的リアリズム」, 『社会人類学年報』 22巻. 弘文堂.

_____, 1998, 「文化・歴史・ナラティブ−ネグリチュードの彼方の人類学」, 『現

代思想』vol. 26-7, 青土社.

三品影英, 1971, 『三品影英論文集3 神話と文化史』, 平凡社.

民族名をとりもどす会編, 1990, 『民族名をとりもどした日本籍朝鮮人-ウリ・イルム(私たちの名前)』, 明石書店.

梁泰昊, 1996, 『在日韓国・朝鮮人読本-リラックスした関係を求めて』, 緑風出版.

安田常雄, 1987, 『暮らしの社会思想-その光と影-』, 勁草書房.

吉田敬市, 1953, 「朝鮮水産開発史」, 朝水会.

―――――, 1978, 「朝鮮をめぐる日本漁業」, 岡本達明編, 『近代民衆の記録 7-漁民』. 新人物往来社.

吉岡増雄, 1995, 『在日外国人と社会保障-戦後マイノリティ住民の人権-』, 社会評論社.

立正大学地理学教室, 1988, 『韓国済州島の地域研究』, 立正大学日韓合同韓国済州島学術調査団.

渡辺公三, 1997, 「人種あるいは差異としての身体」, 内堀基光他編, 『岩波講座文化人類学第5巻, 民族の生成と論理』, 岩波書店.

Anderson, B., 1983, *Imagined Communities*, London, Verso. ＝アンダーソン, B., 1987, 白石隆・白石さや(訳). 『想像の共同体』リブロポート.

Balibar, E ., 1991. "The Nation Form : History and Ideology" in Balibar, E., and Wallerstein, I., (eds) *Race, Nation,Class: Ambiguous Identities*, Verso.

Barth, F., 1969, *Ethnic Groups and Boundaries: The Social Organization of Cultural Difference*, Little Brown and Company.

Brandt., V.S.R., 1971, *A Korean Village; Between Farm and Sea*, Harvard University Press.

Bourdieu, P., 1980, *Le Sens Practique*, Les Editions de Minuit, Paris. ＝ブルデュ, P., 1988, 今村仁司・港道隆(訳), 『実践感覚』, みすず書房.

Burke, P., 1991, *New Perspectives on Historical Writing*, Cambridge, Polity Press. ＝バーク, P., 1996, 谷川稔・谷口健治・川島昭夫・太田和子・中本真生子・林

田敏子(訳), 『ニュー・ヒストリーの現在:歴史叙述の新しい展望』, 人文書院.

Certeau, M., 1980, *L'Invention du quotidien*, 1, Art de faire, Union Generale d'Editions, Paris.=セルトー, M., 1987. 山田登世子(訳), 『日常的実践のポイエティーク』, 国文社.

Clifford, J., & Marcus, G. E., 1986, *Writing Culture: the Poeticsand Politics of Ethnography*. Univercity of California Press.=クリフォード, J., 1996, 春日直樹・足羽与志子・橋本和也・多和田裕司・西川麦子・和邇悦子(訳), 『文化を書く』, 紀伊国屋書店.

Cohen, A., 1974. "Introduction : The Lesson of Ethnicity" in Cohen, A. (ed), Urban Ethnicity, Londin, Tavistock Publications.

Corbin, A., 1991, "Histoire de la violence dans les campagnes francaises au XIX siecle. Esquisse D7un bilan", Represented by permission of Armand Colin Editeur and Revue *Ethnologie francaise*, Paris.=コルバン, A., 1994, 工藤光一(訳), 1994, 「十九世紀フランス農村における暴力」, 『思想』 No.836, 岩波書店.

Cranpanzano, V. 1980, *Tuhami: Portrait of a Morocan*, Chicago, Chicago University Press; クラパンザーノ, V. 1991, 大塚和夫・渡部重行(訳), 『精霊と結婚した 男—モロッコ人トゥハーミの肖像』, 紀伊国屋書店.

Durkheim, E., 1895, *Les Regles de la methode sociologique*, Paris, Felix Alean.=デュルケム, E., 1978, 宮島喬(訳), 『社会学的方法の基準』, 岩波書店.

Geertz, C., 1973, "The Integrative Revolution: Primordial Sentiment and Civil Politics in New States", *The Interpretation of Cultures*; Basic Books, INC=ギアーツ, C., 1987, 吉田禎吾・柳川啓一・中牧弘充・板橋作美(訳), 「統合的革命—新興国 における本源的感情と市民政治」, 『文化の解釈学Ⅱ』, 岩波書店.

Gellner, E., 1975, "Nationalism", *Thought and Change*, Chicago Press.

Hobsbawm, E. & Ranger, T., 1983, *The Invention of Tradition*; Cambridge

UP.＝ホブズボウム，E.&レンジャー，T.，1992，中村伸浩・亀井哲也 (訳)，『創られた伝統』，紀伊国屋書店.

Isaacs, H, R., 1975. "Basic Group Identity: The Idol of the Tribe" in Glazer, N & Moynihan, D. P. (eds) *Ethniicty: Theory and Experience*, Cambridge, Harvard UP＝アイザックス，H.，1994，「基本的集団アイデンテイテイ：部族のアイドル」，グレーザー&モイニハン編(内山秀夫抄訳)，『民族とアイデンテイテイ』，三笠書房.

Isajiw,W. W., 1974, "Definition of Ethnicity", *Ethinicity* Vol.1, No.2.

Kristeva, J., 1988, *Etrangers: a nous-memes*, Librairie Artheme Fayard.＝クリステヴァ，J.，1990，池田和子(訳)，『外国人一我ら内なるもの』，法政大学出版会.

Merill, J., 1980, "The Cheju-do Rebellion", *The Journal of Korea Studies*, Vol. 2＝メリル，J.，1988，文京洙(訳)，『済州島四・三蜂起』，新幹社.

Radcliffe-Brown, A. R., 1952, *Structure and function in primitive society*＝ラドクリフ＝ブラウン，A. R.(青柳まちこ訳)，1981.『未開社会における構造と機能』，新泉社.

Rabinow, P., 1977, *Reflections on Fieldwork in Morocco*, Berkeley, University of California Press＝ラビノー，P.，1980，井上順孝(訳)，『異文化の理解』，岩波書店.

Ranger, T., 1983, "The Invention of Tradition in Colonial Africa", in Ranger, T. and Hobsbawm, E., (eds.) *The Invention of Tradition*, Cambridge U.P.＝レンジャー，T.，1992，中村伸浩・亀井哲也(訳)，「植民地下のアフリカにおける創り出された伝統」，『創られた伝統』，紀伊国屋書店.

Rosaldo, R., 1989, *Culture and Truth: The Remaking of Socail Analysis*, Beacon Press, Boston＝ロサルド，R.，1998，椎名美智(訳)，『文化と真実－社会分析の再構築』，日本エデイタースクール出版部.

Said, E. W., 1978, Orientalism; Georges Borchardt Inc.＝サイード，E.，1986，今沢紀子(訳)，板垣雄三・杉田英明(監修)，『オリエンタリズム，平凡社.

Tarde, G., 1922, *L'opinion et la foule*, Paris, Felix Alean＝タルド, G.(稲葉
三千男訳), 1989, 『世論と群集』, 未来社.

Thomas, N., 1992, "The Inversion of Traditon", *American Ethnologist* 19.

Wallerstein, I., 1979, *The Capitalist World-Economy*, Cambridge UP.＝
ウォーラーステイン, I., 1987(日南田靜眞監訳), 『資本主義世界経済
I・II』, 名古屋大学出版会.

Weber, M., 1978, "Ethnic Groups", *Economy and Society*: Vol.1, Part II,
California UP.

Wolf, E., 1983, *Europe and the People without History*, Berkeley, University
of California Press.

찾아보기

하

지은이 - 이지치 노리코(伊地知紀子)

1966년 일본 효고현 출생. 고베시외국어대학 영미학과를 졸업, 오사카시립대학 대학원 문학연구과 후기
박사과정(사회학) 수료 후, 동 대학원문학박사학위를 취득했다. 현재 오사카시립대학 대학원 문학연구과
준교수로 재직 중이며, 연구 분야는 문화인류학, 지역사회학, 한반도지역연구이다.
저서로『재일조선인의 이름』,『생활세계의 창조와 실천-한국 제주도의 생활지에서』,『재일코리안 사전』,
『제주여성사2』(공저),『재일제주인의 생활사1 안주의 땅을 찾아서』(공저) 등이 있다.

옮긴이 - 안 행 순

제주에서 태어나 제주대학교 독문학과, 통역번역대학원 한일과를 졸업했다. 옮긴 책으로『오키나와의 눈
물(메도루마 순)』,『지역브랜드와 매력있는 마을만들기』,『동아시아 지역간 이동과 교류-제주와 오키나
와』(공역) 등이 있다.

탐라문화학술총서 16

日本人學者가 본 제주인의 삶 ——————

초판 인쇄 : 2013년 12월 23일
초판 발행 : 2013년 12월 30일

저 자 이지치 노리코
옮긴이 안행순
발행인 한정희
발행처 경인문화사
주 소 서울특별시 마포구 마포동 324-3
전 화 02-718-4831~2
이메일 kyunginp@chol.com
홈페이지 http://kyungin.mkstudy.com
가 격 21,000원
ISBN 978-89-499-1009-3 93910